하루 한 장 고전 수업

365일
인생의
내공을
기르는

하루 한 장
고전 수업

조윤제 지음

비즈니스북스

하루 한 장 고전 수업

1판 1쇄 발행 2022년 11월 22일
1판 11쇄 발행 2024년 12월 9일

지은이 | 조윤제
발행인 | 홍영태
편집인 | 김미란
발행처 | (주)비즈니스북스
등   록 | 제2000-000225호(2000년 2월 28일)
주   소 | 03991 서울시 마포구 월드컵북로6길 3 이노베이스빌딩 7층
전   화 | (02)338-9449
팩   스 | (02)338-6543
대표메일 | bb@businessbooks.co.kr
홈페이지 | http://www.businessbooks.co.kr
블로그 | http://blog.naver.com/biz_books
페이스북 | thebizbooks
인스타그램 | bizbooks_kr
ISBN 979-11-6254-314-6   03190

◇◇◇

한 줄의 고전을 통해 마음을 가다듬는다면
남다른 하루를 살아갈 수 있을 것이다.

매일 아침, 한 줄 고전으로
인생의 변화를 찾다

"하루를 시작하는 아침 시간, 6분의 투자로 당신이 꿈꾸는 삶을 산다."

한국에서도 많은 반향을 일으킨《미라클 모닝》속 한 줄이다. 남들보다 조금 더 일찍 일어나 하루를 시작하는 아침 습관은 놀라운 기적을 만들지는 않더라도 분명 삶을 변화시킨다. 머물고 싶은 침대를 박차고 일어나 하루의 시작을 힘차게 하는 사람의 하루가 달라지는 것은 당연하다. 어떤 특별한 방식이 있어야 하는 것은 아니다. 하루를 시작하며 마음을 가다듬는 것만으로도 충분히 좋은 결과를 만들 수 있다.

이미 2,300여 년 전 동양의 한 철학자는 이러한 아침의 힘에 대해 설파했다. 그가 쓴 책《맹자》孟子에 실려 있는 글이다.

"사람에게는 주야로 자라나게 하는 것, 동이 틀 무렵 접하는 생명의 기운이 있다."

맹자가 말하는 '생명의 기운'은 평단지기平旦之氣로 잘 알려져 있다. 맹자는 사람은 태어날 때부터 선한 본성이 있다는 '성선설'의 주창자다. 하지만 마치 산의 나무를 벌목하면 벌거숭이 산이 되듯이 사람의 선한 본성 역시 살아가면서 점차 소멸한다고 말했다. 삶을 영위하기 위해 대낮에 하는 행위, 지나친 욕심과 놓쳐버린 감정이 선한 본성을 점차 해친다는 것이다. 하지만 사람이 악함에 빠지지 않고 선함을 유지할 수 있는 것은 바로 하늘이 공급해주는 아침의 기운, 즉 평단지기가 있기 때문이다. 물론 '아침의 특별한 기운'을 말하는 맹자의 평단지기에 공감하는 사람도, 공감하지 못하는 사람도 있을 것이다. 하지만 정신없이 바쁜 일상을 살아가는 우리에게 아침은 또 다른 의미에서 충분히 중요하다.

나를 잃지 않기 위해 짧은 쉼표가 필요하다

오늘날의 우리는 누구나 할 것 없이 바쁜 일상을 살아간다. 일상에서 대하는 사람들, 오고 가는 감정, 마주치는 욕망에서 날마다 소모되는 자신을 느낄 수밖에 없다. 또한 나 자신의 의도와는 상관없이 우리를 둘러싸고 있는 혼돈과 위험도 언제나 상존한다. 이렇게 소모되는 일상을 아무 생각 없이 하루하루 지나면서 우리는 날마다 자신을 조금씩 잃어버린다.

《도덕경》道德經에는 "만족할 줄 알면 욕됨이 없고 멈출 줄 알면 위태롭지 않다."(지족불욕 지지불태 가이장구知足不辱 知止不殆 可以長久)라는 글이 실려 있다. 여기서 만족할 줄 아는 것은 한없이 높아지려는 자신을 낮추는 것이다. 더 가지려는 욕심을 잠깐 내려놓은 것을 말한다. 멈출 줄 아는 것은 복잡한 관계 속에서의 자신을 떠나 오롯이 본연의 자신과 마주하는 시간을 갖는 것이다. 이 두 가지를 실천할 때 더 이상 자신을 잃어버리지 않고 본래의 자신을 지킬 수 있다.

잠깐 멈춤에 대해서는 《대학》大學에도 실려 있다. "멈출 것을 안 다음에야 정해지고, 정해진 후에야 마음이 고요해지며, 고요해진 후에야 편안해지고, 편안해진 후에야 생각할 수 있고, 생각한 후에야 얻을 수 있다."(지지이후 유정 정이후 능정 정이후 능안 안이후 능려 려이후 능득知止而后 有定 定而后 能靜 靜而后 能安 安而后 能慮 慮而后 能得) 무언가를 얻고자 한다면 반드시 평온한 마음이 되어야 한다는 뜻이다. 그래야 생각할 수 있고 자신이 얻고자 하는 것을 얻을 수 있다. 그것을 가능하게 하는 것이 잠깐 멈춤의 시간, 혼자만의 시간이다. 공자는 이렇게 말해준다.

"오직 멈춘 것만이 멈추기를 바라는 모든 사람을 멈추게 할 수 있다."

내가 원하는 자신, 내가 되고자 하는 자신이 되려면 반드시 혼자만의 시간이 필요하다. 그러기에 가장 좋은 시간이 바로 '하루의 시작'인 아침이다.

혼자 있는 시간을 오롯이 나를 돌아보는 시간으로 삼는다

신독愼獨.

'홀로 있을 때 더욱 삼간다'는 뜻으로 많은 고전에 거듭 실려 있다.

《대학》에 "이른바 뜻을 성실하게 갖는다(성의誠意)는 것은 자기를 속이지 않는 것이다. 마치 악취를 싫어하듯이 악을 싫어하고 아름다움을 좋아하듯이 선을 좋아하는 것, 이를 스스로 만족한다고 한다. 그러므로 군자는 반드시 홀로 있는 데서 삼간다(군자 필신기독야君子 必愼其獨也)."라고 한 것과 《중용》中庸에 "감춘 것보다 잘 보이는 것이 없고, 작은 것보다 잘 드러나는 것이 없다. 그러므로 군자는 홀로 있는 데서 삼간다(군자 신기독야君子 愼其獨也)."라고 한 것이 대표적인 구절이다. 또한 《시경》詩經에서는 "그대가 방에 홀로 있을 때 살펴야 하니 이때는 방구석에도 부끄러움이 없어야 한다. 드러나지 않는 곳이라 하여 보는 이가 없다고 하지 마라. 신이 이르는 것은 헤아릴 수 없으니 어찌 게을리할 수 있겠는가?"라고 더 실감 나게 말해준다.

이처럼 많은 고전에서 거듭 신독을 강조하는 것은 옛 선비들의 가장 필수적인 수양 조건이기 때문이다. 사람들의 보는 눈이 많은 곳에서 행동을 삼가는 것은 당연하지만, 혼자 있는 곳에서도 마치 사람들이 보는 것처럼 행동을 삼가고 절제해야 한다. 그래서 주로 신독은 사람이 함께하지 않는 시간, 잠자리에 들기 전의 시간이나 남들이 아직 일어나지 않은 동트기 전의 시간에 가졌을 것이다.

옛 선비들은 신독을 자신을 돌아보는 가장 소중한 시간으로 삼았다. 공자의 제자 증자는 이를 성찰의 시간으로 삼았다. "날마다 세 가지 점에서 나를 반성한다. 일을 할 때 불성실한 적은 없는가? 벗과의 신의를 저버린 적은 없는가? 배울 때 제대로 익히지 못한 것은 없는가?" 이 세 가지 질문으로 자신을 돌아보았다. 퇴계 선생은 "낮에 배우고 저녁에는 생각한다."라며 저녁 시간을 배움을 완성하는 시간으로 삼았다.

하지만 우리처럼 평범한 사람은 신독의 시간에 무엇을 해야 할지 잘 모르거나 어려워한다. 자신을 돌아보는 시간으로 삼으려고 하지만 그날 있었던 번잡한 일에 대한 고민이 꼬리에 꼬리를 물기도 한다. 또 감정과 욕심에서 벗어나려고 노력하지만 이런저런 생각으로 오히려 마음을 어지럽히는 시간이 되기도 한다. 마음을 비운다고 하면서 오히려 잡다한 다른 생각으로 마음을 번잡하게 하는 것이다.

매일 아침, 혼자 있는 시간에 읽는 365가지 고전의 지혜

혼자만의 시간, 신독의 시간에 '고전 읽기'를 권한다. 단순히 마음을 비우려고 노력하기보다는 고전의 지혜를 통해 좋은 생각을 마음에 채우는 것이다. 그리고 이런 지혜에서 비롯된 좋은 생각으로 나와 내 삶에 대해 더욱 깊은 생각을 할 수 있다.

이 책은 그간 고전을 공부하면서 얻은 지혜를 모은 것이다. 《논어》論語, 《맹자》를 비롯해 수십 권의 동양 고전에서 찾아낸 365개의 지혜는 내가 가진 모든 것이라고 해도 과언이 아니다. 매일 한 줄씩 읽을 수 있도록 월月과 일日 단위로 주제를 정해 모아보았다.

> 월요일 | 말言 : 말이 곧 나 자신이다
>
> 화요일 | 태도態度 : 나를 바로 세운다
>
> 수요일 | 공부學 : 일상에 갇히지 않고 매일 새로워진다
>
> 목요일 | 관계關係 : 일도 사람도 얻는 법을 깨닫는다
>
> 금요일 | 부富 : 부의 그릇을 키운다
>
> 토요일 | 마음心 : 쌓인 마음의 독을 해소한다
>
> 일요일 | 쉼休 : 삶에 평안함을 가져오는 지혜를 쌓는다

일곱 가지 주제를 보면 알 수 있듯이 고전은 삶의 모든 분야에 도움이 되는 지혜를 준다. 단순히 옛날이야기가 아니라 지금 이 순간에 가장 실천적이며 현실적인 도움을 주는 것이다. 독자들은 하루에 한 줄씩, 혹은 특정한 요일을 정해 집중적으로 읽음으로써 얻고자 하는 분야의 지혜를 만날 수 있다. 물론 많은 지식을 한꺼번에 얻는 것도 의미 있는 일이다. 하지만 가능하면 하루에 한 줄씩 읽고, 그 한 문장을 깊이 묵상하고, 자신의 일과 삶에

적용할 수 있는 지혜를 얻는 것을 제안한다.

생명이 살아나는 아침 시간, 한 줄의 고전을 읽으며 마음을 가다듬는다면 남다른 하루를 살아갈 수 있을 것이다. 하루를 마친 저녁 시간이나 자신을 돌아보는 성찰의 시간이라도 좋다. 한 줄 고전이 전해주는 지혜를 얻고, 그 의미를 깊이 사색하고, 내 삶과 일을 한 뼘 성장시킬 수 있는 통찰을 얻는다면 이미 하루를 완성했다고 할 수 있다. 그리고 하루하루의 완성을 통해 우리는 우리의 삶을 완성해나간다.

삶의 기적이란 어느 날 갑자기 다가오지 않는다.

내가 충실하게 살아가는 하루하루가 쌓여 기적의 삶이 된다.

부족한 이 책이 미약하나마 도움이 되기를 간절히 바란다.

조윤제

一日古典

1월

一
月

한 해의 계획은 봄에 세워야 하고
하루의 계획은 새벽에 세운다.

_남조南朝 소탁蕭鐸

001

월요일
言
말

말을 지키지 않으면 나를 잃게 된다

"자신이 말하는 것을 부끄러워하지 않으면
그것을 실천하기는 어렵다."
_《논어》

쉽게 함부로 말하는 사람, 말만 늘어놓고 행동이 따르지 않는 사람, 큰소리 치며 자신을 과시하기에 급급한 사람을 경계하는 말이다. 이런 부류의 사람들은 자신이 말한 것을 실천하지 않는다. 말을 쉽게 내뱉고 말 뒤에 오는 결과를 전혀 신경 쓰지 않는 것이다. 심지어 자신이 말한 것을 까마득하게 잊어버리는 사람도 있다. 아니, 잊어버린 것이 아니라 잊어버린 척하는지도 모른다.

하지만 실천을 염두에 두는 사람은 함부로 말하지 않는다. 한번 말한 것은 꼭 지켜야 하기 때문에 쉽게 말할 수 없고 약속을 남발할 수도 없다. 실언失言이라는 말이 있다. '실수로 잘못 말함, 또는 그런 말'이라는 풀이가 사전에 실려 있다. 말 그대로 해석하면 말을 잃어버리는 것이다. 하지만 그 사람은 말만 잃어버리는 것이 아니다. 가벼이 말해서 자신에 대한 믿음도 잃는다. 믿을 신信이 사람人과 말言로 구성된 것만 봐도 알 수 있다.

실언이 거듭되면 자기 자신도 잃고 만다.

其言之不怍 則爲之也難
기언지부작 즉 위지야난

치밀하게 계획하라 반드시 이루리라

"계획이 치밀하지 않으면 재앙이 먼저 발생한다."
_《명심보감》明心寶鑑

어떤 일이든 새롭게 시작한다는 것은 마음 설레는 일이다. 특히 그 일이 크고 중요하다면 더욱 그렇다. 하지만 큰일이든 작은 일이든 모든 일에는 치밀한 계획이 필요하다. 일을 진행하는 과정에서 생길 수 있는 문제와 변수도 예측하고 검토할 수 있어야 한다. 의욕이 앞서거나 마음이 급하면 일을 섣불리 시작하게 되는데 그러면 꼭 문제가 발생한다. 일단 문제가 발생하면 그것을 해결하는 데 몇 배의 수고와 노력이 들어간다. 만약 문제 해결이 어려워지면 치명적인 결과, 즉 일의 실패로 이어질 수도 있다.

역사적으로 대형 사고는 모두 사소한 실수와 작은 것에 소홀함으로써 일어났다. 요즘 일어나는 대형 사고들도 사전에 조금만 관심을 기울이고 점검했다면 충분히 막을 수 있는 일이 대부분이다. 시작하기 전에는 치밀하게 준비하고 일단 시작하면 과감하게 밀고 나가야 한다. 그리고 최선을 다했을 때 하늘의 도움을 구할 자격도 생긴다.

機不密 禍先發
기 불 밀 화 선 발

모든 성공의 시작은 질문이다

**"독서에서 가장 귀한 것은 의문을 갖는 것이다.
의문을 가지면 해답이 열린다."**

_《격언연벽》格言聯璧

현대는 'Know-why'의 시대다. 질문을 통해 본질을 찾을 수 있는 사람이
성공하는 시대란 뜻이다. 그 근원을 찾아가면 소크라테스의 대화법까지 거
슬러 올라간다. 스티브 잡스, 피터 드러커, 이건희 전 회장까지 모두 소크라
테스의 대화법으로 세계적인 기업가, 경영학자가 될 수 있었다. 스티브 잡
스는 매일 아침 거울을 보면서 오늘 하고자 하는 일에 관해 자신에게 질문
을 던졌다. 이건희 회장은 질문을 통해 사업의 본질을 찾아냈다.

　좋은 책을 읽으면서 끊임없이 질문을 던지고 자신에게 맞는 해답을 찾아
나가야 한다. 이런 독서에 가장 좋은 것은 바로 고전이다. 곧바로 해답을 주
는 책이 아니라 해답을 찾도록 이끌어가는 고전을 읽으면 스스로 해답을
찾는 힘이 길러진다. 성공적인 인생을 살아가는 데도 질문이 반드시 필요
하다. 독서와 마찬가지로 인생도 자신에게 질문을 던짐으로써 해답을 얻을
수 있다. "나는 누구인가?" "내 삶의 의미와 목적은 무엇인가?" "그것을 이
루기 위해 나는 무엇을 할 것인가?"

讀書貴能疑 疑乃可以啓信
독 서 귀 능 의　의 내 가 이 계 신

마음을 얻고 싶다면
같은 온도로 생각하라

"사람들과 좋아하는 바가 같으면 이루지 못할 것이 없고,
사람들과 미워하는 바가 같으면 한마음으로 따를 것이다."

_《삼략》三略

사람의 마음을 사로잡기 위해서는 그 사람과 같은 마음으로 느껴야 한다. 좋아하는 것이 같고 싫어하는 것이 같다면 사람들은 따르게 된다. 이것이 바로 공감의 힘이다. 그리고 이러한 공감의 능력을 얻기 위해서는 상대방의 입장이 되어 생각할 수 있어야 한다. 바로 역지사지易地思之의 상상력이 필요하다. 역지사지의 상상력은 인문학적 지식을 기반으로 얻을 수 있다.

공감은 감성의 하나로 모든 분야에서 강력한 힘을 발휘한다. 사람을 이끄는 리더십은 물론이고 과학기술, 예술 분야 그리고 상품기획, 마케팅과 같은 기업 경영의 여러 분야에서도 중요한 역할을 하고 있다. 특히 대중을 이끄는 리더의 경우 공감은 꼭 필요한 덕목이다. 자신들과 함께 느끼고, 함께 기뻐하고 슬퍼하는 리더를 따르지 않을 사람은 없다. 한때 사람들을 이끄는 리더가 되려면 카리스마가 있어야 한다고 생각했다. 하지만 오늘날은 같이 생각하고 함께 느끼는 감성의 리더를 따른다.

與衆同好靡不成 與衆同惡靡不傾
여중동호미불성 여중동오미불경

당당하게 벌고 아름답게 써라

**"부가 구해서 얻을 수 있는 것이라면
말채찍이라도 잡겠다."**
_《논어》

〈술이〉述而에 실려 있는 이 구절은 이렇게 이어진다. "(부가) 구해서 얻을 수 없는 것이라면 내가 좋아하는 일을 하겠다." 공자는 어려서부터 생계를 위해 천한 일을 해왔다. 청년이 되어서도 창고지기, 목장지기 등 거칠고 힘든 일을 해야 했다. 따라서 이 구절에서 '구해서 얻을 수 없는 것'이란 능력의 문제가 아님을 알 수 있다. 부를 바르게 추구할 수 있는 올바른 세상이 되어야 한다는 것이다. 만약 그런 세상이나 여건이 되지 않는다면 공자는 자신이 좋아하는 일, 즉 학문과 도를 추구하겠다고 말한다.

여기서 또 하나 살펴볼 것이 있다. 공자는 흔히 생각하듯이 부를 부정적으로만 여기지 않았다. 공자 역시 가능하다면 부를 추구하되 단지 떳떳하게 벌어서 올바르게 사용해야 한다고 가르친다. 하지만 오직 부자가 되기 위한 일념으로, 수단과 방법을 가리지 않고 부정한 부를 추구해서는 안 된다. 부가 나의 가치를 말해주지는 않는다. 하지만 할 수 있다면 부자가 되어서 그 부를 아름답고 귀한 일에 아낌없이 사용하라. 그때 부는 나의 가치가 된다.

富而可求也 雖執鞭之士 吾亦爲之
부 이 가 구 야 수 집 편 지 사 오 역 위 지

006

토요일
心
마음

1년의 계획은 반드시 봄에 세워라

"한 해의 계획은 봄에 세워야 하고
하루의 계획은 새벽에 세운다."
_남조 소탁

이 말의 의미를 우리는 크게 두 가지로 생각해볼 수 있다. 먼저 일을 시작하기 전에는 반드시 마음의 준비와 각오를 다져야 한다. 계획을 세운다는 것은 말 그대로 일의 진행과 절차를 준비하는 것이지만, 일을 시작하기 전에 마음의 자세부터 바로잡는다는 의미도 크다. 미리 일의 의미를 생각하며 자세를 가다듬은 사람은 일의 결과도 다른 법이다. 그 일을 해야 하는 당위성을 자신에게 부여하고, 일을 통해 이루고자 하는 바를 명확하게 인식한다면 당연히 책임 있게 일을 해나갈 수 있다. 또 한 가지는 치밀한 계획을 세워 일의 진행 과정과 결과를 예측할 수 있어야 한다. 만약 급한 마음에 계획도 없이 일에 뛰어든다면 체계적으로 일을 진행하지 못함은 물론, 그 결과도 장담하기 어렵다.

매일, 크게는 매해의 시작은 계획을 세우는 시간이 되어야 한다. 그 시간은 매일의 아침이다. 생명이 살아나는 아침 시간에 하루를 준비한다면 그 하루는 절대 헛되지 않을 것이다.

 一年之計在於春 一日之計在於晨
일 년 지 계 재 어 춘   일 일 지 계 재 어 신

20

세수하듯 날마다 나를 새롭게 만든다

"진실로 하루를 새롭게 하고 날마다 새롭게 하고
또 나날이 새롭게 하라."
_《대학》

중국 은나라의 탕왕은 중국 고대의 임금 중 가장 훌륭한 군주 중 한 사람이다. 그 탁월함에는 여러 이유가 있겠으나 예문의 글도 그중의 하나다. 예문은 탕왕이 자신의 세숫대야에 새겨놓고 날마다 마음속에 새겼던 글이다. 아침에 일어나면 누구나 대야에 담은 물로 세수를 한다. 그 대야에 새겨두었으니 날마다 마주할 수밖에 없었을 테고, 세수하는 시간은 스스로 변화를 다짐하는 시간이 되었을 것이다.

사람들은 새로운 계기가 주어졌을 때 변화를 결심하고 시작하는 경우가 많다. 새해가 되었거나 새롭게 일을 시작하면서 변화를 결심하고, 머리띠를 두르며 마음을 다지지만 그 변화는 지속되지 않고 작심삼일이 된다. 이벤트성 변화의 한계다. 진정한 변화를 원한다면 진실한 마음으로 해야 한다. 진심으로 변화를 바라지 않으면 쉽게 변화하기 어렵다. 그리고 마치 세수를 하듯이 날마다 자신을 새롭게 해야 하고, 중단하지 않고 끝까지 계속해야 한다. 이처럼 변화는 많은 인내를 필요로 한다. 하지만 포기할 수는 없다. 내가 변하지 않으면 세상이 나를 변화시킨다.

苟日新 日日新 又日新
구 일 신 일 일 신 우 일 신

오직 실천할 수 있는 말이어야 한다

"먼저 실천하고 그다음에 말하라."
_《논어》

공자의 삼천 제자 중 가장 웅변에 뛰어난 제자는 자공子貢이다. 공문십철孔門十哲에 꼽힌 이유도 언어에 뛰어났기 때문이다. 자공이 은근히 자신의 재주를 뽐내며 '군자의 자격'에 대해 물었다. 자신은 말을 잘하기에 군자가 될만하지 않느냐는 의미로 물은 것이다. 공자는 꾸짖음을 담아 대답했다. 말을 잘하려고 노력하지 말고 먼저 실천할 것을 생각하라!

말이 설득력을 가지려면 평소에 그 모습을 보여야 한다. 행동이 따르지 못하면 아무리 좋은 말을 해도 사람의 마음을 움직이지 못한다. 열심히 일하라는 말을 하기 전에 먼저 자신이 열심히 일해야 한다. 주변 정리를 잘하라고 말하기 전에 평소 자신이 먼저 빗자루를 잡아야 한다. 삶에서 실천하는 자세가 배어 있는 사람은 한마디를 해도 말의 무게가 다르다. 자기 삶에서 스스로 증명하고 있기 때문이다. '지행합일'知行合─은 지식과 행동이 하나가 되어야 한다는 양명학의 명제다. 공자는 지행합일을 넘어 먼저 행동으로 보이라고 한다. 묵묵히 실천한 다음에 말하면 사람들이 믿고 따른다.

先行其言 而後從之
선 행 기 언 이 후 종 지

009
화요일
態度
태도

주변에 좋은 것을 두어야
좋은 습관이 생긴다

"습관과 풍속은 사람의 본성을 바꾼다."

_《안자춘추》晏子春秋

공자의 제자 증자曾子가 제나라 재상 안자를 방문해서 교류하다가 떠날 때가 되어 인사를 했다. 그러자 안자는 이별 선물로 좋은 말 한마디를 바라는지, 아니면 여행에 도움이 될 수레를 원하는지 물었다. 수레는 값비싼 선물이었지만 증자는 군자로서 좋은 말을 원했다. 안자가 선물로 주었던 말에 이 구절이 들어 있다.

"사람들의 본성은 좋은 환경에서 좋은 사람들과 어울리며 좋은 습관을 키우는 데 따라 달라진다."

《효경》孝經에는 '맹모삼천지교'孟母三遷之教라는 고사가 있다. 우리가 잘 아는 대로 맹자의 어머니가 맹자에게 좋은 환경을 만들어주기 위해 세 번이나 이사 다닌 이야기다. 어린 시절 아직 사리판단이 부족한 어린이들에게는 어떤 습관을 키워주고 어떤 환경을 만들어주느냐가 중요하다. 그에 따라 인생이 달라진다. 이는 성인이 되어서도 마찬가지다. 좋은 환경을 찾아서 거주하고 좋은 사람과 교류하며 좋은 습관을 들이면 인생이 바뀐다. 사람들은 서로 물들고 물들이는 존재다. 한번 물들면 되돌릴 수 없으니 반드시 좋은 색을 주고받아야 한다.

習俗移性
습 속 이 성

높이 뛰어오르려면
서 있는 곳부터 다져야 한다

"사람이 배우지 않는 것은 아무런 기술도 없이
하늘을 오르는 것과 같다."
_《명심보감》

여기서 하늘을 오른다는 것은 높은 곳으로 올라간다는 말이다. 높은 곳으로 올라가면 무엇을 얻을 수 있을까? 낮은 곳에서는 도저히 볼 수 없는 것들을 볼 수 있다. 구름 넘어 더 높은 하늘을 볼 수 있고 멀리 펼쳐진 넓은 땅과 바다도 볼 수 있다. 사람들은 보는 것에 따라 만들어지기도 한다. 보는 것을 통해 우리는 더 높은 이상을 가질 수 있고 더 광대한 꿈을 품을 수 있다. 따라서 사람들은 누구나 더 높은 곳에 오르고 싶은 소망을 갖는다.

하늘에 오르는 것은 높은 이상을 꿈꾸는 것이다. 하지만 누구나 높은 곳에 오를 수 있는 것은 아니다. 높은 곳에 오르기 위해서는 기술이 필요하다. 그리고 그 기술은 배움을 통해 얻는다. 만약 배움이 없다면 높은 곳에 오를 수가 없다. 설사 높은 곳을 오르기 위해 도전하더라도 곧 굴러떨어지고 만다. 실력도 없이 높은 이상만 갖는 것은 허망하다. 아무리 높은 이상도 내가 밟은 땅에서 시작해야 한다. 굳건한 기반을 다진 다음 한 걸음 한 걸음 높은 이상을 향해 나아가야 한다. 배움이란 굳건한 기반을 다지는 일이다.

人之不學 如登天而無術
인 지 불 학 여 등 천 이 무 술

가장 경계하고 두려워할 것은 나의 양심이다

"군자의 잘못은 예의로 막고
소인의 잘못은 법률로 막는다."
_《명심보감》

한 사람이 군자인지 소인인지를 판단하는 기준은 그 사람이 무엇을 추구하는지, 무엇을 두려워하는지를 보면 알 수 있다. 군자는 자신의 명예를 더럽히는 것을 가장 부끄러워한다. 그래서 혼자 있을 때 더욱 경건하려 애쓴다. 남들이 아는 것이 문제가 아니라 스스로에게 부끄럽지 않기 위해서 절제하는 것이다. 소인은 법에 저촉되어 형벌을 받는 것을 두려워한다. 그래서 비리와 잘못을 저질러도 걸리지만 않으면 좋아하고 남이 보지 않을 때는 못할 일이 없다.

맹자는 "사람이 부끄러운 마음이 없어서는 안 된다. 부끄러운 마음이 없다는 것을 부끄러워한다면 부끄러워할 일이 없다."고 했다. 부끄러움을 뜻하는 '치'恥는 귀 '이'耳와 마음 '심'心으로 이루어진 글자다. 내 마음에 귀를 기울였을 때 느끼는 감정이 바로 부끄러움이다. 언제나 자신의 마음에 귀를 기울여야 한다. 내 마음이 '부끄럽다'고 한다면 바로 그만두어야 한다.

禮防君子 律防小人
예 방 군 자 율 방 소 인

잘사는 삶은 오롯이 나의 노력에 달렸다

"하늘은 녹祿 없는 사람은 내지 않고
땅은 이름 없는 풀은 기르지 않는다."
_《명심보감》

아무리 작고 보잘것없는 풀이라 해도 모두 이름이 있다. 이름이 있다는 것은 의미가 있다는 말이다. 땅에서 자라는 모든 식물은 나름의 쓸모와 의미를 갖고 태어난다. 김춘수의 〈꽃〉이란 시를 보면 평범한 꽃에 불과했으나 그 꽃의 이름을 불러주자 내게 다가와 특별한 꽃이 되었다고 나온다. 사람 역시 마찬가지다. 모든 사람의 삶은 의미가 있고 가치가 있다. 설사 지금 어렵고 힘들다고 해도 의미 없는 삶이란 없다. 사람은 모두 소중한 존재이기 때문이다. 단 스스로 자기의 삶을 인정하고 의미를 찾아야 한다. 스스로 자기 삶을 부정하면 그 누구도, 심지어 하늘도 인정해주지 않는다. 스스로 자신을 포기하고 스스로 자신을 버리면 헤어날 길이 없다.

"녹 없는 사람은 내지 않는다."라는 말이 있다. 누구나 자기 복을 갖고 태어나므로 노력하면 모두가 결실을 맺을 수 있고, 잘살 수 있다는 뜻이다. 하지만 그 하늘의 복을 키우는 것은 자신의 노력에 달려 있다. 그 힘이 되는 것은 용기와 도전의 정신이다.

天不生無祿之人 地不長無名之草
천 불 생 무 록 지 인 지 부 장 무 명 지 초

하루를 충실히 살아야
큰일도 이룰 수 있다

**"사람들은 산에 걸려 넘어지지 않지만
개미 언덕에 걸려 넘어진다."**
_《여씨춘추》呂氏春秋

크고 중요한 일을 할 때 사람들은 마음을 굳건히 다지고 치밀한 준비를 한다. 하지만 작은 일에서는 긴장을 풀어 방심하는 경우가 많다. 사소한 일이었지만 그 결과는 전혀 다르게 나타난다. 정작 모든 큰일은 작은 일을 소홀히 함으로써 일어난다. 작은 물구멍 하나로 거대한 둑이 무너지고 작은 불티가 집을 태운다. 장군의 잘못된 명령 하나로 군대가 무너지고 지도자의 사소한 습관이 나라를 망치기도 한다. 조직에서도 작고 사소한 일을 중요시 여기지 않으면 큰 기강이 무너진다.

  그것을 바로잡기 위한 시작은 일상의 일을 충실히 하는 것이다. 평상시 매일 하는 일은 작은 일로 보이지만, 실상은 가장 중요한 일이다. 그리고 자신이 바라는 큰 이상을 이루기 위한 바탕이 된다. 매일 하는 일은 루틴routine이라고 한다. '판에 박힌', '타성적인'이라는 뜻이다. 이 루틴이 지루하게 여겨진다면 지금 하는 일이 가장 중요한 일이라는 사실을 되새겨야 한다. 작은 일은 사소한 일이 아니다. 큰일을 이루는 시작이다.

人之情不蹶於山 而蹶於垤
인 지 정 부 궐 어 산 이 궐 어 질

평범한 하루를
소중히 하는 시간을 가져라

"세상에서 가장 어려운 일도 그 시작은 쉬운 일이고,
세상에서 가장 큰 일도 그 시작은 미세하다."
_《도덕경》

작은 불티가 큰 화재를 일으키며 작은 구멍이 거대한 둑을 무너뜨린다. 어떤 큰일도 그 시작은 미미한 법이다. 따라서 작은 조짐을 미리 읽고 먼저 대비만 한다면 그 어떤 문제도 쉽게 해결할 수 있다. 일을 이루는 것 역시 마찬가지다. 아무리 큰 기업도 처음 시작은 작은 구멍가게였고 한 발 한 발 묵묵히 내딛음으로써 큰 기업을 이룰 수 있었다. 그래서 안자는 "행하는 자는 성취하고 걷는 자는 도달한다."라고 말한다. 하고자 하는 일이 작다고 해서 보잘것없다고 여겨서는 안 된다. 그러면 아무 일도 일어나지 않는다.

《한비자》韓非子 〈유로〉喩老에도 비슷한 말이 있다. "형태가 있는 종류 중에 큰 것은 반드시 작은 것으로부터 일어났고, 오랜 세월을 지내온 동물 중에 무리는 반드시 적은 것으로부터 일어났다. 따라서 세상의 어려운 일은 반드시 쉬운 것에서 생기고 세상의 큰일은 반드시 미세함에서 생긴다." 작고 사소한 일, 평범한 일상을 소중히 하고 최선을 다하는 것이 위대한 일을 이루는 기반이 된다. 그 시작은 바로 오늘이다.

天下難事 必作於易 天下大事 必作於細
천 하 난 사 필 작 어 이 천 하 대 사 필 작 어 세

아는 것을 단순하게
말할 수 있어야 실천한다

"널리 배우고 자세히 말하는 것은
나중에 돌이켜 요점을 말하기 위함이다."
_《맹자》

공자의 제자인 자하子夏는 박학근사博學近思, 즉 폭넓게 배우고 자신에게 미루어 실천해야 한다고 강조했다. 하지만 단순히 폭넓게 공부하는 데 그쳐서는 곤란하다. 폭넓게 공부하는 것이 진정한 능력이 되려면 반드시 조건이 있다.《주자어류》朱子語類에 실려 있는 다음 문장이 그것이다. "폭넓게 배우는 것은 요점을 아는 것만 못하고 요점을 아는 것은 실천하는 것만 못하다." 폭넓은 지식을 얻었다면 반드시 그것의 목적과 지향점을 알아야 한다. 무엇을 위해 공부하는지, 그 공부를 통해 어떤 것을 이루고자 하는지가 분명치 않으면 길을 잃고 방황하게 된다. 또한 공부를 했다면 반드시 자신의 삶에서 구현할 수 있어야 한다. 머리 안에서만 머물고 행동이 따르지 않으면 그 지식은 오히려 자기 삶을 기만하는 것이 될 수도 있다. 맹자는 말과 대화의 관점에서 이 개념을 말해준다.

폭넓게 배우는 것은 지식을 자랑하기 위해서가 아니다. 자신이 아는 것을 보여주는 데만 열중하면 말이 장황하고 지루해진다. 사람의 마음을 흔드는 것은 단순하면서도 핵심적인 말 한마디다. 평범한 말이지만 그 속에 깊은 뜻을 담을 수 있다면 최선이다.

博學而詳説之 將以反説約也
박 학 이 상 설 지 장 이 반 설 약 야

배워라, 소통하라, 기뻐하라!

"배우고 때때로 그것을 익히면 또한 기쁘지 않은가?
벗이 먼 곳에서 찾아오니 또한 즐겁지 아니한가?
남이 알아주지 않아도 성내지 않는다면 또한 군자답지 아니한가?"
_《논어》

《논어》의 맨 앞에 나오는 문장이다. 《논어》는 특별한 순서 없이 쓰인 책이
지만, 가장 먼저 담긴 문장인 만큼 말하고자 하는 핵심이 담겼다고 할 수 있
다. 당연히 충실한 삶을 추구하는 사람이 소중히 여겨야 할 덕목이다.

먼저 학습을 권유한다. 끊임없는 배움을 통해 자신을 새롭게 해야 한다.
그리고 배운 것을 삶에서 실천해야 하는데 '익히다'가 바로 그런 뜻이다.
배운 것을 삶에서 실천할 때 진정한 배움의 의미를 찾을 수 있고, 기쁨을 누
릴 수 있다. 그다음은 소통이다. 멀리서 벗이 찾아온다는 것은 그만큼 사람
들과의 관계를 소중히 여기며 이어가고 있음을 의미한다. 사람들은 서로
소통을 통해 공감하고 좋은 세상을 함께 만들어간다. 마지막으로 겸손이
다. 뛰어난 학문과 수양을 이루었지만 사람들의 존경을 강요하지 않는다.
사람들이 나를 알아주면 좋지만 그렇지 않더라도 괜찮다. 배움, 그 자체로
충분하기 때문이다. 그리고 이 모든 것을 즐겁고 기쁜 마음으로 해야 한다.
행복한 삶을 살기 위한 비결이자 지름길이다.

 學而時習之 不亦說乎 有朋自遠方來 不亦樂乎 人不知而不慍 不亦君子乎
학 이 시 습 지 불 역 열 호 유 붕 자 원 방 래 불 역 락 호 인 부 지 이 불 온 불 역 군 자 호

배우는 노력이 타고난 재능을 이긴다

"길러주는 것을 얻게 되면 자라지 않을 것이 없고,
길러줌을 얻지 못한다면 소멸되지 않을 것이 없다."
_《맹자》

우산의 나무는 원래 울창했지만 사람들이 계속 도끼로 베어내었기에 민둥산이 되고 말았다. 사람의 선한 본성 역시 제대로 키우고 양육하지 않는다면 보존할 수 없다. 사람의 재능과 자질도 마찬가지다. 아무리 뛰어난 자질을 타고난 사람도 나쁜 환경의 영향을 받으면 제대로 성장할 수 없다. 반대로 재능이 조금 부족하게 태어났어도 좋은 가르침을 받으면 얼마든지 훌륭한 인재로 자랄 수 있다.

맹자의 이 말은 부모뿐 아니라 학생을 가르치는 교사, 그리고 부하를 이끄는 리더들이 반드시 새겨야 할 말이다. 훌륭한 인재를 키우고 싶다면 성장할 수 있도록 충분한 보살핌이 필요하다. 좋은 습관을 키워주고 좋은 환경을 만들어주어야 한다. 노력을 기울이지 않고 저절로 인재가 탄생할 수는 없다. 특히 이 말은 우리 자신도 예외는 아니다. 겸손과 열정으로 배움에 임할 때 반드시 성장할 수 있다. 하지만 스스로 성장을 위해 노력하지 않고 배움을 포기한다면 우리는 소멸하고 만다. 이에 맹자는 이처럼 말하는 것 같다. "예외는 없다."

苟得其養 無物不長 苟失其養 無物不消
구득 기양 무물 부장 구실 기양 무물 불소

남을 대할 때 나를 대하듯 하라

"내가 원하지 않는 것을 다른 사람에게 행하지 말라."

_《논어》

인仁은 공자의 철학을 하나로 꿰뚫고 있는 핵심 철학이다. 《논어》에는 제자들이 스승인 공자에게 인을 묻는 장면이 많이 나온다. 제자 자공도 몇 번에 걸쳐 인을 물었는데 〈위령공〉衛靈公에서는 "제가 평생 신조로 삼을 말이 무엇입니까?"라고 물었다. 공자는 이렇게 대답해준다.

"그것은 바로 서恕다. 자기가 원하지 않는 것을 다른 사람에게 행하지 말라."

공자는 인의 실천 정신으로 충忠과 서를 말했다. 충은 자신의 내면을 충실히 하는 것이고, 서는 다른 사람과의 관계에서 예의를 갖추고 배려하는 것을 말한다. 서는 충이 바르게 선 사람만이 보여주는 행동이기에 결국 둘은 같다.

상대방을 마치 내 몸처럼 생각하고 상대방의 입장에서 생각하고 행동하는 것. 누구나 느끼겠지만 결코 쉽지 않은 일이다. 하지만 그 결과는 놀랍다. 사람과 사람 사이의 아름다운 관계는 물론 좋은 세상을 만드는 핵심이다.

己所不欲 勿施於人
기 소 불 욕 물 시 어 인

물질의 노예로 살며
삶의 주인이 될 수는 없다

"군자는 물질을 지배하고 소인은 물질에 지배당한다."
_《순자》荀子_

오늘날은 부가 지배하는 세상이 되었다. 사람들이 모두 부를 찾아 헤맨다. 오직 삶의 목적이 부이고, 부가 많으면 행복하고 없으면 불행하다고 생각한다. 하지만 군자에게 부란 삶을 살아가는 하나의 수단에 불과하다. 군자는 재물에 매이지 않고 재물을 부릴 수 있다. 또한 군자는 지위가 높은 사람이나 부자 앞에서도 결코 주눅 들지 않는다. 그들이 가지고 있는 것을 모두 하찮다고 여기기 때문이다. 소인은 어떤가? 부와 재물 앞에서 항상 비굴해지고 만다. 물질의 노예이기 때문이다.

오늘날에도 사회 지도층의 사람들이 물질의 유혹에 쉽게 허물어지는 모습을 많이 보았다. 이를 놓고 보면 군자와 소인을 나누는 것은 지위가 아닌 부를 대하는 태도임을 알 수 있다. 아무리 높은 자리에 올라도 물질에 최고의 가치를 두는 사람은 소인에 불과하다. 부 앞에 비굴해지는 것도, 끊임없이 부를 불리려고 좇는 것도 모두 부의 노예가 되는 길이다. 이들의 삶은 행복할 수 없다. 무언가의 노예로 사는 삶이 어찌 행복하겠는가.

君子役物 小人役於物
군자역물 소인역어물

오늘 하루 어떤 마음으로 살 것인가

"사람의 마음은 늘 위태롭고, 도의 마음은 잘 드러나지 않는다.
오직 정밀하게 살피고 한결같이 지켜
그 중심을 붙잡아야 한다."

_《서경》書經, 《심경》心經

마음공부의 경전 《심경》의 맨 첫머리에 실린 글이다. 저자 진덕수는 직접
쓴 〈심경찬〉心經贊에서 이 구절이 마음공부의 근원이라고 말하며, 인심人心
과 도심道心을 이렇게 설명한다.

"인심은 대체 무엇인가? 형체와 기운에서 생겨나는 것이니 좋음과 즐거
움, 분노와 원망이 있다. 오직 욕망이 흐르기 쉬워서 이것을 위태롭다고 하
는데, 잠시라도 방심하면 온갖 사특함이 그것을 따른다. 도심은 무엇인가?
하늘이 준 천명에 뿌리를 두고 있어 의로움義, 인자함仁, 치우치지 않음中,
바름正이다. 이런 이치는 형체가 없어서 잘 드러나지 않으니 털끝만치라도
잃어버린다면 그것을 보존하기 힘들다. 인심과 도심 둘 사이에는 틈새를
용납한 적이 없으니 반드시 정밀하게 살펴서 흑백을 가리듯이 해야 한다."

도심은 사람의 선한 마음, 곧 올바른 도덕성이다. 이는 마음속 깊이 감춰
져 있어 쉽게 드러나지 않는다. 인심은 감정과 욕망이다. 항상 내 의지와는
달리 쉽게, 그리고 과격하게 드러난다. 삶의 순간순간 마음을 다스려야 하
는 이유다. 오늘 하루 어떤 마음으로 살아갈 것인가?

人心惟危 道心惟微 惟精惟一 允執厥中
인심유위 도심유미 유정유일 윤집궐중

시간을 헛되이 보내는 것은
삶을 흘려보내는 것이다

"가르쳐서는 안 되는 두 글자가 있다.
바로 소일消日, 그럭저럭 한가롭게 보내는 세월이다."

_《여유당전서》與猶堂全書

퇴계 이황이 송대의 학자 진백의 글 〈숙흥야매잠〉夙興夜寐箴에 대해 노수진과 논의한 글을 정약용이 인용해서 〈도산사숙록〉陶山私淑錄에 실었다. 이 글을 통해 하릴없이 시간을 허비하는 일에 대해 다산은 크게 질책한다. 글은 이렇게 이어진다.

"슬프다. 그 어떤 일을 하고자 하는 사람의 처지에서 말하면 1년 360일, 1일 96각刻이 스스로 이어대기에도 부족할 것이다. 농부는 밤낮으로 농사일에 힘쓰니 만일 해를 붙잡아 둘 수만 있다면 끈으로 묶어 끌어당길 것이다. 그런데 저 사람은 어떤 사람이기에 곧 이날을 보내지 못하는 것을 근심하고 고민하여 장기, 바둑, 공놀이 등등을 도모하지 않는 바가 없단 말인가? 남당의 〈숙흥야매잠〉은 때를 안배하고 순서를 정한 기한이 있으니 참으로 학자들에게는 보배와 같은 글이다."

자기 일을 이루고자 하는 사람은 시간을 보배처럼 아껴 쓴다. 18년간의 귀양살이 중 500여 권의 《여유당전서》를 완성한 다산이기에 그 말이 더욱 절실하게 느껴진다.

天下有二字惡言之不可訓者 卽 消日是也
천하유이자악언지불가훈자 즉 소일시야

불필요한 말과 행동으로
시간을 낭비하지 마라

"쓸데없는 말과 급하지 않은 일은
내버려두어 개의치 말라."

_《명심보감》

'급선무'急先務 라는 말이 있다. '무엇보다도 먼저 서둘러 해야 할 일'이라는 뜻으로 《맹자》에 나오는 말이다. 맹자가 이 말을 했던 의도는 '가까이 있는 사람이 가장 소중한 사람이며, 그들을 사랑하는 일이 가장 시급한 일'이라는 가르침을 주기 위해서다. 맹자는 사랑을 가르쳤지만 이 지혜는 세상의 모든 일에 해당한다. 그 어떤 일이든 그 경중과 우선순위를 모르고 시행한다면 반드시 문제가 생길 수 있다.

사람들과 꼭 필요치 않은 말을 나누다 보면 남의 험담을 하거나 꼭 지켜야 할 비밀을 누설하는 경우도 있다. 근거 없는 풍문의 발설자로 지목되어 곤란을 겪기도 한다. 일 또한 마찬가지다. 일의 경중을 잘 살펴서 중요한 일, 시급한 일부터 해나가야 한다. 쓸데없는 말과 급하지 않은 일에 치중하다 보면 정작 해야 할 말과 중요한 일을 할 시간을 뺏기게 된다. '시간이 없다, 시간이 없다'를 항상 입에 달고 있는 사람들은 자신의 일을 점검해볼 필요가 있다. 말과 일의 핵심을 꿰뚫어보는 사람은 서두르지 않아도 여유가 있다.

無用之辯 不急之察 棄而勿治
무용지변 불급지찰 기이물치

교만을 경계하라 무너지기 쉽다

> "망국의 군주는 반드시 스스로 교만하고,
> 스스로 지혜롭다고 여기고, 스스로 사물을 경시한다."
> _《여씨춘추》

교만한 지도자는 부하들을 소홀히 여기고 경쟁자를 얕본다. 스스로 지혜롭다고 여겨 주위의 의견에 귀 기울이지 않고 매사를 독단적으로 처리한다. 지도자가 사물을 가볍게 여기면 작은 징조에 무관심해지고 전혀 대비하지 않게 된다. 만약 훌륭한 지도자가 되고 싶다면 어떻게 해야 할까? 반대로 하면 된다. 겸손한 마음으로 세상의 인재를 널리 구하고, 스스로의 부족함을 인정한 뒤 다양한 의견을 수렴하고, 작은 일에도 관심을 갖고 앞날에 대비하는 것이다. 바로 이 세 가지가 뛰어난 군주의 자질이다.

항우는 이 세 가지가 모두 부족했다. 항우는 교만해 한신과 같은 훌륭한 부하들을 믿지 않았다. 자신을 지혜롭다고 여겨 유방과 같은 상대를 경시했다. 그리고 마지막 순간까지 자신의 잘못을 인정하지 않았다. 자신은 가장 용맹하고 뛰어난 군주였지만 하늘이 돕지 않았다고 원망하기도 했다. 결국 거의 손에 쥐었던 천하를 유방에게 빼앗기고 말았다. 성공을 거두기는 어렵고, 무너지는 것은 한순간이다. 그 이유는 교만이다.

 亡國之主 必自驕 必自智 必輕物
망국지주 필자교 필자지 필경물

작고 사소한 배움이 쌓여 위대함을 낳는다

"비록 작은 일이라 해도 하지 않으면 이루어지지 않고
자식이 아무리 총명해도 가르치지 않으면
현명해질 수 없다."
_《명심보감》

장자가 실천적 교육을 강조하며 했던 말이다. 아무리 뛰어난 사람이라 해도 게으름을 이길 수는 없다. 게을러서 일하지 않으면 어떤 일도 이룰 수 없기 때문이다. 자식을 가르치는 일도 마찬가지다. 뛰어난 자질을 갖고 태어났어도 제대로 된 가르침을 받지 못하면 훌륭한 인재로 자랄 수 없다. 일도, 배움도 실천이 있어야 움직임이 있고 결실도 맺을 수 있다.

우리는 흔히 위대한 일은 그 시작부터 대단했을 거라고 생각한다. 위대한 인물에 대해서도 마찬가지다. 어린 시절부터 총명함이 남다른 천재였을 거라고 생각한다. 하지만 처음부터 위대하게 시작되는 일은 없다. 마찬가지로 처음부터 위대하게 태어나는 사람도 없다. 작고 사소한 일에 충실함으로써 위대함 가까이 다가갈 수 있다. 작은 일에 충실하지 않으면서 위대함으로 갈 수 있는 길은 없다.

事雖小 不作不成 子雖賢 不敎不明
사 수 소 불 작 불 성 자 수 현 불 교 불 명

025 의욕과 과욕의 다름을 알아야 곁에 사람이 남는다

목요일
關係
관계

"물 없는 곳에 배를 띄운다."

_《서경》

"안 되면 되게 하라." 군대에서 유래된 말이지만 기업을 비롯해서 이미 많은 곳에서 쓰이는 말이다. 나폴레옹의 "불가능은 없다."는 말도, 정주영 회장의 "해보기는 했어?"라는 물음도 모두 의지를 갖고 정면 돌파하라는 뜻을 갖고 있다. 우리는 어떤 일을 시작할 때 의욕이 넘치게 마련이다. 그래서 불가능하다고 판단되는 일도 의지력으로 밀어붙이면 이룰 수 있다고 생각한다. 사람의 의지가 가진 무궁한 힘을 생각하면 충분히 필요한 자세다.

하지만 의지로 도전할 수 있는 일이 있고 도저히 불가능한 일도 있게 마련이다. 만약 물이 없는 곳에 배를 띄우려고 시도한다면 그 배는 쓰러지고 만다. 배를 끌고 산으로 올라가면 부하들이 모두 쓰러지고 만다. 어떤 일을 할 때 의욕인지 과욕인지, 혹여 무모한 도전은 아닌지 냉철하게 판단해야 한다. 그리고 그 일이 합리적인지 짚어보아야 한다. 특히 조직을 책임지는 리더는 더욱 그렇다. 안 되는 일을 무모하게 밀어붙이면 자기뿐 아니라 부하도, 조직도 무너진다.

罔水行舟
망 수 행 주

가난에 지지 말고
부에 지배되지 말라

"가난하면서 원망이 없기는 어렵지만
부유하면서 교만하지 않기는 쉽다."
_《논어》

옛 성현에게 부자이면서 겸손한 자세를 지니는 것은 자기 수양의 문제다. 덕이 높고 인품이 훌륭한 사람은 부자가 되어도 교만하지 않을 수 있고 자신을 지킬 수 있다. 하지만 가난은 사람의 생명이 걸린 문제다. 특히 여건상 아무리 노력해도 가난을 벗어날 수 없는 사람에게 가난은 생존을 위협하는 것이다. 따라서 굶지 않기 위해서 비굴해지고 고난이 계속되면서 원망이 자랄 수밖에 없다. 하지만 요즘의 세태를 보면 가난하지만 원망이 없는 사람보다 부자가 되어서도 교만하지 않은 사람을 찾아보기가 더 어렵다.

명재상 안자는 "부유하면서 교만하지 않은 자는 아직 들어보지 못했다."라고 공자와는 다르게 말했다. 부자가 겸손하기는 그만큼 더 어렵다는 말이다. 특히 부가 그 사람의 가치를 결정하는 요즘 같은 세태에서는 더욱 그렇다. 사실 평범한 우리들에게는 부유할 때 교만하지 않기도, 가난할 때 원망하지 않기도 쉽지 않다. 그래서 중요한 것은 어떤 상황에 처하든 이겨낼 힘을 기르는 것이다. 환경에 지배당하지 않으면 그 어떤 환경도 이겨낼 수 있다. 부든 가난이든 마찬가지다.

貧而無怨難 富而無驕易
빈 이 무 원 난 부 이 무 교 이

무언가를 담기 전에
나의 그릇부터 키워라

"그릇은 가득 차면 넘치고 사람은 가득 차면 잃게 된다."

_《명심보감》

제나라 환공이 스스로를 가다듬기 위해 항상 곁에 둔 그릇이 있다. 의기欹器 라고 하는데, 이 그릇은 물이 절반까지 차면 그대로 있지만 그 이상을 부으면 기울어져 쏟아진다. 인위적으로 만든 이런 그릇이 아니더라도 그릇의 크기를 고려하지 않고 물을 부으면 넘쳐흐르는 것은 자연의 이치다. 이런 이치는 사람에게도 그대로 적용된다. 사람이 자신의 분수에 맞지 않는 지위와 부를 얻으면 교만에 빠지게 된다. 그리고 교만에 빠지는 순간 패망의 길로 간다. 지나친 탐욕이 화를 부르는 것이다.

가지고 있는 그릇을 채우기에 급급하지 말고 먼저 그릇의 크기를 키우는 데 힘을 써야 한다. 흙으로 빚은 그릇은 키울 수 없지만 사람의 그릇은 노력하기에 따라 얼마든지 커질 수 있다. 폭넓은 공부와 경험을 통해 식견과 도량을 넓히면 덕이 커진다. 그리고 덕은 곧 사람의 그릇이 된다. 덕이 있는 사람은 채워질수록 더 겸손해진다. 내세우지 않고 드러내지 않아도 사람이 따른다.

 器滿則溢 人滿則喪
기 만 즉 일 인 만 즉 상

자신을 겸손하게 돌아보고 살핀다

"어진 사람은 근심하지 않고 지혜로운 사람은
의심이 없으며 용감한 사람은 두려워하지 않는다."
_《논어》

공자는 군자가 어떠해야 하는지에 대해 많은 이야기를 남겼다. 위의 구절
도 그중의 하나인데, 특이한 것은 바로 공자 자신에 대해 말했다는 점이다.
인함과 지혜 그리고 용기는 군자가 반드시 갖추어야 할 세 가지 덕목이다.
그리고 그런 덕목을 가진 사람의 모습을 공자는 명확하게 말해준다. 비록
자신은 "어느 하나 능한 것이 없다."라고 말했지만, 제자 자공은 공자가 그
단계에 도달해 있음을 증거했다. 스승의 삶에서 세 가지 덕목을 직접 실천
하는 모습을 언제나 보았기 때문이다.

　인한 사람은 소중한 사랑의 가치를 알고 실천하기에 작은 일에 연연하지
않는다. 지혜로운 사람은 자신의 욕심과 세상의 유혹에 흔들리지 않는 분
별력을 갖는다. 용기 있는 사람은 그 어떤 위험에도 흔들리지 않고 오직 의
의 길을 따른다. 공자는 그 어떤 상황에서도 이런 삶의 모습을 견지했지만
스스로는 항상 부족하다고 고백했다. 목표를 높이 두는 사람은 언제나 노
력을 그치지 않는다. 자신이 부족하다고 느끼기 때문이다. 하지만 주위에
있는 모두는 그의 가치를 인정한다.

仁者不憂 知者不惑 勇者不懼
인자불우 지자불혹 용자불구

말하기 전에 사람의 마음을 헤아려라

"말할 때가 되지 않았는데 말하는 것을 조급하다고 하고,
말해야 할 때 말하지 않는 것은 숨긴다고 하고,
안색을 살피지 않고 말하는 것을 눈뜬장님이라고 한다."
_《논어》

TPO라는 말이 있다. 때, 장소, 상황에 합당한 옷을 입어야 한다는 의미로 복장의 중요한 규칙이다. 이는 말의 원칙에도 그대로 적용된다. 말을 할 때는 때Time와 장소Place, 상황Occasion에 맞춰서 해야 한다. 반드시 말해야 할 때는 하고 멈출 때는 멈추어야 한다. 그리고 듣는 사람의 마음을 배려할 수 있어야 한다. 때와 상황에 맞지 않게 함부로 자기주장을 펴는 것은 경망한 사람이다. 말을 해야 할 때 입을 다물고 있는 사람은 속마음을 숨기는 음흉한 사람이다. 듣는 사람의 안색을 살피지도 않고 할 말, 안 할 말 다 하는 사람은 독선적이고 예의 없는 사람이다.

말을 잘하는 사람은 현란한 말솜씨를 자랑하는 사람이 아니다. 때와 장소 그리고 상황에 맞게 분별 있게 말하는 사람이다. 무엇보다도 상대방의 마음을 헤아려 말하는 것이 최상의 경지다.

言未及之而言謂之躁 言及之而不言謂之隱 未見顏色而言謂之瞽
언미급지이언위지조 언급지이불언위지은 미견안색이언위지고

정말 해야 할 일에 집중하고 있는가

"일을 만들면 일이 생기고 일을 덜면 일이 줄어든다."
_《명심보감》

항상 열심히 일하는데 결과를 내지 못하는 사람이 있다. 이런 경우 날마다 일에 치여 바쁘지만 보람은 얻지 못한다. 한편 평소에 일을 설렁설렁하는 것 같은데 어느새 일을 끝내버리는 사람이 있다. 혹시 다른 사람이 보지 않을 때 몰래 일하는 것은 아닌가 하는 의심을 받기도 한다. 이 둘의 차이는 무엇일까?

바로 일의 핵심을 찾는 능력, 집중력과 창의력의 차이다. 일의 핵심을 찾아서 창의적으로 일하는 사람은 아무리 복잡한 일도 간단하게 처리할 수 있다. 하지만 겉가지만 건드리는 사람은 일은 부산하게 하는데 제대로 해결하지 못한다. 어떤 일을 하려면 꼭 다른 일이 마음에 걸려 결국 해야 할 일도, 신경 쓰인 일도 제대로 된 결과를 만들어내지 못하는 것이다.

일은 줄이려 마음먹으면 얼마든지 줄일 수 있다. 꼭 해야 하는 핵심적인 일을 찾아 먼저 하면 된다. 반대로 일의 핵심보다는 격식과 절차에 매달리면 일은 늘어나게 마련이다. 일에 있어서도 창의력이 필요하다.

生事事生 省事事省
생사사생 성사사성

내면을 아름답게 하는 공부가 진짜다

"천 권의 책을 구하기는 어렵지만 물리치기는 쉽고,
의복과 음식을 구하기는 쉽지만 물리치기는 어렵다."
_《명심보감》

제갈량이 주군이었던 유비의 아들 유선에게 책 읽기를 권하면서 네 권의
고전을 자신이 직접 써서 건네주었다. 《신자》, 《한비자》, 《관자》, 《육도》가
바로 그것이다. 이처럼 옛날에는 일일이 손으로 써서 책을 만들었기 때문
에 구하기가 정말 어려웠다. 하지만 어렵게 책을 구해도 그것을 소중히 여
기고 열심히 읽는 사람은 드물었다. 반대로 먹을 것, 입을 것은 손쉽게 구할
수 있지만 반면 절제해서 멀리하기는 쉽지 않았다. 반드시 채워야 할 마음
의 양식은 채우지 않으면서 육신의 양식은 절제하지 않고 채우니 몸과 마
음의 건강을 모두 잃고 만다.

　요즘은 옛날과는 비교할 수 없을 정도로 책이 흔한 시대다. 하지만 쉽게
구한 만큼 책을 아껴 읽는 사람은 더욱 드물다. 오히려 책이 귀했던 옛날보
다 더 책을 가까이하지 않는다. 다이어트보다, 화려한 명품보다 더 소중한
것이 책이다. 다이어트나 명품은 내 겉모습을 꾸미지만 책은 내면을 아름
답게 한다.

千卷詩書難卻易 一般衣飯易卻難
천 권 시 서 난 각 이 　일 반 의 반 이 각 난

一日古典

2월

二
月

"오직 가장 지혜로운 사람과
가장 어리석은 사람은 바뀌지 않는다."

_《논어》

나를 사랑하는 사람은 남도 사랑한다

"남이 나를 알아주지 못함을 근심하지 말고
내가 남을 알지 못함을 걱정해야 한다."
_《논어》

사람들은 흔히 남들이 자기를 알아주기를 원하지만 정작 남을 이해하려고 노력하지 않는다. 그것이 특별히 나쁜 것이라기보다는 평범한 사람들의 한계라고 할 수 있다. 모든 것을 자기 본위로 생각하는 것은 어쩔 수 없는 인간의 본능이다. 또 어린 시절부터 습관화되었기에 쉽게 바꾸지 못한다. 대화를 나눌 때도 다른 사람의 말에는 귀를 닫고 일방적으로 자기 의견만 내세우는 일이 많다. 결국 목소리만 높이다가 얼굴을 붉히고 끝난다.

남을 알고 이해하는 것은 역지사지의 자세로 공자 철학의 핵심인 '서'의 정신이다. 그 근본에 '나를 사랑하는 것'이 있다. 나를 사랑하는 것에서부터 시작해서 점차 가까운 사람에게로 그 사랑이 퍼져나가는 것이 진정한 공자의 정신이다. 그래서 공자는 나를 사랑하는 일을 다른 사람을 사랑하는 것보다, 다른 사람의 사랑을 받는 것보다 더 높은 차원이라고 했다. 자신을 사랑하는 사람은 더 나은 자신을 만들기 위해 노력을 아끼지 않는다. 당연히 나를 사랑하는 만큼 다른 사람을 이해하고 사랑하기 위해 노력한다.

不患人之不己知 患不知人也
불 환 인 지 불 기 지 환 부 지 인 야

오직 나를 위해 쌓는 부를 경계하라

"하늘은 한 사람을 부유하게 만들어 사람들의 가난을
구제케 했으나, 세상은 제 부유함에 의지하여 가난한
사람을 능멸한다."
_《채근담》茱根譚

《채근담》에서 이 글 앞에는 이런 구절이 실려 있다. "하늘은 한 사람을 현명
하게 하여 사람들의 어리석음을 깨우치게 했으나 세상은 자기 장점을 뽐내
며 다른 사람의 단점을 들춰낸다."

지혜로운 사람과 부유한 사람이 져야 할 의무를 말해주는 글이다. 물론
부와 지식을 모두 하늘이 내려주었다는 것은 공감하기 어려울지도 모른다.
모든 것이 하늘에 의해 운명지어졌다 여기면 더는 스스로 노력할 이유가 없
으니 말이다. 하지만 부와 지혜가 온전히 혼자만의 힘으로 이루어지지 않은
것은 분명하다. 지식은 가르침을 준 많은 사람이 있었고, 부 역시 힘을 합쳐
준 사람이 있었기에 얻을 수 있었으리라. 따라서 지혜로운 사람은 자신이
받은 만큼 다른 사람에게 가르침을 주어야 하고, 남다른 부를 이룬 사람은
그 부를 나눔으로써 자신이 받은 도움에 보답해야 한다. 가진 것이 많아질
수록 스스로를 낮추며 겸손과 배려의 자세를 가져야 하는 것이 당연하다.

《채근담》에서는 이러한 의무를 저버리는 사람을 무섭게 질책한다. "이런
사람들은 천벌을 받는다."(진천지륙민재眞天之戮民哉)

天富一人以濟衆人之困 而世反挾所有 以凌人之貧
천부일인이제중인지곤 이세반협소유 이능인지빈

마음을 베풀 때는 오직 순수하라

**"은혜를 베풀 때는
그 은혜에 보답할 수 없는 사람에게 하라."**
_《채근담》

맹자는 "줄 수도 있고 안 줄 수도 있는데 주는 것은 은혜에 상처를 입히게 된다."라고 말했다. 은혜를 베푸는 것은 반드시 순수한 마음으로 해야 한다는 것이다. 만약 자신을 과시하기 위해 은혜를 베푼다면 차라리 하지 않음만 못하다. 보답을 바라고 하는 것도 마찬가지다. 의도를 가진 선행은 자선 행위가 아니라 장사에 가깝다. 은혜에 보답할 수 없는 사람이란 은혜를 갚을 능력이 없는 사람을 말한다. 평소에는 전혀 관심이 없다가 매년 연말이면 불우한 이웃을 찾는 사람들이 있다. 특히 정치인들이 많은데 이들은 자신의 자선 행위를 알리는 보도 자료를 언론사에 돌린다. 이쯤 되면 더 이상 선행이 아니라 자기 홍보를 위한 활동이 된다. 한 걸음 더 나아가 자기만족을 위한 행위도 마찬가지다. 진정으로 불우한 사람의 마음을 헤아리고 같이 아파하는 것이 아니라 자기 자신을 높이기 위한 일일 뿐이다. "나는 이런 사람이야!" 하는 자기 과시의 마음에서 비롯된다.

진정한 선행이란 왼손이 하는 일을 오른손이 모르게 해야 한다. 남들은 물론 자신조차도 자신이 베푼 선행을 의식하지 말아야 한다. 그것이 바로 진정한 선행이다.

 施恩 務施於不報之人
시 은 무 시 어 불 보 지 인

삶이 힘들 때
오히려 나를 돌보는 시간으로 여겨라

"어릴 때는 학문에 뜻을 두었으나 20년 동안 세속의 길에
빠져 선왕의 훌륭한 정치가 있는 줄 알지 못했는데,
이제야 여가를 얻게 되었다."

_자찬묘지명自撰墓誌銘

다산이 자신의 묘지에 직접 쓴 글이다. 놀랍게도 이 글은 다산이 성공을 구가하다가 귀양을 떠나면서 느꼈던 자신의 심경을 밝힌 것이다. 물론 권력의 정점에서 추락해 귀양길에 오른 일이 마냥 즐거울 수는 없을 것이다. 하지만 다산은 그 일에서 잊고 있었던 자신의 정체성을 찾았다. 어릴 때부터 학문을 사랑했고 학문에 뜻을 두었지만 나라를 다스리는 일에 빠져 잊었던 자신의 소명에 대한 자각이었다.

여가란 '일을 하다가 잠시 쉴 수 있는 짬'이라고 사전에 실려 있다. 자신의 본업을 잃었거나 원하지 않는 일 때문에 부득이하게 갖게 된 시간을 여가라고 생각하는 사람은 없을 것이다. 하지만 다산은 귀양을 떠나는 일을 잊고 있었던 소명을 이루는 여가라고 생각했다. 그리고 위대한 문화 유산인《여유당전서》를 남길 수 있었다. 맞닥뜨린 상황이 아니라 그 상황에 임하는 마음가짐이 중요하다는 것을 다산은 생생하게 보여준다. 뜻하지 않게 갖게 된 여가는 내 삶의 소명을 되찾고 그 길에 매진하여 큰일을 이루는 기회가 될 수 있다.

念幼年志學 二十年沈淪世路 不復知先王大道 今得暇矣
염유년지학 이십년침륜세로 불복지선왕대도 금득가의

말은 곧 그 사람 자신이다

"말을 알지 못하면 사람을 알지 못한다."

_《논어》

이는 《논어》의 맨 마지막 문장으로, 《논어》의 주제를 함축해서 보여주는 글이다. 《논어》의 맨 앞에 실린 글이 "배우고 때때로 익히면 또한 기쁘지 않은가?", 즉 '학문'인 것으로 미루어보면 《논어》에서 말하고자 하는 핵심은 바로 공부, 사람, 말로 집약할 수 있다. 이 문장은 '말은 곧 그 사람 자신이다'라는 명제를 떠올리면 쉽게 이해할 수 있다. 말은 그 사람의 마음에서 우러나는 것이므로 그 말을 들으면 그 사람의 본모습을 알 수 있다. 말을 통해그 사람의 인격과 품격을 가늠할 수 있고 기호와 취향까지 짐작할 수 있다.

하지만 이에 그치지 않고 한 단계 더 나아갈 수 있어야 한다. 내가 말로다른 이의 됨됨이를 가늠한다면 상대 역시 나의 말을 통해 나의 됨됨이를판단한다. "내가 하는 말이 곧 나 자신이다." 말은 입만 열면 쉽게 할 수 있어 한없이 가벼워질 수 있다. 하지만 그 무게는 가장 무겁다. 다시 돌이킬수도 없으니 마음을 지키듯이 말도 지켜야 한다.

 不知言 無以知人也
부지언 무이지인야

이루기는 어렵지만 무너지기는 쉽다

"일이란 사려 깊은 생각에서 시작되고 꾸준한 노력으로
완성되지만, 오만함으로 실패한다."

_《관자》管子

뛰어난 용맹함을 지닌 자로가 "스승님께서 삼군을 거느리고 출정하신다면
누구와 함께 하시겠습니까?"라고 묻자 공자가 대답했다. "맨손으로 범을
잡고 맨몸으로 강을 건너려다 죽어도 후회하지 않는 자하고는 함께 출정하
지 않겠다. 일에 임해서는 반드시 신중을 기하고 계획을 잘 세워 일을 이루
는 사람과 함께 할 것이다."

일을 처음 시작할 때는 다각도로 세심하게 살피고 주도면밀한 계획을 세
워야 한다. 일을 시작한 다음에는 꾸준히 노력해야 성공할 수 있다. 작은 어
려움에 연연하고 좌절한다면 일을 끝까지 마무리할 수 없다. 그리고 성공
했다면 더욱 겸손하고 노력하는 자세를 견지해야 한다. 초심을 잃어서는
안 된다. 하지만 성공한 사람들 중 상당수가 처음 그 일을 시작할 때 품었던
간절함과 겸손함을 잃고 태만해진다. 일을 이루기 위해서는 수많은 노력을
기울여야 하지만 일이 무너지는 것은 한순간이다. 큰 성공을 거두고 마음
이 높아지는 순간이 바로 그때다.

事者生於慮 成於務 失於傲
사 자 생 어 려 성 어 무 실 어 오

배울수록 나의 그릇이 커진다

"옥은 다듬지 않으면 그릇이 되지 못하고, 사람은 배우지
않으면 옳고 그름을 알지 못한다."

_《명심보감》

제자 자공이 "저는 어떻습니까?"라고 묻자 공자가 대답했다. "너는 그릇이
다." "어떤 그릇입니까?" 재차 묻자 "제사에 쓰는 귀한 옥그릇(호련瑚璉)이
다."라고 말해준다. 이처럼 옛날에는 사람을 그릇에 비유하는 경우가 많았
다. 잘 갈고 다듬으면 귀하게 쓰는 그릇이 되지만 그냥 두면 아무 쓸모없는
돌덩이에 불과하듯, 사람 역시 그렇기 때문이다.

열다섯 개의 성과 바꿀 정도의 보물인 화씨지벽和氏之璧도 처음에는 하찮
은 돌로 취급받았다. 장인의 손으로 갈고 다듬어져 비로소 아름다운 보석
으로 탄생했다. 사람도 마찬가지다. 훌륭한 품성을 지닌 사람도 제대로 배
우지 않으면 사람 구실을 하기 어렵다. 설사 재능이 뛰어나다 해도 사람의
도리를 알지 못하면 제대로 된 사람이 될 수 없기 때문이다. 순자가 "학문
을 하면 사람이 되고, 하지 않으면 금수가 된다."라고 말했던 것도 같은 맥
락이다. 공부란 단순히 지식을 채우고 성공을 위한 능력을 배양하는 것이
아니다. 자신의 성품을 아름답게 다듬고 세상에 유익을 줄 수 있어야 한다.
아무리 거친 돌이라 해도 그 속에는 귀한 옥 그릇을 품고 있다. 사람도 마찬
가지다.

玉不琢不成器 人不學不知義
옥 불 탁 불 성 기 인 불 학 부 지 의

서로에게 채울 점을 얻어라

"선배가 하는 일은 치밀하여 빠진 데가 없고,
후배가 하는 일은 빠뜨리는 것이 많아 엉성하다."

_《소학》小學

《논어》에는 '후생가외'의 성어가 실려 있다. 그 전문은 '後生可畏 焉知來者之不如今也'(후생가외 언지래자지불여금야)로 "후배는 두렵다. 하지만 그들의 미래가 지금보다 못하는 것을 어찌 알겠는가?"이다. 후배의 힘은 가능성과 새로운 지식에 있다. 특히 오늘날과 같이 새로운 지식이 물밀듯이 등장하는 급격한 변화의 시기에는 더욱 그렇다. 하지만 이들에게도 부족한 것이 있는데 바로 선배들이 지닌 경험과 경륜이다.

후배가 아무리 똑똑하고 능력이 있어도 경험으로 쌓인 역량은 갖추기 어려운 법이다. 그래서 노마지지老馬之智(늙은 말의 지혜를 배움)의 자세가 필요하다. 늙은 말은 힘이 없고 약해서 전쟁에서는 크게 도움이 되지 않지만, 산에서 길을 잃었을 때는 길을 찾는 능력이 있다. 따라서 후배들은 자신의 부족함을 인식하고 선배의 경륜과 치밀함을 배우고 선배를 존경해야 한다. 마찬가지로 선배들 역시 후배들의 창의력과 도전정신을 인정해야 한다. 선후배가 그렇게 서로 인정하고 협조할 때 조직은 크게 발전할 수 있다.

前輩作事多周詳 後輩作事多闕略
전 배 작 사 다 주 상 후 배 작 사 다 궐 략

가난하다고 그 사람의 가치가 낮은 것은 아니다

"가난한 것이지 고달픈 것은 아니다."

_《장자》莊子

장자가 초라한 모습으로 위나라 왕을 만나자 왕은 그 모습을 보고 물었다. "선생은 왜 그리 고달파 보입니까?" 지혜롭다고 명성이 높은 장자를 실제로 보고 그의 허름한 모습에 실망했던 모양이다. 그러자 장자가 대답했다. "나는 가난한 것이지 고달픈 것이 아니다." 자신은 단지 부를 추구하지 않았을 뿐이지, 가난이 자신에게 어떤 영향도 주지 않는다고 당당히 대답한다.

가난은 누구에게나 현실적인 어려움을 주지만 그것이 그 사람의 가치를 결정짓지는 않는다. 부자라고 해서 훌륭한 사람인 것은 아니며 가난하다고 해서 인격이 모자라지도 않다. 오직 '부'라는 기준으로 사람을 판단하는 이들의 안목이 잘못된 것이다. 위대한 인물들은 대부분 가난을 이겨내고 큰 일을 이루었다. 그들을 보면 가난이 문제가 아니라 가난을 이겨내지 못하는 마음이 문제임을 알 수 있다.

지금 가난하다면 반드시 지켜야 할 것은 '자존감'이다. 그리고 반드시 가져야 할 것은 가난을 곧 이겨낼 수 있다는 '확신'이다.

貧也 非憊也
빈야 비비야

혼자 있을 때도 지킬 것은 지켜야 한다

"그대가 방에 홀로 있을 때 살필 것이니
이때는 방구석에도 부끄러움이 없어야 한다."
_《시경》

《시경》〈대아〉大雅 '억'抑에 실린 글로 위나라 무공이 스스로를 경계하기 위해 지어 올리라고 했던 시다. 이 시에는 다양한 가르침이 실려 있는데, 위의글은 '홀로 있을 때 삼가라'는 가르침이다. 옛 선비들이 수양의 중요한 목표로 삼았던 바로 그 신독愼獨이다.

이 구절 앞에는 "그대가 군자와 사귀는 것을 보니 안색을 온화하고 부드럽게 해서 혹 허물을 짓지 않을까 삼가는구나."라는 문장이 실려 있다. 신독은 혼자 있을 때만이 아니라 일상 중에 지켜야 하는 도리다. 만약 혼자 있을때와 다른 사람과 함께 있을 때의 행동이 다르다면 가식이나 겉치레에 불과하다. 신독은 많은 고전에 실려 있는데, 《중용》에 "감춘 것보다 잘 보이는 것이 없고, 작은 것보다 잘 드러나는 것이 없다. 그러므로 군자는 홀로있는 데서 삼간다."라고 한 것이 대표적인 구절이다. 신독은 평단지기의 새벽 시간과 잠자기 전의 시간이 가장 좋다. 이 시간에 자신을 솔직하게 돌아보고 하루를 정리하는 습관을 쌓아간다면 나날이 발전하는 자신을 만들 수있다. 당연히 일상에서도 신독의 자세를 갖도록 항상 염두에 두어야 한다. 사람들과 함께 있음에도 마음이 흔들릴 때가 너무 많지 않은가?

相在爾室 尙不愧于屋漏
상 재 이 실 상 불 괴 우 옥 루

의지가 있는 자는 결국 달라진다

"오직 가장 지혜로운 사람과 가장 어리석은 사람은
바뀌지 않는다."
_《논어》

공자는 배움에 관해 사람들을 네 부류로 나누었다. 태어나면서부터 아는
생이지지자生而知之者, 배워서 아는 학이지지자學而知之者, 곤경에 빠진 후에야
배우는 곤이학지자困而學知者 그리고 어려움에 처해도 배우지 않는 곤이불
학자困而不學者이다. 이 중 가장 높은 단계인 생이지지자는 변화의 필요성을
그리 느끼지 못한다. 이미 모든 것에 통달했기에 굳이 변화할 필요도 없다.
학이지지자는 배워서 아는 사람으로 배움의 가치를 알고 열심히 노력하는
사람이다. 그다음 곤이학지자는 어려움에 처해서야 배움으로 어려움을 이
겨내려고 한다. 가장 어리석은 사람은 곤이불학자로 어려움에 처해도 스스
로 변화하지 않는다. 자신이 왜 바뀌어야 하는지조차 모른다. 삶이 힘들고
어려운 것은 자기 탓이 아니라 환경의 탓, 다른 사람의 탓이라고 생각하기
에 남을 원망하고 심지어 하늘을 원망하기도 한다.

중요한 것은 현재 자신의 처지가 아니다. 더 나은 미래를 위해 날마다 노
력하고 변화하려는 의지다. 자신이 어떤 상태에 있든 열심히 노력해서 이
루면 그 가치는 똑같다.

 唯上知與下愚不移
유 상 지 여 하 우 불 이

말에 반드시 사람의 본심이 담긴다

"나는 말을 알고 호연지기를 잘 기른다."
_《맹자》

맹자는 치열한 전국시대를 당당하게 돌파한 철학자다. 제선왕, 양혜왕 등 당대 최고 권력자들을 설득하며 백성을 구하고자 했다. 백성을 사랑으로 다스려야 진정한 승자가 될 수 있다는 '인자무적'仁者無敵은 맹자가 이들 왕을 설득하며 했던 말이다.

제자 공손추가 "스승님의 그 힘은 어디서 나옵니까?"라고 묻자 맹자는 "나는 말을 알고 호연지기를 잘 기른다."라고 대답했다. 호연지기는 의로움을 따르는 내면의 굳건한 기운이다. 말을 안다는 것은 말을 통해 사람의 본심을 알 수 있다는 뜻이다. "편파적인 말을 들으면 무엇을 감추는지를 알고, 음란한 말에서는 무엇에 빠져 있는지를 알고, 사특한 말에서는 바른 길에서 떠난 것을 알고, 회피하는 말에서는 궁지에 몰렸다는 것을 안다." 맹자는 이렇게 제자를 가르쳤다. 난세를 돌파하고 꿈을 이루기 위해서는 호연지기만으로는 부족하다. 반드시 말의 능력을 키워야 한다. 호연지기를 기르고 말의 능력을 키우는 것, 세상에 나서기 위한 기반이다.

我知言 我善養吾浩然之氣
아 지 언 아 선 양 오 호 연 지 기

무엇을 하든 온 마음을 다한다

"공자가 창고지기를 했을 때는 '회계에 맞게 했을
뿐이다'라고 말했고, 목장 관리인으로 일할 때는
'소나 양이 살찌고 자라도록 했을 뿐이다'라고 했다."
_《맹자》

오나라 태재가 공자의 제자 자공에게 물었다. "당신의 스승 공자는 성인이
신가? 어찌 그리 모든 일에 다재다능하신가?" 자공이 대답했다. "원래 하늘
이 허락한 성인이라 다재다능하십니다." 나중에 공자께서 이 말을 듣고 자
공에게 말하기를 "태재가 나를 알아보는구나. 나는 어렸을 때 미천해서 천
한 일을 해야 했다. 그래서 이렇게 능할 수 있었다. 군자가 모든 일에 능하
겠는가. 그렇지 않다." 공자는 어린 시절 창고지기와 목장 관리인으로 일했
다. 비록 미천한 자리였지만 이것을 부끄럽게 여기지 않고 최선을 다했다.

흔히 공자는 뛰어난 철학자 겸 정치가로 천한 일을 하지 않았다고 생각
한다. 하지만 공자는 가난하고 어려웠던 시절 직업의 귀천을 따지지 않고
어떤 일이든지 했으며, 일할 때는 아무리 천한 일이라 해도 그 일에 최선을
다했다. 어떤 자리에 앉을까를 생각하기 전에 자신에게 맡겨진 일에 최선
을 다하는 사람이 반드시 성공한다. 지금 하는 일이 무엇이든 그 일에 최선
을 다하면 반드시 새로운 길이 열릴 것이다.

孔子嘗爲委吏矣 曰 會計當而已矣. 嘗爲乘田矣 曰 牛羊苗壯 長而已矣
공자상위위리의 왈 회계당이이의 상위승전의 왈 유양줄장 장이이의

인생을 살아가는 힘은 배움에서 나온다

"사람이 배우지 않으면 캄캄한 밤길을 가는 것과 같다."
_《명심보감》

달빛도 없는 시골의 밤길을 걸어본 사람은 그 길이 얼마나 어두운지 경험해보았을 것이다. 등불도 없이 밤길을 걷기 위해서는 몇 번 넘어지고 구를 각오를 해야 한다. 길을 알려주는 이정표도 빛이 없다면 사람이 걸려 넘어지는 장애물에 불과하다. 배움은 밤길을 갈 때 길을 밝혀주는 등불과 같은 역할을 한다.

배우지 않으면 사물의 이치를 알 수 없다. 사람의 도리 또한 깨달을 수 없다. 세상을 현명하게 살아갈 지혜도 갖출 수 없다. 인생이란 한 번도 경험해보지 못한 길을 가는 것이다. 배움은 항상 처음일 수밖에 없는 인생의 길을 걸어갈 때 겪는 시행착오를 줄여준다. 또한 인생의 장애물에 대처하는 지혜를 주고 쉽게 넘어갈 수 있는 힘이 되어준다. 인생이란 그냥 살아내는 것이 아니다. 내 삶의 의미를 찾고 가치를 높이는 과정이다. 배움은 그것을 이루기 위한 소중한 도구다. 내 삶에서 이루어야 할 소명을 찾는 나침반이다.

人生不學 如冥冥夜行
인 생 불 학 여 명 명 야 행

나는 내 자리에서 잘하고 있는가

"군자는 자신이 맡은 바에서 벗어나지 않는다."
_《논어》

제경공이 정치를 묻자 공자는 "군군 신신 부부 자자." 君君 臣臣 父父 子子라고 간단히 대답했다. '임금은 임금답게, 신하는 신하답게, 아버지는 아버지답게, 아들은 아들답게'라는 뜻이다. 세상의 모든 사람이 자기의 본분을 지켜야 한다는 정명론正名論이다. 조직 구성원들 모두가 자신의 일에 충실하다면 주위에 눈 돌릴 틈이 없다. 자신의 직무가 아닌 다른 일에 관여하는 것은 월권이기도 하지만 정작 자신의 일에는 소홀하다는 반증이기도 하다. 공연한 경쟁심에서 자기 일은 제쳐두고 다른 사람의 일을 기웃거리며 문제점만 지적하는 사람이 자기 일을 제대로 할 리 없다. 특히 리더가 전체를 보지 않고 지엽적인 문제에 집착한다면 그 조직은 제대로 돌아갈 수 없다. 리더가 중심을 잃으면 조직 전체가 흔들린다.

자공이 계속 남들과 비교하자 공자가 말했다. "자공아, 너는 한가한가 보구나. 나는 바빠서 그럴 겨를이 없다."

君子思不出其位
군 자 사 불 출 기 위

이득을 얻으려는 만남은 깊이가 없다

"현자는 사람을 사귈 때 됨됨이를 보고, 보통 사람은 일에
따라서 하며, 어리석은 사람은 재물을 가지고 한다."
_《여씨춘추》

유유상종類類相從이라는 말이 있다. 사람들은 닮은 사람들끼리 모인다. 취미
가 같고, 바라는 것이 같은 사람들은 모이게 마련이다. 하지만 사람을 모으
는 가장 큰 요인은 바로 됨됨이다. 좋은 사람은 좋은 사람끼리, 나쁜 사람들
은 나쁜 사람끼리 모인다. 서로의 됨됨이를 보고 사귀는 사람들은 그 사귐
이 화려하지는 않아도 따뜻하고 깊다. 이해득실에 얽매이지 않기 때문에
문제가 생겨도 크게 요동하지 않는다. 도리에 어긋나지 않는 한 싸우는 일
도 거의 없다. 그다음 보통 사람들은 일에 도움이 되는지 안 되는지로 사람
을 판단하고 만난다. 자기 일에 도움이 되는 사람을 찾아서 사귀지만, 일에
도움이 되지 않으면 곧 떠나버린다. 어리석은 사람은 오직 재물을 중심으
로 사람을 사귀는 사람들이다. 이들의 만남은 겉보기에는 화려하지만 속을
들여다보면 오직 이해타산만 생각한다. 조그만 이권 다툼이 생겨도 곧 무
너지는 만남이다. 사람들은 누구나 좋은 사람들과의 만남을 원한다. 하지
만 유유상종의 법칙이 나에게만 예외일 수 없다. 나 자신이 먼저 좋은 사람
이 되어야 한다.

賢者善人以人 中人以事 不肖者以財
현자선인이인 중인이사 불초자이재

좋은 기회일수록 더 신중하라

"만 가지 좋은 조짐은 도리어 아무것도 없는 것만 못하다."
_《명심보감》

일을 하다 보면 좋은 기회를 잡았다고 생각되는 순간이 있다. 큰 성공을 거둘 수 있고, 기대하던 일이 이루어질 기회가 왔다고 모두가 축하하며 환호성을 지른다. 물론 좋은 기회는 반드시 잡아야 하고, 좋은 결과를 만들 수 있는 사람이 지혜롭다. 하지만 좋은 조짐에는 반드시 조건이 있다. 그 기회를 잡아서 일을 이룰 수 있어야 한다. 좋은 조짐이 있다고 해서 반드시 좋은 결과로 이어진다고 할 수는 없다. 또한 좋은 조짐에는 경계해야 할 문제가 있다. 좋은 조짐이 있으면 사람들이 방심한다. 평상시라면 반드시 지켜야 할 기본을 잊고 서둘러서 일을 망치기도 한다. 내게 좋은 기회가 온다는 것은 나를 방심하게 만드는 함정이 되기도 하는 것이다.

우리는 모두 좋은 일, 마음에 드는 일이 생기기를 기대한다. 하지만 정작 일을 이루는 것은 좋은 조짐이 아니라 치밀한 준비와 일에 임하는 충실한 자세다. 오늘 하루를 시작하면서 필요한 것은 하루를 충실하게 보낼 수 있도록 담담하게 마음을 가다듬는 자세다. 행운을 기다리며 손을 놓고 있는 것보다 오히려 더 큰 기회가 될 수도 있다.

萬般祥瑞 不如無
만 반 상 서 불 여 무

자신을 단련하며 기다리면 기회는 저절로 온다

"황하의 누런 물도 언젠가는 맑아질 텐데
어찌 사람에게 행운이 올 날이 없겠는가?"
_《석시현문》昔時賢文

사람이 인생을 살면서 모든 일을 운에 의지해서는 안 될 것이다. "하늘은 스스로 돕는 자를 돕는다."라는 말이 있듯이 운 역시 열심히 노력한 사람의 몫이다. 하지만 '운'을 기회로 바꾸어 생각해보면 어떨까? 운도 마찬가지지만 기회는 모든 사람에게 공평하게 찾아온다. 하지만 운이든 기회든 그것을 확실하게 움켜쥐는 사람의 것이 된다.

사람에게는 누구나 세 번의 기회가 온다고 한다. 이 기회를 움켜쥐는 사람은 성공하고, 우물쭈물하다가 놓치는 사람은 그저 그런 삶을 살 수밖에 없다. 아무리 어려운 상황에 있어도 기회가 곧 올 거라 믿고 때를 기다리며 자신을 단련하는 사람은 그 운을 놓치지 않는다. 하지만 좌절하고 포기하는 사람은 운이 언제 지나쳤는지조차 모르고 지나간다.

삶의 어려움에 닥쳤을 때 가장 필요한 것은 그 의미를 생각하는 것이다. 그리고 실력을 기르며 잠잠히 때를 기다려야 한다. 그때 기회가 찾아온다. 그것을 사람들은 행운이라고 부른다.

黃河尙有澄淸日 豈有人無得運時
황 하 상 유 징 청 일 기 유 인 무 득 운 시

마음이 깊은 사람은
말을 함부로 하지 않는다

"인한 사람은 말을 신중하게 한다."
_《논어》

제자인 사마우가 인에 대해 묻자, 공자는 "말을 참아 신중하게 하는 것이다."라고 대답한다. 인이 무언가 거창한 개념이라고 생각했던 사마우가 재차 물었다. "말만 조심하면 정말 인한 사람이 될 수 있습니까?" 공자는 "실행하기가 참으로 어려운 것이 말이니 인한 사람이 어찌 조심하지 않겠느냐?" 하고 가르쳤다. 사마우는 말이 많고 성품이 조급했는데 공자는 특별히 그 결점을 지적한 것이다. 아마 공자의 속마음은 이랬을 것이다. '사마우야, 인한 사람이 되기를 원한다면 먼저 너의 말부터 고쳐야 한다. 자고로 말이 거칠고 신중하지 않은 사람은 자기 수양을 이룰 수 없다.'

공자가 말하는 인은 사랑愛을 뜻한다. 마음에 사랑이 넘치는 사람은 함부로 말하지 않는다. 말로 상처를 줄 수 있기 때문이다. 말을 앞세우지도 않는다. 말로 내 믿음이 드러나기 때문이다. 사랑은 구호가 아니다. 사랑은 실천이다. 그 실천은 진실한 말과 신중한 행동으로 행해진다.

仁者 其言也訒
인자 기언 야 인

자리에 있을 때는 겸손하게, 떠날 때는 아름답게

"일에서 떠날 때는 마땅히 전성기에 물러나야 하고,
몸을 둘 때는 홀로 뒤처진 곳에 두라."
_《채근담》

"박수 칠 때 떠나라."라는 말이 있다. 최고의 자리에 올랐다면 그다음은 떠날 것을 생각해야 한다는 말이다. 명예와 재물에 취해 그 자리에 계속 머무르려고 하면 결국 밀려나게 되고 그 퇴장은 아름다움과는 거리가 멀다. 박수가 아닌 손가락질을 받으며 밀려날 수도 있다. 축복받으며 떠나려면 물러날 때를 잘 골라야 한다. 사람들은 이 사실을 잘 알지만 자신의 삶에 그대로 적용하기는 참 어렵다. 결국 많은 사람이 자리에 집착하다가 추한 모습을 보이고 만다.

그다음 자리에 있을 때도 마찬가지다. 훌륭한 사람일수록 자신을 내세우지 않고 어두운 곳, 뒤처진 곳에 자리한다. 그래서 더욱 빛이 나고 사람들의 존경을 받는다. 비록 뒷자리에 있을지언정 결국 사람들의 손에 이끌려 가장 빛나는 자리로 불려 나온다.

자리에 있을 때는 겸손하게, 그리고 떠날 때는 모두의 축복 속에서 아름답게 물러나야 한다.

謝事 當謝於正盛之時 居身 宜居於獨後之地
사사 당사어정성지시 거신 의거어독후지지

배움을 대하는 자세가 인생을 결정한다

"나면서부터 아는 사람이 최상이고, 배워서 아는 사람이
그다음이다. 곤궁에 빠졌을 때 배우는 사람은 그다음이고,
곤란을 만나도 배우지 않는 사람은 최하등이다."
_《논어》

나면서부터 아는 사람이란 배우지 않고도 세상만사를 꿰뚫어보는 성인聖人
과 같은 사람을 말한다. 공자 스스로는 '나는 열심히 배워서 아는 사람일 따
름'이라고 부인했지만, 당시에 이미 성인으로 인정받았다. 평범한 사람은
그런 능력을 가질 수 없기에 열심히 배우고 노력함으로써 배운 사람이 될
수 있다. 그리고 자기 몫을 하게 된다. 이들이 두 번째 차원이다. 배움의 필
요를 느끼지 못해 등한시하다가 막상 곤궁에 빠져서야 뒤늦게 배우는 사람
도 많다. 이들이 세 번째 차원이다. 맨 마지막 차원, 최하등의 사람은 곤란
을 당해도 배우려 하지 않는 사람이다. 이들은 노력하지 않고 걱정만 하면
서 핑계를 댄다. 다른 사람을 탓하고, 환경을 탓하고, 심지어 하늘을 탓한
다. 이들은 끝까지 고난을 벗어나기 어렵다.

두 번째든 세 번째든 어떤 상황에 있더라도 배움의 길을 가는 사람은 어
려움을 이겨낼 수 있다. 과정이 다르고 노력도 다르지만 종국에는 일을 이
룬다. 하지만 어떤 상황에서도 배우지 않는 사람의 결말은 뻔하다. 배움에
서 최하등이면 삶에서도 최하등이 될 수밖에 없다.

生而知之者 上也 學而知之者 次也 困而學之 又其次也 困而不學 民斯爲下矣
생 이 지 지 자　상 야　학 이 지 지 자　차 야　곤 이 학 지　우 기 차 야　곤 이 불 학　민 사 위 하 의

지나치게 선을 넘으면
관계뿐 아니라 일을 망친다

"그 지위에 있지 않으면 그 일을 도모해서는 안 된다."
_《논어》

만약 아랫사람이 윗사람의 일에 대해 왈가왈부한다면 선을 넘는 행위다. 윗사람이 아랫사람이나 동료의 일을 꼬치꼬치 묻고 관여한다면 오지랖이 넓은 것이다. 이런 사람들은 오히려 자신에게 맡겨진 일은 제대로 못 하는 경우가 많다.

역사를 보면 나라가 무너지거나 큰 기업이 무너질 때 꼭 등장하는 사람이 있다. 자기 일은 제대로 못하면서 최고지도자의 신임만 믿고 여기저기 영향력을 발휘하는 데만 열중인 부류다. 역사적으로 예를 들자면 가장 대표적인 인물이 바로 진나라 말기 환관 조고와 같은 인물이다. 조고는 심지어 황제인 호해도 농락한다. 사슴을 가리켜 말이라고 했던 지록위마指鹿爲馬의 고사가 이를 잘 보여준다. 이런 사람은 자신을 망칠 뿐 아니라 조직도 망하게 한다. 조고 역시 진나라를 망하게 했음은 물론 자신도 비참한 최후를 맞았다. 공연히 다른 사람의 일에 기웃거리며 월권을 일삼는 사람 중에 제대로 된 사람은 없다. 자기 일에 열심인 사람은 주위에 눈 돌릴 틈이 없다.

不在其位 不謀其政
부재 기 위 불 모 기 정

재물은 사람 사이에 인연의 조건이 될 수 없다

"혼인에 재물을 논하는 것은 오랑캐의 도리다."

_《소학》

수나라 때 선비인 문중자文中子가 한 말이다. 옛날 매매혼의 폐습을 지적한 것인데 오늘날 우리 현실에 더 적절한 가르침이다. 결혼은 부와 권력 등 조건의 만남이 아니다. 두 사람이 서로 사랑하는 진실한 마음의 만남이어야 한다. 부의 균형이 맞는지, 부모의 사회적 지위가 비슷한지에 매달리면 어느 순간 균형이 무너지면서 그 결혼도 무너질 수 있다. 또한 부모가 평생 모은 재산을 자녀의 결혼에 모두 쏟아붓는 오늘날의 결혼 풍습에도 따끔한 가르침을 준다. 노후는 전혀 준비되지 않았는데 단 하루의 결혼식에 거금을 쏟아붓는 것은 무모하고 어리석은 일이다.

문중자는 "남자와 여자 쪽이 서로의 덕성을 보고 택할 뿐 재물을 주고받는 것을 예로 삼지 않았다."라며 그 원칙을 말해준다. 예물을 맞추다 결혼이 깨지기도 하는 우리 세태를 내다보고 지적하는 것 같다. 그는 "군자는 그런 풍습이 있는 고을에는 아예 들어가지도 않는다."고 덧붙였다. 군자는 오늘날의 우리나라에는 아예 들어오지 않을 것 같다.

 婚娶而論財 夷虜之道也
혼 취 이 론 재 이 로 지 도 야

055 담대하되 세심하게, 원만하되 예리하게

토요일
心
마음

> "담력은 크고 마음은 작아야 하며,
> 지혜는 둥글고 행동은 모나야 한다."
> _《소학》

당나라의 의학자이자 철학자인 손사막孫思邈이 했던 이 말은《당서》唐書를 비롯해《소학》,《명심보감》등 많은 책에 인용되어 실려 있다. 원래 손사막이 이 말을 했던 것은 따르던 제자 노조린盧照隣과의 대화에서였다. 마흔밖에 되지 않았는데도 항상 질병에 시달리는 제자에게 아흔이 넘은 자신의 건강 유지 비결을 말해주면서 이 말을 했다. 병을 고치는 것은 약과 침으로 해야 하지만, 사람의 합당한 도리(인사人事)로써 보조할 수 있어야 한다는 것이다.

　손사막이 말해주는 것은 사람으로서 지켜야 할 올바른 삶의 도리이다. 세상의 지식을 폭넓게 공부하고 받아들이되 사랑을 바탕으로 하고, 예의禮는 바르게 지켜야 한다. 그리고 꿈과 이상을 이루기 위해 담대하게 결단해야 하지만 주위를 향한 세심한 배려를 잊어서는 안 된다. 담대함과 세심함, 그리고 원만함과 예리함은 서로 상충한 것으로 보일 수 있지만 예부터 성공하는 사람은 이 두 가지를 모두 갖고 있었다.

膽欲大而心欲小 智欲圓而行欲方
담 욕 대 이 심 욕 소　지 욕 원 이 행 욕 방

잘못을 거듭하는 것이야말로 잘못이다

"잘못을 알면서도 고치지 않는 것, 그것이 바로 잘못이다."
_《논어》

잘못이나 실수는 누구나 저지를 수 있다. 아무리 완벽한 사람이라도 실수를 피할 수는 없다. 심지어 실패를 많이 경험한 사람일수록 더 큰 인물이 된다고도 한다. 하지만 실수와 실패를 어떻게 대하는지에 따라서 사람은 구분된다. 뛰어난 사람은 자신의 잘못을 인정하고 고쳐나간다. 실패를 발전의 계기로 삼아 더 크게 도약한다. 하지만 어떤 사람들은 자기 실패를 인정하지 않고 합리화한다. 변명하기에 급급하다. 오히려 잘못을 지적하는 사람에게 화를 내기도 한다. 이런 사람은 발전이 없다.

잘못을 했을 때는 당당하게 인정하고 즉시 고쳐야 한다. 중요한 것은 같은 잘못을 두 번 거듭하지 않는 것이다. 같은 실수를 되풀이하는 것은 지난번 실수에서 아무것도 얻지 못했음을 뜻한다.

다산의《여유당전서》에는 이렇게 실려 있다. "뉘우침이 마음을 길러주는 것은 똥이 싹을 북돋우는 것과 같다. 똥은 더러운 것이지만 싹을 북돋아 좋은 곡식으로 만든다. 뉘우침은 잘못에서 말미암지만, 덕을 키우는 일을 한다."

過而不改 是謂過矣
과 이 불 개 시 위 과 의

진심이 담긴 말, 마음을 움직이는 말

"스승님이 살아계신데 제가 어찌 감히 죽을 수
있겠습니까?"
_《논어》

공자가 광나라에서 오해를 받아 포위되었다가 위기에서 벗어난 적이 있다.
그때 공자가 아끼던 제자 안연이 뒤늦게 나타났다. 공자는 안연을 만나자
마자 "나는 네가 죽은 줄 알았다!" 하며 기쁘게 맞았다. 안연은 "스승님이
살아 계신데 제가 어찌 감히 죽을 수 있겠습니까."라고 말했다. 서로를 아끼
는 두 사람의 깊은 마음이 잘 드러난 고사다. 안연은 스승을 사랑하는 마음
이 깊었다. 하지만 여기서는 적재적소에서 스승을 감동시키는 진심 어린
말을 하는 점을 눈여겨봐야 한다. 마음만 있는 것이 아니라 잘 표현할 줄도
안다. 이런 제자를 어찌 스승이 사랑하지 않을 수 있을까? 나중에 젊은 나
이로 안연이 죽자 공자는 "하늘이 나를 버렸다."라고 하면서 통곡했다.

　말을 잘하는 것은 듣기 좋은 말을 하는 것도 유창하게 말하는 것도 아니
다. 꼭 필요한 상황에서 사람의 마음을 움직이는 말을 하는 것이다. 진심으
로 하는 말은 두 사람의 마음을 하나가 되게 한다.

子在 回何敢死
자재 회하감사

계획할 때는 거리를 두어 살피고
실행할 때는 몰입하라

"일을 계획하는 사람은 몸을 그 일 밖에 두어 마땅히
이해의 사정을 모두 살펴야 하고, 일을 실행하는 사람은
몸을 그 일 안에 두어 마땅히 이해의 생각을 잊어야 한다."
_《채근담》

현대 경영학의 아버지이자 미래 예측가로 유명한 피터 드러커는 자신이 현
실에 참여하지 않고 멀리 떨어져서 관찰했기 때문에 남들이 보지 못한 것
을 볼 수 있었다고 한다. 그래서 자신의 자서전에 《방관자의 모험》이라는
제목을 붙였다. 심리학자들은 어떤 일을 냉정하게 판단하려면 그 일과 적
절한 거리를 두는 것이 좋다고 말한다. 그래서 어떤 일에 지나치게 집착하
는 사람을 두고 '한 걸음 물러서서 생각하라'고 충고한다. 거리를 두고 냉
정한 시각으로 판단하라는 말이다.

그리고 일을 시작한 다음에는 그 일과 한몸이 되어서 일을 해야 한다. 바
로 '몰입'의 원리다. 어떤 일이든 성공하려면 반드시 자신을 잊고 일과 하
나가 되는 몰아일체가 필요하다. 몰입해서 오직 그 일만 생각해야 성공할
수 있다. 여기저기 다른 데 생각을 빼앗기고 마음이 산란하면 일은 이루어
지지 않는다. 일을 계획할 때는 객관적인 시야로 냉철하게, 일을 실행할 때
는 오직 그 일만 생각하며 몰입하라. 반드시 좋은 결실을 맺을 것이다.

議事者 身在事外 宜悉利害之情 任事者 身居事中 當忘利害之慮
의사자 신재사외 의실이해지정 임사자 신거사중 당망이해지려

배우고자 한다면
만나는 모든 이가 스승이다

"세 사람이 함께 갈 때 그중에 반드시 스승될 사람이 있다.
그들의 좋은 점은 본받고 그들의 좋지 않은 점에 나를 비춰
반성함으로써 배운다."
_《논어》

세 사람이 함께 길을 간다면 그중 한 사람은 나일 것이다. 만약 나를 제외한
다면 함께 가는 사람은 두 사람에 불과하다. 그 두 사람이 모두 좋은 사람이
면 좋겠지만 세상일이란 바라는 대로 되지 않는다. 한 사람은 좋은 사람이
지만 다른 한 사람이 나쁜 사람일 수도 있고, 두 사람 모두 나쁜 사람일 수
도 있다. 함께하는 사람을 내가 결정할 수 없기에 결국 배움이란 내 선택이
다. 잘하는 사람에게서는 잘하는 점을 배우고 잘못하는 사람에게서는 잘못
하는 점을 보고 나 자신을 경계해야 한다. 만약 잘하는 사람을 보고 질투하
고 잘못하는 사람을 보고 비웃는다면 누구에게서도 배울 수 없다.

이 구절에서 반드시 염두에 두어야 할 것은 세 사람 중 한 사람이 바로
'나'라는 사실이다. 내가 두 사람에게서 배움을 얻는다면 나머지 두 사람도
마찬가지로 나에게서 배움을 얻을 수 있다. 내가 만약 배울 점이 없는 사람
이라면, 다른 사람이 자신을 돌이켜보게 하는 반면교사의 대상이 될 수밖
에 없다. 내가 선한 사람, 좋은 사람이 되어야 할 절실한 이유다.

三人行 必有我師焉 擇其善者而從之 其不善者而改之
삼 인 행 필 유 아 사 언   택 기 선 자 이 종 지   기 불 선 자 이 개 지

3월

三月

"타고난 본성은 모두 비슷하지만
습관이 차이를 만든다."

_《논어》

상대가 수용하지 못하면 한 걸음 물러서라

"충성스런 간언이 받아들여지지 않으면
다투지 말고 뒤로 물러서라."
_《장자》

부귀와 영화는 겉보기에는 화려하지만 지나치게 추구하면 화를 입는다. 충성도 마찬가지다. 합려를 도와 오나라의 부흥에 공을 세운 오자서伍子胥는 합려의 뒤를 이은 오나라 왕 부차에게 간언하다 죽임을 당하고 만다. 오자서는 비록 충성된 마음으로 간언했지만 그 충정을 알지 못한 부차에 의해 목숨을 잃는다. 그리고 부차 역시 뛰어난 신하인 오자서를 잃음으로써 결국 나라를 잃게 된다. 오자서는 죽음으로써 명예를 얻었지만, 결과적으로 자신의 왕을 제대로 모시지는 못한 것이나 다름없다.

충성된 신하라면 자신의 명예를 내세우기 전에 먼저 모시는 군주와 나라를 생각할 수 있어야 한다. 이를 제대로 못 했다면 결국 충신으로서의 역할을 못 한 것이나 마찬가지다. 아무리 좋은 뜻으로 간언해도 윗사람이 받아들이지 못한다면 한 걸음 물러서서 다음 기회를 기다리는 것이 좋다. 진정한 충신이란 간언을 하다 왕의 심기를 거슬러 목숨을 잃는 사람이 아니다. 한 걸음 물러서서 다음을 도모할 수 있는 사람이 지혜로운 사람이다.

忠諫不聽 蹲循勿爭
충 간 불 청 준 순 물 쟁

오늘의 노력이 내일의 나를 바꾼다

"재앙과 복은 모두 자기 자신이 불러들인 것이다."

_〈맹자〉

맹자는 나라가 태평성대일 때 놀고, 즐기고, 게으름 피우고, 교만하면 스스로 화를 자처하는 길이라고 했다. 그리고 《상서》尚書 〈태갑〉太甲의 말을 인용해 다음과 같이 들려준다. "하늘이 내린 재앙은 그래도 피할 길이 있지만, 스스로 불러들인 재앙은 피할 길이 없다."

여기서 하늘이 내린 재앙이란 천재지변과 같은 것이다. 사람의 힘으로 어찌할 수 없는, 모든 사람이 보편적으로 겪는 재앙을 일컫는다. 스스로 불러들인 재앙은 자신으로 말미암은 것이다. 사람들은 운이 좋다, 나쁘다 하며 자신의 현재 모습을 판단한다. 하지만 지금의 모습은 모두 지난날 자신이 살아왔던 삶의 결과다. 그리고 미래의 자신 역시 오늘의 삶이 결정한다. 맹자는 하늘이 내린 재앙은 오히려 이겨낼 수 있지만, 자기 스스로 불러들인 재앙은 피할 수 없다고 했다. 자기가 살아온 삶의 결과이기 때문이다. 하지만 스스로 불러들인 재앙 역시 바꾸는 방법이 있다. '나'를 바꾸면 된다. 미래를 걱정하는 시간에 오늘 최선을 다하면, 오늘의 노력이 내일을 바꿀 수 있다.

禍福無不自己求之者
화 복 무 부 자 기 구 지 자

세상에서 변하지 않는 것은 오직 변한다는 사실뿐이다

"도라고 할 수 있는 도라면 그것은 참된 도가 아니다.
부를 수 있는 이름은 참된 이름이 아니다."
_《도덕경》

《도덕경》의 맨 앞에 실린 유명한 문장이다. 심오한 철학을 집약한 글이라 이해하기 어렵지만 〈25장〉에 이해를 돕는 부연 설명이 나와 있다.

"혼돈이 있었는데 그것은 하늘과 땅의 생성보다도 앞서 있었다. 아무 소리도 없고 아무 형체도 없지만 홀로 존재하며 바뀌지 않고 모든 것에 두루 행해지면서도 위태롭지 않으니, 천하의 어머니라 할 만한 것이다. 나는 그 이름을 알지 못하므로 그것을 '도'라 하고, 억지로 그것을 대大라고 부르기로 했다." 도는 만물의 근원이지만 실체가 없다. 마치 '만물을 입혀주고 길러주면서도 주인 노릇을 하지 않는' 자연과 같은 존재라는 것이다. 심오하다.

공자의 유가에서 도는 사람의 바른 삶과 세상을 바르게 다스릴 수 있는 '도리' 혹은 '진리'라는 개념으로 좀 더 현실적이고 실천적이다. 노자는 이러한 도리도, 이름도 고정불변이 아니며 집착해서는 안 된다고 말한다. 지금 우리가 이름 붙인 모든 것들, 특히 세상의 권세와 명예도 마찬가지다. 세상은 변하고 있다. 변화를 읽는 눈을 키워야 한다.

道可道 非常道 名可名 非常名
도 가도 비상도 명가명 비상명

지식은 경험을 만나 위력을 발휘한다

"한 가지 일을 경험하지 않으면
한 가지 지혜가 자라지 않는다."
_《명심보감》

지식은 삶을 살아가는 데 반드시 필요하지만 지식만으로는 한계가 있다. 그 지식을 사용할 수 있는 지혜가 있어야 한다. 대학을 막 졸업한 신입사원은 새로운 지식으로 무장하고 있지만 큰일을 맡아서 하지는 못한다. 지식을 사용하는 방법을 모르기 때문이다. 그 지식을 사용할 수 있으려면 식견識見이 있어야 한다. 식견이란 지식과 풍부한 경험이 합쳐진 것이다. 우리가 살아가면서 겪는 일들은 모두 우리의 경험을 쌓아가는 일이다. 이러한 경험과 우리가 공부한 지식이 어우러질 때 엄청난 힘이 발휘된다. 특히 젊은 시절에 겪는 고난은 무엇과도 바꿀 수 없는 경험이다. 이런 경험과 차근차근 쌓아온 지식이 세상을 살아가는 힘을 주고 큰일을 해낼 수 있는 동력이 된다.

단순히 지식만 많으면 실행력이 없는 어설픈 사람이 되고, 바탕이 되는 지식 없이 경험만 많은 사람은 성장에 한계가 있다. 풍부한 지식과 많은 경험을 함께 갖춘 사람이 어느 곳에서나 제 몫을 한다.

不經一事 不長一智
불 경 일 사 부 장 일 지

타인의 말에 의존하거나 골라 듣지 말라

"군자는 말만 듣고 사람을 등용하지 않으며 사람을 보고
말을 버리지 않는다."
_《논어》

만약 말만 듣고 사람을 등용한다면 언변이 좋은 사람을 등용하게 될 것이
다. 하지만 말을 잘한다고 해서 그 사람의 능력이 좋은 것은 아니다. 그 반
대의 경우도 마찬가지다. 사람을 특정 잣대로 판단하고 차별해 그 사람의
의견까지 무시해서는 안 된다. 겉모습이나 선호도에 따라 차별을 두면 언
로가 막히고 좋은 의견을 잃을 수 있다. 초한전쟁의 영웅 한신은 자기에게
패했던 패장 이좌거에게 겸손하게 전쟁의 계책을 물었다. 그러자 이좌거는
자신은 자격이 없지만 "어리석은 사람도 천 번을 생각하면 한번쯤은 지혜
로운 생각을 할 수도 있다."라며 계책을 말해준다. 이 계책을 들은 한신은
전쟁에서 손쉽게 승리를 거둘 수 있었다.

특히 지도자의 위치에 있는 사람이라면 다양한 의견에 귀를 열 필요가
있다. 하지만 말에 지나치게 의존해서도 안 되고, 말에 차별을 두어서도 안
된다. 이를 위해 반드시 필요한 것은 말에서 그 사람의 진심을 볼 수 있는
능력이다. 어렵지만 정말 중요한 덕목이다.

君子 不以言擧人 不以人廢言
군 자 불 이 언 거 인 불 이 인 폐 언

습관이 행동이 되고 행동이 인생이 된다

"타고난 본성은 모두 비슷하지만 습관이 차이를 만든다."
_《논어》

사람들은 흔히 '천성이 좋지 않게 태어나서…'라고 변명하며 자신의 부족함을 본성의 탓, 환경의 탓으로 돌린다. 이런 사람들은 심하면 하늘을 원망하기도 한다. 자신이 잘못된 것은 자기 탓이 아니라 하늘이 도와주지 않아서라는 것이다. 공자는 이런 사람들에게 따끔한 충고를 한다. 본성이 문제가 아니라 노력이 문제라고 말이다.

세계적인 동기부여가 오그 만디노Og Mandino는 "사람은 습관의 노예다. 이왕이면 좋은 습관의 노예가 돼라."라고 말했다. 영국의 시인 존 드라이든John Dryden은 "처음에는 자신이 습관을 만든다. 나중에는 습관이 자신을 만든다."라고 말했다. 아리스토텔레스 역시 같은 이야기를 전한다. "습관은 제2의 본성이다." 세계적인 현자들이 입을 모아 말하는 것처럼 습관이 행동을 만들고 그 행동이 곧 자신의 인생이 된다. 공부도 체력 관리도 자기 수양도 습관이 되면 쉽게 할 수 있다. 그리고 이런 좋은 습관을 만들어두면 평생 앞서가는 삶을 살 수 있다.

性相近也 習相遠也
성 상 근 야 습 상 원 야

공부에는 조급함도 느긋함도 방해가 된다

"공부에 힘쓰되 느리게도 급하게도 하지 말며
죽은 뒤에야 그치는 것이다."

_〈자경문〉自警文

〈자경문〉은 율곡 이이 선생이 스무 살에 자신을 경계하기 위해 쓴 글이다.
위의 예문은 공부에 관한 다짐으로 그다음은 이렇게 이어진다. "만약 빠른
성과를 구하고자 한다면 이 또한 이익을 탐하는 마음이다. 만약 이와 같이
하지 않으면 부모가 물려준 몸에 형벌과 치욕을 당하게 되니 곧 사람의 자
식이 아니다."

공부를 하면서 빠른 결과를 얻으려 하면 조급해진다. 당장 좋은 결과가
나오지 않으면 실망하고 점점 공부와 멀어진다. 공부를 하는데 지나치게
느긋해서도 안 된다. 마음의 여유를 갖는 것은 좋으나 게으름이나 방만함
이 되어서는 안 되기 때문이다. 이러한 이치는 공부뿐만 아니라 인생을 살
아가는 데 소중한 교훈이 된다. 그 어떤 일도 마찬가지다. 눈앞의 성과에 집
착하면 조급하고 초조해지게 마련이다. 빠른 성과를 내려고 편법을 쓰고
불법을 저지르는 일도 마다하지 않는다. 인생은 단기전이 아닌 장기전이
다. 시간을 두고 쌓아온 실력은 언젠가는 폭발적으로 진가를 발휘한다.

用功不緩不急 死而後已
용공불완불급 사이후이

혼자 가면 빨리 가지만
함께 가면 멀리 간다

"바람을 이용해 불을 피우면 많은 힘이 필요치 않다."
_《석시현문》

같은 일을 하면서도 쉽게 일을 처리하는 사람이 있는가 하면 열심히는 하지만 일의 진행이 더딘 사람이 있다. 여러 가지 요인이 있겠지만 이들의 가장 중요한 차이는 주위의 도움을 얼마나 잘 활용하는가에 있다. 일을 잘하는 사람은 어떤 일이 주어지면 먼저 자신이 잘할 수 있는 것과 그렇지 못한 것을 구분한다. 자신이 잘할 수 없는 것은 그 일을 가장 잘해낼 수 있는 사람을 찾아 도움을 구한다. 지금은 노하우Know-how의 시대를 지나 노후Know-who의 시대다.

글로벌 기업 구글은 주로 팀 단위로 일한다. 모든 구성원들이 뛰어난 인재지만 한 사람이 모든 일을 다 잘할 수는 없다. 반면 소수정예로 팀을 꾸릴 때 창의적인 생각을 가장 잘 할 수 있다. 구글은 이 이치를 알고 팀 단위로 프로젝트를 진행하는 것이다. 이러한 이치는 사람뿐 아니라 사물을 이용하는 데도 해당된다. 어떤 일을 하든 가장 먼저 좋은 도구를 찾아야 한다. 주위에 있는 사람과 사물은 모두 나를 돕는 조력자다. 이들과 함께하면 일이 즐겁다.

因風吹火 用力不多
인 풍 취 화 용 력 부 다

파멸과 불행은 탐욕을 먹고 자란다

"착한 사람의 부는 상이요, 악인의 부는 재앙이다."

_《춘추좌전》春秋左傳

악한 사람들이 부정한 방법으로 부자가 되는 것을 보면 세상 이치를 이해하기 어렵다. 분명히 하늘은 착한 사람에게 복을 준다고 했는데 세상 일은 왜 그렇지 않은지 의구심이 들기도 한다. "왜 악한 사람이 더 부자가 될까?" 하지만 고전에서는 말한다. "악인의 부는 장차 하늘이 재앙을 내리기 위해 그 족속들을 한군데 모아서 모두 멸하기 위함이다." 무서운 말이기는 하지만 돈 앞에서 수단과 방법을 가리지 않는 사람들에게 주는 호된 경고다. 그리고 그 말에는 분명한 의도가 있다.

부를 추구하는 것은 사람의 본능이다. 누구든지 부자가 되기를 바란다. 하지만 선하고 정의로운 사람이 올바른 방법을 사용해서 부자가 되려고 하면 많은 어려움이 따른다. 그럼에도 착한 사람이 바른길을 택하는 것은 선한 노력으로 쌓은 부의 가치를 알기 때문이다. 당당하게 얻은 부는 삶에 행복을 준다. 하지만 부당한 방법으로 추한 재물을 쌓으면 아무리 많은 재물이 있어도 행복할 수 없다. 끝없는 탐욕에서 헤어 나오지 못하기에 분쟁과 갈등을 일으킨다. 그토록 원하던 부가 오히려 재앙이 되는 것이다.

善人富謂之賞 淫人富謂之殃
선 인 부 위 지 상 음 인 부 위 지 앙

진정한 공부란 바른 마음의 회복이다

"학문의 길은 다른 데 있는 것이 아니라
잃어버린 마음을 찾는 데 있다."
_《맹자》

"인은 사람의 마음이요, 의는 사람이 걸어가야 할 길이다. 그 길을 버리고 따라갈 생각도 하지 않고, 그 마음을 놓아버리고 찾을 줄 모르니 슬프다! 사람들은 자신이 기르던 닭이나 개를 잃어버리면 그것을 찾으려 하면서도 잃어버린 마음은 찾을 줄 모른다. 학문의 길은 다른 데 있는 것이 아니라 잃어버린 마음을 찾는 데 있다."《맹자》〈고자상〉告子上에 실린 글이다. 맹자가 말하는 공부란 감정과 욕심 때문에 잃어버린 사람의 선한 본성을 되찾는 것이다. 선한 본성, 즉 근본이 바로 서야 공부의 진정한 의미를 알게 되고 올바른 뜻에 기반한 공부를 할 수 있다.

흔히 공부란 지식을 습득하는 것으로 안다. 하지만 진정한 공부란 욕심과 감정에 휘둘려 잃어버린 바른 마음을 회복하는 일이다. 마음이 바로 서면 나를 둘러싼 모든 것이 잘된다. 삶의 자세가 반듯해지고 성공하는 인생이 될 수 있다. 당연히 공부에서도 성과를 거둔다. 바른 뜻과 목적을 가진 공부는 실패할 수 없다.

學問之道無他 求其放心而已矣
학 문 지 도 무 타 구 기 방 심 이 이 의

일상의 곳곳에서 음악으로 숨을 쉬어라

"음악을 이루어서 마음을 다스리면
조화롭고 곧고 자애롭고 신실한 마음이 솟아난다."

_《예기》禮記

음악은 조화의 예술이다. 음악을 즐겨 들으면 조화로운 성품과 감성 능력을 기를 수 있고, 마음의 휴식도 얻는다. 음악은 옛날 선비들의 학문과 수양에 있어서도 가장 중요한 요소였다. 예문과 함께 《악기》樂記에 실려 있는 글이 그 이유를 말해준다. "예와 악은 잠시라도 몸에서 떠날 수 없다. 음악을 이루어서 마음을 다스리면 조화롭고 곧고 자애롭고 신실한 마음이 솟아난다. 조화롭고 곧고 자애롭고 신실한 마음이 생겨나면 즐겁고, 즐거우면 편안하고, 편안하면 오래가고, 오래가면 그것이 곧 하늘이고, 하늘이면 신령스럽다. 하늘은 말을 하지 않아도 신실하고, 신실하면 노하지 않아도 위엄이 있다. 즉, 음악을 이룸으로써 마음을 다스리는 것이다." 음악은 조화의 예술로서 즐거움을 주고, 마음을 다스리고, 몸과 마음을 수양하게 한다.

물론 오늘날 옛 선비들처럼 음악을 치열한 수양의 수단으로 삼기는 어렵다. 하지만 바쁜 와중에 틈을 내는 휴식으로, 직접 악기를 다루는 취미로, 벅찬 현실을 벗어나는 위로로, 음악은 큰 역할을 한다. 음악은 삶의 여가와 휴식을 즐기는 가장 좋은 방법이다.

致樂以治心則易直子諒之心油然生矣
치 락 이 치 심 즉 이 직 자 량 지 심 유 연 생 의

진심을 제대로 전달하는 것이
말의 목적이다

"말은 뜻을 정확히 전달하면 그만이다."
_《논어》

말은 마음의 표현이라고 했다. 마음에 있는 것이 말로 나온다는 의미다. 따라서 마음속에 있는 뜻을 진실하게 전달하는 것이 말의 역할이다. 말을 아름답게 꾸미는 것은 그다음이다. 자신감이 넘치고 내세울 것이 많은 사람은 말이 짧고 간결하다. 부족하고 모자란 사람, 특히 자신감이 없는 사람의 말은 길고 장황하다. 자신을 돋보이게 하려고 이것저것 마구 들이댄다. 하지만 차분히 들어보면 실속 없는 말이 대부분이다. 빈 수레가 요란하다는 속담이 정곡을 찌른다.

요즘은 더욱 심해졌지만, 공자시대에도 말의 겉치레에 치중하는 경향이 강했던 모양이다. 공자는 말의 목적을 다시 한번 짚어준다. 말을 많이 하려고, 번드르르하게 하려고 노력하지 말고 마음속에 있는 뜻을 진실하게 전달하라. 일침견혈—針見血, 명의가 정확한 맥을 찔러 병을 고치듯이 한마디 말로 핵심을 찌르는 것이 진정한 고수다.

辭達而已矣
사 달 이 이 의

일을 무겁게 여기고 진심으로 대한다

"짐은 무겁고 길은 멀다."
_《논어》

선비, 즉 공직자의 마음가짐을 공자의 제자 증자가 이렇게 말했다. 공직자는 진실한 마음으로 사람을 다스려야 하기 때문에 그 짐이 무겁다. 그러한 의무는 죽을 때까지 계속되어야 하니 길이 멀다. 수많은 유혹이 있고 개인의 욕망까지 커지니 끝까지 본분을 지키기가 쉽지 않다. 그래서 강한 의지와 올바른 뜻이 필요하다. 공직에 나선다는 것은 그만큼 남보다 무거운 짐을 져야 하고 험한 길을 가야 한다는 의미다. 하지만 사람들은 이런 점은 외면한 채 공직을 통해 잘 닦인 길을 가려고 하고, 영화를 누리려 한다. 그래서 부정이 생기고 부패가 생긴다. 결국 자기가 세운 큰 뜻을 잃고 만다.

이 글은 그 의지의 단호함과 표현의 미려함으로 많은 사람이 좌우명으로 삼고 있다. 특별히 지도자가 아닌 평범한 사람이라도 옳은 길을 가고자 한다면 마음에 새길 만한 글이다. 어떤 일을 하든 그 일을 무겁게 여기고, 최선을 다하는 자세를 지닌다면 그 일을 잘 해낼 수 있다. 그리고 반드시 더 큰일, 더 중요한 일을 맡을 수 있다.

任重而道遠
임중이도원

배운 것을 안으로 익히고
밖으로 실천하라

"공자의 교육방침 네 가지는
학문文, 실천行, 성실忠, 신의信 다."
_《논어》

공자가 말하는 네 가지 중 학문과 실천은 외적인 모습을 말하는 것이고 성실과 신의는 내면의 충실함을 가리킨다. 공자는 학문을 통해 세상의 이치를 구하고, 행함을 통해 경험하고 실천하기를 가르쳤다. 배운 것이 있다면 반드시 삶에서 드러날 수 있어야 가치가 있다는 뜻이다. 또한 이 모든 것에 성실함과 신의를 더해 내면의 완성도 함께 추구해야 함을 말했다. 많은 것을 안다고 해도 성실하지 않다면 소용이 없고, 높은 지위에 올라도 신의가 없다면 허망한 사람이 될 뿐이다.

공자는 외적인 면과 내적인 면이 모두 갖추어진 사람이 되기를 권했다. 만약 외적인 학문에만 치우치면 지식인은 키울 수 있겠지만 존경받는 인격의 사람이 되기는 어렵다. 또한 학문이나 실천의 뒷받침 없이 내적인 면에만 치우치면 거칠고 투박한 사람이 되기 쉽다. 내면의 충실함이 자연스럽게 드러나는 사람, 겉과 속이 균형과 조화를 이루는 사람이 공자가 원했던 사람의 모습이다. 오늘날에도 인정받을 수 있는 인재다.

子以四敎 文行忠信
자 이 사 교 문 행 충 신

정성이 있으면 사람의 마음을 얻는다

"사람을 움직일 수 없는 것은 정성이 없기 때문이고,
일에 싫증을 내는 것도 모두 정성이 없기 때문이다."
_《근사록》近思錄

정성은 《중용》에서 중용과 함께 가장 중요한 덕목이다. '과하지도 부족하지도 않은 중용'을 이루기 위해 기울여야 하는 노력이라고 할 수 있다. 《중용》〈제22장〉에는 이렇게 실려 있다. "오직 천하의 가장 정성스러운 사람만이 자신의 본성을 남김없이 드러낼 수 있다." 온 마음을 다하는 것이 바로 정성이라는 것이다. 《근사록》에 담긴 이야기는 우리 삶과 일에서 정성의 중요성을 말해준다.

요즈음은 사람을 설득하는 기술에 관한 책이 많이 나오고 있다. 이 중 많은 책이 마치 설득에 특별한 기술이 있는 것처럼 이야기한다. 하지만 설득은 기술이나 테크닉이 아니다. 가벼운 기술로 접근해 잠시 사람을 현혹시킬 수는 있지만 그 사람을 진정으로 사로잡기는 어렵다. 사람을 설득하는 것도 일을 제대로 해내는 것도 그 근본은 정성이다. "정성이 지극하면 쇠와 돌도 열린다."(정성소지 금석위개精誠所至 金石爲開)라는 말이 있다. 정성이 지극하면 내 앞길도, 사람과의 관계도 열린다.

 不能動人 只是誠不至 於事厭倦 皆是無誠處
불능동인 지시성부지 어사염권 개시무성처

바르게 쌓은 부가 오래 지속된다

"부자가 되고 싶은가? 치욕을 참고, 목숨을 걸고,
친구를 버리고, 의로움을 버려라."
_《순자》

부자가 되는 방법을 역설적으로 이야기하고 있다. 부자가 되려면 이런 일들을 해야 하는데 이를 다 감수하고도 부자가 되려 하느냐는 말이다. 공자는 견리사의見利思義, 즉 이익이 되는 것을 보면 먼저 의를 생각하라고 했다. 하지만 정당한 방법으로 부자가 되려고 하면 그 길이 너무나 멀어 보인다. 그래서 사람들은 수단과 방법을 가리지 않고 빨리 부자가 되려고 한다. 하지만 불의한 방법으로 모은 돈은 그 결과가 좋지 못하다. 빨리 부자가 되려다가 빨리 패가망신하는 경우도 많다. 온갖 수모를 참고, 목숨을 걸 정도로 위험한 일도 감수하고, 믿었던 친구까지 저버리고, 온갖 불의한 일을 했지만 그 결과가 참혹한 경우도 우리는 자주 목격한다. 가장 비근한 예가 바로 도박이다. 합법적인 방법인 로또 역시 마찬가지다. 당첨이 되었다고 좋아하지만 얼마 지나지 않아 더 비참한 상황이 되는 경우가 많다.

부를 무조건 나쁜 것으로 생각하고 부자를 경멸하는 것은 시대착오적인 생각이다. 부자의 방식을 배워 나 역시 부자가 되는 것이 타당하다. 하지만 반드시 '올바른' 부자가 되어야 한다. 정당한 방법으로 쌓은 부는 그 바닥이 굳건하다. 쉽게 흔들리지 않으며 오래 지속된다.

欲富乎 忍恥矣 傾絶矣 絶故舊矣 與義分背矣
욕부호 인치의 경절의 절고구의 여의분배의

지나친 자존심과 편견이 모든 관계를 망친다

"공자는 네 가지를 절대로 하지 않았다. 사사로운 뜻을
품지 않았고, 반드시 해야 한다는 일이 없었고, 고집을
버렸고, 아집을 버렸다."

_《논어》〈자한〉子罕

사사로운 뜻이 없다(무의毋意)란 공명정대하다는 뜻이다. 자기 생각만이 옳다고 생각하고 다른 사람의 의견에는 귀를 막는다면 조화로운 합의는 이루어질 수 없다. 반드시 해야 할 일이 없다(무필毋必)는 '기필코 해야 하겠다'는 생각으로 순리에 벗어난 일을 하지 않는다는 의미다. 내 신념에 사로잡혀 무조건 관철시키려 하면 다른 사람에게는 피해가 될 수 있고, 일에 있어서는 장애물이 된다. 고집을 버린다는 것(무고毋固)은 자신의 생각과 원칙에만 집착하지 않고 유연하게 상황에 대처한다는 뜻이다. 아무리 좋은 덕목이라고 해도 지나치면 오히려 해악이 될 수도 있다. 아집이 없다(무아毋我)는 모든 일들을 자신의 물적 정신적 이익을 위해서 취하지 않는다는 것을 말한다.

이 모든 것을 유발하는 마음은 지나친 자존심과 편견이다. 바로 마음의 병이라고 할 수 있다. 터무니없이 자신을 높이는 자존심이 아니라 자신을 정확히 알고 부족한 점을 채워나갈 때 하루하루 발전하고 변화하는 자신을 만들 수 있다. 당연히 대인관계도 원만하게 할 수 있다. 솔직하고 겸손한 사람은 따르는 사람이 많다.

子絶四 毋意 毋必 毋固 毋我
자 절 사 무 의 무 필 무 고 무 아

세상의 모든 일은
결국 합당하게 이뤄진다

"하늘의 그물은 드문드문 성긴 것 같지만
어느 것 하나 빠뜨리는 것이 없다."
_《도덕경》

세상을 살다 보면 착한 사람보다 악한 사람들이 더 잘되는 경우를 흔히 본다. 그럴 때 사람들은 세상이 너무 불공평하다고 한탄한다. 심지어는 하늘을 원망하기도 하고, 하늘이 너무 넓어서 세상의 모든 것들을 다 챙길 수 없는 것은 아닌가 의심할 때도 많다. 하지만 그 처음과 끝을 찬찬히 살펴보면 모든 것이 합당하게 이루어진다는 것을 알게 된다.

악한 성공은 오래가지 않는다. 남들이 보기에는 화려한 것 같지만 그 속에는 반드시 남모를 많은 고민과 어려움이 있게 마련이다. 영화가 영원히 계속될 것 같지만 그 끝은 좋지 않게 끝날 때가 많다. 마찬가지로 비록 고난 속에 있어도 좌절하지 않고 노력을 계속한다면 그 결말은 반드시 좋아진다.

물론 영화와 고난을 모두 '운명론'으로 돌려서는 안 된다. 내 삶이 내 뜻대로 되지 않을 때도 많다. 하지만 분명한 것은 '그럼에도' 노력해야 한다는 점이다. 내 삶의 가장 큰 기쁨은 어떤 상황에서도 정의롭고 바르게 살아가는 자신을 보는 것이다.

天網恢恢 疏而不失
천망회회 소이부실

078

월요일
言
말

말을 절제하면 마음도 단정해진다

"입 지키기를 병마개를 막듯이 하고
마음 지키기를 성을 지키듯이 하라."
_《명심보감》

마음이 평안하고 좋은 생각을 하면 말 역시 아름답다. 하지만 마음속에 나쁜 생각이 자리 잡고 있으면 나오는 말 역시 흉하다. 마음이 조급하면 말실수를 부른다. 좋은 말은 자신의 인격을 드러내고 평판을 높여주지만, 나쁜 말은 듣는 사람은 물론 자신에게도 해를 끼친다. 하지만 말을 절제하기는 쉬운 일이 아니다. 특히 감정에 휩쓸리면 자신도 주체할 수 없이 말을 함부로 하게 되고 결국 말 때문에 화禍를 일으킨다. 꼭 중요한 자리에서만이 아니다. 평상시에도 곁에 있는 사람의 마음을 상하게 하는 원인은 대체로 말이다. 자신 역시 후회로 마음을 끓이게 된다.

스스로 말을 주체하기 어렵다면 차라리 말을 하지 않는 것이 좋다. 병마개로 병을 틀어막듯이 입을 다물어야 한다. 당연히 말의 뿌리인 마음 역시 성을 지키듯이 지킬 수 있어야 한다. 과격한 표현이지만 말 때문에 화를 일으키고 마음이 상했던 것을 생각하면 절실히 새겨야 할 말이다.

守口如甁 防意如城
수 구 여 병 방 의 여 성

능력을 키우고 당당하게 드러내라

> "지위를 얻지 못했음을 걱정하지 말고 먼저 합당한 실력을
> 갖추기를 근심하라. 자기를 몰라준다고 근심하지 말고
> 남이 알아줄 실력을 갖추기 위해 노력하라."
> _《논어》

매슬로는 인간의 욕구 다섯 가지를 말했다. 맨 밑에 있는 것이 '생리적 욕구'다. 살기 위해 가장 기본이 되는 것이다. 그다음이 안전의 욕구, 애정의 욕구다. 그리고 존경의 욕구, 자아실현의 욕구로 이어진다. 일할 때 어떤 욕구를 추구할 것인지는 모두 자신에게 달려 있다. 만약 단순히 생계를 위한다면 생리적 욕구, 안전의 욕구에 머물게 된다. 하지만 존중의 욕구, 자아실현의 욕구를 원한다면 현재 자기가 하는 일에서 의미와 보람을 찾아야 한다. 어떤 일을 하든 자기 일에 최선을 다하는 사람은 그 일을 통해서 존경과 인정을 받을 수 있다. 그리고 조만간 그 단계를 뛰어넘어 자신이 원하는 이상을 실현할 수 있다.

지금은 자기 PR의 시대라고 한다. 실력을 갖추었다면 당연히 드러낼 수도 있어야 한다. 하지만 실력을 갖추지 못한 상태에서 자신만 내세우면 '빈 수레가 요란한' 상황이 되고 만다. 먼저 철저하게 준비한 다음 당당하게 자신을 드러내라. 존경과 인정이 저절로 찾아올 것이다.

 不患無位 患所以立 不患莫己知 求爲可知也
불환무위 환소이립 불환막기지 구위가지야

배움 앞에 자격이 있는 사람은 따로 없다

"가르침에는 차별이 없다."
_《논어》

이 글에는 두 가지 의미가 있다. 먼저 가르침에는 차별이 있어서는 안 된다는 뜻이다. 사람은 가르침을 받지 못하면 올바른길을 알지 못한다. 따라서 모든 사람은 차별 없이 교육을 받아야 한다. 출신 성분이나 빈부를 따져서는 안 되며, 배우고자 하는 열의가 있는 사람은 누구나 가르쳐야 한다. 또 한 가지 의미는 배우는 사람은 누구라도 올바른 사람이 될 수 있기에 차이가 없어지게 된다는 것이다. 아무리 어리석은 사람도 배우면 현명한 사람이 되고, 악한 사람도 바른길을 갈 수 있기에 가르침은 더없이 중요하다.

공자는 그 당시 약 3천 명에 달하는 제자를 가르쳐 자신의 말을 실천했다. 그 제자들은 다양한 출신 성분을 갖고 있었지만 공자는 차등을 두지 않았다. 농촌 출신의 촌부든 부잣집의 귀한 자제든 모두 동등한 교육을 받도록 한 것이다. 그리고 그 제자들은 춘추전국시대라는 혼탁한 시절, 많은 나라의 통치에 가장 중요한 역할을 맡아서 할 수 있었다. 제자들 역시 자신의 삶으로 '유교무류'有教無類의 이치를 증명했다.

有教無類
유교무류

리더는 누구보다 자신에게 엄격해야 한다

"윗사람과 아랫사람에게 책임을 전가하고 자신에게는
관대한 사람에게 어찌 일을 맡기겠는가."
_《근사록》

어떤 조직이라도 책임감 없는 사람에게는 중요한 직책을 맡길 수 없다. 이런 사람은 위아래를 가리지 않고 책임을 전가하며 자신은 미꾸라지처럼 빠져나간다. 윗사람에게는 직책에 맞게 처신하지 못한다며 뒤에서 비난하고, 아랫사람에게는 일을 못한다며 꾸짖는다. 하지만 정작 자기 자신은 자리에 맞는 처신도, 일 처리도 제대로 하지 못한다. 남의 탓만 하는 사람의 문제는 정작 자기 자신은 제대로 돌아보지 못하는 것이다. 이런 사람이 있다면 그 조직은 화합이 깨지고 서로 불신하며 분쟁이 일어난다.

어떤 일을 하든지 중책을 맡고 싶다면 다른 사람에게는 관대하고 자신에게는 엄격한 자세를 가져야 한다. 리더에게 가장 중요한 덕목은 바로 책임감이다. 위기의 순간에 자신의 이익과 안전만을 챙기는 사람은 리더가 될 수 없다. 자신에게는 엄격하고 다른 사람에게는 관대한 사람이 진정한 리더이며, 당연히 조직이 원하는 사람이다.

 責上責下 而中自恕己 豈可任職分
책 상 책 하 이 중 자 서 기 기 가 임 직 분

무엇에 가치를 두느냐에 따라
선택은 달라진다

"당신은 옥을 보물로 여기지만 나는 그 보물을 받지 않는
것을 보물로 여긴다."
_《여씨춘추》

송나라의 한 시골 사람이 밭을 갈다가 얻은 옥을 송나라 재상인 자한에게
뇌물로 주었다. 밤늦은 시간에 은밀히 찾아와 선물을 바치자 자한이 옥을
거절하면서 한 말이다. 그리고 이렇게 말을 이었다. "나는 옥을 탐하지 않는
것을 보물로 삼고, 당신은 옥을 보물로 여기니 만약 내가 보물을 받는다면
우리는 둘 다 소중한 보물을 잃게 되네. 그러니 썩 가지고 물러가게."

　사람마다 각자가 처한 상황 그리고 인생관에 따라 보물로 여기는 것이
다르다. 만약 일백 냥의 황금과 맛있는 주먹밥을 배고픈 아이에게 보여준
다면 아이는 주먹밥을 고를 것이다. 물정에 어두운 시골 사람에게 값을 가
늠할 수 없는 천하의 귀한 보물과 황금 백 냥 중 하나를 고르라고 한다면
그는 황금 백 냥을 고를지도 모른다. 이처럼 사람들은 각자 소중히 여기는
것이 다르다. 높은 지위에 있는 사람들이 뇌물의 유혹에 쉽게 넘어가는 것
은 그가 명예보다 더러운 재물을 더 탐하기 때문이다. 우리는 무엇을 보물
로 여겨야 할까?

子以玉爲寶 我以不受爲寶
자 이 옥 위 보　아 이 불 수 위 보

욕망은 사람의 눈을 멀게 하고 마음을 탁하게 한다

"물의 본성은 맑은데 흙이 흐리게 하고,
사람의 본성은 고요한데 욕망이 어지럽힌다."

_《회남자》淮南子

《중용》〈제1장〉에는 "희로애락의 감정이 아직 생겨나지 않은 것을 '중'이라 하고, 그것이 생겨나 모두 절도에 맞는 것을 '화'라고 한다. 중은 천하의 근본이고, 화는 천하에 통하는 '도'다."라고 실려 있다. 중용의 심오한 철학을 말해주는 글인데, 사람의 본성은 처음에는 맑고 순수하다는 것을 알 수 있다. 하지만 사람의 마음을 어지럽히는 것이 있다. 바로 욕심과 감정이다. 회남자는 그것을 물에 비유해 알기 쉽게 설명한다.

물은 그 자체로는 맑지만 흙과 같은 이물질이 들어가면 흐려진다. 사람의 본성도 고요하고 안정되어 있지만 욕망이 끼어듦으로써 어지러워지는 것이다. 평소에 깨끗하고 맑은 사람이라도 욕망에 사로잡히면 눈이 어두워진다. 소용돌이치는 물에는 얼굴을 비추어볼 수 없듯이, 욕망에 휩싸이면 자신의 모습을 찬찬히 돌아보기가 어렵다. 하지만 우리 평범한 사람들은 욕망에서 완전히 자유로운 성인聖人이 될 수는 없다. 따라서 어릴 적 우리의 모습처럼 맑고 순수한 모습을 찾으려는 노력을 꾸준히 해야 한다. 맹자는 말했다. "어른이란 어린아이의 마음을 잃지 않은 사람이다."

水之性淸 而土汩之 人性安靜 而嗜欲亂之
수지성청 이토골지 인성안정 이기욕난지

눈에 보이지 않는 내면을
놓치고 있지 않은가

> "큰 네모는 각이 없고 큰 그릇은 늦게 이루어진다.
> 큰 소리는 들을 수 없고 큰 모양은 볼 수가 없다."
> _《도덕경》

이 문장은 노자가 '도'를 상징적으로 말했던 성어다. 도란 사람의 지각과 이성으로 가늠할 수 없기에 마치 형상이 없는 것처럼 생각된다. 무한함을 사람이 느끼지 못하는 것과 같다. 이 구절에서 가장 널리 알려진 것은 대기만성大器晚成으로 큰 사람을 비유해 많이 쓰인다. 큰 그릇이 금방 만들어지지 않듯이 뛰어난 사람들은 더 많은 단련의 시간과 노력이 필요하다. 평범한 사람들은 눈앞의 일에 급급하지만 뛰어난 사람들은 정도를 걸으며 더 멀리 더 크게 보기 때문에 그 움직임이 더디게 보인다. 사람들은 더디게 만들어지는 그릇을 보고 비웃지만, 나중에 보면 보통 사람들은 크기를 가늠하기도 어려운 그릇이 만들어진다.

장님들이 코끼리를 만졌을 때 모두 다른 소리를 한다. 코를 만진 사람은 "부드럽고 길다."라고 하고 다리를 만진 사람은 "커다란 기둥이다."라고 한다. 이처럼 사람들은 자신이 느끼고 보고 아는 것이 전부라고 생각한다. 하지만 진정한 위대함은 보지 못하는 것에 있다. 사람도 마찬가지다. 겉으로 보이는 형상이 아닌 그 내면을 볼 수 있어야 한다.

大方無隅 大器晚成 大音希聲 大象無形
대 방 무 우 대 기 만 성 대 음 희 성 대 상 무 형

달콤한 말은 함부로 취하지 말라

"나에게 좋은 말을 하는 사람은 도둑이요,
나쁘게 말하는 사람은 스승이다."
_〈명심보감〉

누구라도 잘한다는 말을 들으면 기쁘고 잘 못한다는 말을 들으면 귀에 거슬리게 마련이다. 이성적으로는 이 말을 받아들여야지 하고 생각하지만 당장 눈앞에서 잘못을 지적받으면 받아들이기가 어렵다. 화가 나고 그 말을 하는 사람이 미워지기 시작한다. 어릴 적부터 "좋은 약은 입에 쓰다."라는 말을 수없이 들어왔지만 여전히 받아들이기 어렵다. 본능적인 거부감이 들기 때문이다.

이때 필요한 것은 내 앞에서 말하는 사람들의 진심을 볼 수 있는 통찰력이다. 나에게 하는 말과 행동이 진정인지 아니면 교언영색巧言令色에 불과한지를 꿰뚫어볼 수 있어야 한다. 만약 자신에게 그런 능력이 부족하다면 이것을 판단할 수 있는 기준이 하나 있다. 귀에 달콤할 정도로 듣기 좋은 말을 하는 사람일수록 나를 위하는 사람이 아니라는 점이다. 특히 지도자가 되기를 원하는 사람에게는 이런 덕목이 반드시 필요하다.

道吾善者是吾賊 道吾惡者是吾師
도 오 선 자 시 오 적 도 오 악 자 시 오 사

사람의 품격은 저절로 드러난다

"군자는 모습이 세 번 바뀐다. 멀리서 보면 위엄이 있고
가까이 다가가면 온화하고 그 말은 엄정하다."
_《논어》

군자의 세 가지 모습을 말하는 《논어》의 한 구절이다. 먼저 겉모습을 보면
언제나 흐트러짐 없이 반듯하기에 함부로 대하지 못할 위엄이 느껴진다.
하지만 가까이 다가가서 보면 의외로 부드럽고 따뜻하게 사람을 대한다.
포용심이 있기 때문이다. 그리고 말을 나누어보면 그 말은 분명하고 확실
하다. 특히 옳고 그름에 있어서는 절대로 양보하지 않는다. 하지만 그 표현
은 부드럽다.

　지도자는 이런 모습을 보여야 한다. 하지만 이런 모습을 의도적으로 꾸
며내는 것으로는 부족하다. 내면에서 무르익어 꾸미지 않아도 자연스럽게
이런 모습이 나타나야 한다. 학문도, 수양도, 생활 태도도, 언행도 마찬가지
다. 그러면 곁에 있는 사람이 모두 느낀다. 공자의 인격과 수양이 바로 그랬
다. 위의 예문은 공자의 평소 모습을 보고 제자인 자하가 했던 말이다. 자하
역시 공자의 이런 모습을 보고 배워 탁월한 학자가 될 수 있었다. 곁에 있는
훌륭한 사람에게 배우면 그를 닮아가게 된다.

君子有三變 望之儼然 卽之也溫 聽其言也厲
군자유삼변 망지엄연 즉지야온 청기언야려

배운 것은 실천을 통해
내 것으로 만들어라

"학문은 다 배우지 못할까 안타까워해야 하고,
배운 것을 잃을까 염려하는 마음으로 해야 한다."
_《논어》

사람의 뇌는 시간제한이 있을 때나 위기에 닥쳤을 때 놀라운 능력을 발휘
한다고 현대 뇌과학은 말한다. 공부도 마찬가지다. 시험 기간이 닥쳤을 때
더 집중이 잘되고, 고난의 시기에 하는 공부로 큰 발전을 이룬다. 공부를 하
면서 조급할 정도로 욕심을 갖지 않는다면 좋은 결과를 만들어내기 어렵
다. 뚜렷한 목적 없이 되는 대로 해서는 어디로 흘러갈지 모르게 된다.

배운 것을 잊을까 염려하는 마음은 실천하는 자세를 말한다. 배운 것이
있다면 익혀서 자신의 것으로 만들어야 하는데 그 핵심은 바로 실천이다.
삶에서 실천하는 것은 배움을 완전히 내 것으로 만드는 일이다. 다시 말해
공부의 마무리는 실천이라 할 수 있다. 이처럼 공부는 평생을 두고 하는 것
이다.《중용》에서도 비슷한 이야기를 하고 있다. "배우지 않으면 모를까 배
운다면 능하지 못함을 그대로 두지 마라." 제대로 알 때까지 배움을 추구하
라는 말이다.

배움과 실천, 둘이 하나가 되어야 비로소 내 것이 된다.

學如不及 猶恐失之
학 여 불 급 유 공 실 지

마음이 통하면 모든 일이 풀린다

"군주의 마음을 얻으려면 반드시 그 마음의
밝은 곳에서부터 시작해야 한다."
_《근사록》

사람의 마음은 밝은 곳과 어두운 곳으로 이루어져 있다. 밝은 곳이란 활짝 열려 있어 잘 알고 있으며 잘 이해하고 있는 부분이다. 어두운 곳은 막혀 있어 잘 모를뿐더러 제대로 이해하지 못하는 부분이다. 만약 군주가 잘못을 저질렀을 때 그것을 고치기 위해 직접적으로 지적한다면 미움만 받는다. 밝은 곳이 아니라 어두운 곳으로 접근했기 때문이다. 충언을 하다가 바른 소리를 받아들일 자질이 없는 임금에게 얼마나 많은 충신들이 목숨을 잃었는가?

충언을 할 때도 요령이 있다. 윗사람이 잘 알고 있고 잘하는 것을 칭찬하면서 시작해야 군주의 마음이 활짝 열린다. 그다음 서서히 고쳐야 할 부분을 말하면 군주가 기꺼이 그것을 받아들일 수 있다. 군주와의 관계에서만이 아니다. 모든 인간관계에서 통하는 이치다. 사람을 설득하기 위해서는 라포르rapport, 즉 공감대를 형성하는 것이 먼저다. 마음이 통하면 모든 일이 풀린다.

結於君心 必自其所明處 乃能入也
결 어 군 심 필 자 기 소 명 처 내 능 입 야

비울수록 채워지고 베푸는 만큼 돌아온다

"한평생 길을 양보했지만 백 걸음도 뒤처지지 않았고,
한평생 밭두렁을 양보했지만 밭 한 구역도 잃지 않았다."
_《명심보감》

당나라 사람으로 평생 은거하며 살았던 주인궤라는 사람이 한 말이다. 한 평생 양보만 하고 살았지만 결코 그것이 손해가 아니었다는 자신의 경험을 이야기한다. 내 것은 단 하나도 내어줄 수 없다는 태도로 각박하게 살아가는 우리의 모습을 돌아보게 하는 글이다. 아무리 욕심을 부리며 살아도 우리 삶은 나아지는 것이 별로 없다. 뺏기지 않으려고 꼭 쥐고 살았지만 남는 것은 허탈한 마음뿐이다. 다산 정약용이 '사제 황에게 주는 말'에서 이런 마음을 이겨낼 지혜를 찾을 수 있다.

"《예기》에 가장 좋은 것은 덕에 힘쓰는 것이고, 그다음은 베풂에 힘쓰는 것이라고 했다. 천하의 근심과 기쁨, 즐거움과 걱정은 모두가 베푸는 대로 받는 것이다. 하늘의 이치는 넓고 넓어 보답이 반드시 베푼 데에서 이르는 것은 아니다. 그러므로 보답이 없는 곳에 은혜를 끼치는 것을 군자는 귀하게 여긴다." 베풀고 양보하는 삶이 더욱 풍요롭고 행복한 삶이다. '비울수록 더 채워진다'라는 말이 있다. 더 베풀면 더 많은 것을 얻게 된다.

終身讓路 不枉百步 終身讓畔 不失一段
종 신 양 로 불 왕 백 보 종 신 양 반 부 실 일 단

시시때때로 변하는 마음을 다스린다

> "새를 잡고 나면 쓰던 활은 창고로 들어가고
> 토끼를 잡고 나면 사냥개는 잡아먹힌다."
> _《사기》

월나라의 명재상 범려는 숙적 오나라에 패한 후 월왕 구천과 함께 인질로 잡혀가서 수모를 당했던 신하다. 인질에서 풀려난 후 오나라를 패망시키는 데 큰 공을 세웠다. 하지만 승리를 축하하던 최고의 순간에 월왕 구천의 변심을 예측하고 제나라로 떠난다. 자신과 함께 공을 세웠던 친구 문종에게 범려는 함께 떠날 것을 권하며 이렇게 말했다. "새를 잡고 나면 쓰던 활은 창고로 들어가고 토끼를 잡고 나면 사냥개는 잡아 먹힙니다. 월왕 구천은 목이 길고 입이 새처럼 뾰족하여 어려움은 함께할 수 있어도 즐거움은 함께할 수 없는 인물입니다. 그런데도 어찌 떠나지 않고 있소?" 하지만 문종은 머뭇거리다 떠날 기회를 놓쳐 결국 구천에게 죽임을 당하고 만다. 범려는 과감하게 월나라를 탈출해 제나라와 도나라를 돌며 신분을 숨기고 장사를 해 최고의 부자가 되었다.

사람의 마음은 때와 상황에 따라 수시로 바뀐다. 나의 마음도 마찬가지기에 수양과 공부를 통해 바로 세워야 한다. 하지만 타인의 마음은 내가 어쩔 수 없다. 이때 필요한 것이 바로 사람의 마음을 읽을 수 있는 통찰력이다. 사람의 학문인 인문학에서 얻을 수 있다.

鳥盡弓藏 兎死狗烹
조 진 궁 장   토 사 구 팽

一日古典

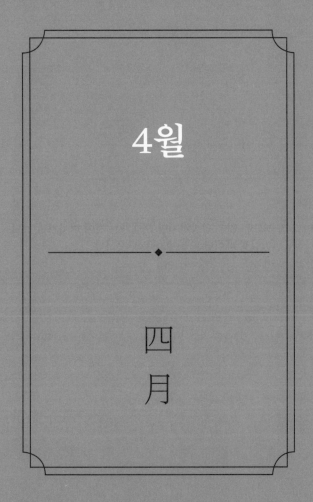

4월

四
月

"곱지만 일찍 시드는 것은 담박하지만 오래가는 것에 미치지 못하고,
일찍 빼어남은 늦게 이룸만 못하다."

_《채근담》

준비가 기회를 만나면 행운이 된다

"지혜를 지녔어도 형세를 타는 것만 못하고,
농기구를 가졌어도 농사철을 기다리는 것만 못하다."
_《맹자》

제나라에서 전해오는 말을 빌려 맹자가 제자 공손추에게 한 말이다. 나라를 다스리는 일이든 기업을 운영하는 일이든 좋은 기회를 잡아 놓치지 않는 것처럼 중요한 일은 없다. 사람도 마찬가지다. 아무리 좋은 능력을 갖고 있어도 때를 만나지 못하면 능력을 발휘할 수 없다. 물론 일을 잘 이루기 위해서는 미리 충분한 준비를 하는 것은 당연하다. 좋은 인생을 살려면 지식과 지혜를 갖추어야 하고, 농사를 잘 지으려면 최소한 농기구는 가지고 있어야 한다. 하지만 그 무엇보다 중요한 것은 때를 잘 타는 것이다. 서양 속담에 '준비가 기회를 만나면 행운이 된다'는 말이 있다. 철저한 준비와 좋은 기회가 어우러지면 행운이라고 할 정도로 일이 잘 풀리게 된다.

지금 처해 있는 상황은 각자 다를 것이다. 만약 뜻하지 않게 어려움을 만났다면 좋은 기회를 기다리고 있는 중이라고 생각하면 된다. 철저히 준비하고 때를 기다리면 멀지 않은 미래에 좋은 기회를 만날 수 있다.

雖有智慧 不如乘勢 雖有鎡基 不如待時
수유지혜 불여승세 수유자기 불여대시

남의 이야기를 함부로 옮기지 마라

"길에서 들은 말을 길에서 옮기는 것은 덕을 버리는
것이다."
_《논어》

떠도는 소문은 풍문風聞이라고 한다. 바람이 전해주는 말이니 아무런 근거
가 없는 뜬소문이기 십상이다. 이런 소문을 듣고 또 그 소문을 열심히 퍼뜨
리는 사람 중에 제대로 된 사람은 드물다. 특히 그 풍문의 대상이 사람인 경
우를 가리켜 '뒷담화'라고 하는데 이는 더욱 바람직하지 않다. 하지만 뒷담
화는 쉽게 끊기가 어렵다. 깊은 죄의식 없이 할 수 있으며 얕은 쾌감을 주기
때문이다. 그 대상에게 직접적인 피해를 주는 것은 아니라고 항변하기도
한다. 하지만 뒷담화의 독은 결코 가볍지 않으며 해독이 쉽지 않다.

　몇 해 전 프란치스코 교황은《뒷담화만 하지 않아도 성인이 됩니다》라는
책을 썼다. 뒷담화의 대상이 되는 사람의 입장을 생각해보자. 그러면 남의
이야기를 뒤에서 결코 쉽게, 함부로 말할 것은 아니다. 그 사람은 아무런 변
명도 못 하고 고스란히 오물을 뒤집어쓰기 때문이다. 비록 성인이 되지는
못하더라도 최대한 뒤에서 남의 이야기를 하는 것은 절제해야 한다.

道聽而塗說 德之棄也
도 청 이 도 설　덕 지 기 야

멈추지 않고 걸으면 반드시 도달한다

"행하는 자는 성취하고 걷는 자는 도달한다."
_《안자춘추》

제나라의 재상 양구거梁丘據는 정권의 2인자였다. 그가 1인자 안자의 재능을 부러워하며 자신은 평생 안자에 미치지 못할 것 같다고 한탄했다. 그러자 안자는 이렇게 말했다. "꾸준히 노력하면 반드시 이룰 수 있다. 나 역시 다른 사람과 특별하게 다른 점이 있는 것이 아니다. 항상 포기하지 않고 노력했기 때문에 이룰 수 있었다."

사람들은 대단한 성공을 거둔 사람을 보면 재능과 실력을 타고났을 거라며 부러워한다. 머리 위에 후광이 있는 듯 느끼기도 한다. 하지만 그들에게 어떻게 성공했는지 물어보면 공통으로 대답하는 것이 있다. "내 타고난 성품은 남과 다름이 없지만 쉬지 않고 노력했기 때문에 큰 성공에 이를 수 있었다."

일도 공부도 마찬가지다. 꾸준히 쉬지 않고 노력한 사람이 좋은 결과를 만든다. 단지 우리가 해야 할 일은 그들을 관찰하는 것이다. 그들이 평소에 어떤 삶을 사는지 보고 그들의 장점을 보고 배우며 그들이 할 수 있다면 나도 할 수 있다는 용기를 가지면 된다. "그 사람도 사람이고 나도 사람이다. 그가 할 수 있다면 나도 할 수 있다!"

爲者常成 行者常至
위 자 상 성　행 자 상 지

무지를 인정하는 겸손에서 배움은 시작된다

"나는 나면서부터 아는 자가 아니라 옛것을 좋아하여
끊임없이 배움을 추구한 사람일 뿐이다."
_《논어》

에디슨은 자신의 발명은 1퍼센트의 영감이 뒷받침된 99퍼센트 노력의 결과라고 말했다. 공자 역시 자신은 타고난 천재가 아니며 끊임없는 노력과 학습의 결과 학문을 이룰 수 있었다고 했다. 공자 당시의 사람들은 모두 공자를 성인聖人, 즉 생이지지자生而知之者라고 생각했다. 나면서부터 아는 위대한 사람이라는 뜻이다. 하지만 공자 자신은 학이지지자學而知之者, 즉 배워서 알 뿐이라며 겸손하게 말했다.

인류 역사상 뛰어난 인물들은 모두 타고난 천재가 아니라 일생을 바쳐 노력한 사람들이다. 그리고 자신은 '아는 것이 없다'는 무지의 지無知之知에 이르는 통찰을 갖고 있었다. 자신은 아는 것이 없고 지혜를 사랑하기에 끊임없이 배움을 추구한다는 것이다. 따라서 그들은 배움을 괴로운 과정으로 생각하지 않고 즐겁고 기쁘게 임했다. 자신의 부족함을 아는 겸손, 그 부족함을 채워나가는 노력, 그래서 배움을 통해 그동안 막혔던 것이 뚫려 나가는 듯한 통쾌함을 느끼는 것. 이것이 공부의 의미이며, 이 의미를 알면 공부가 즐거워진다.

 我非生而知之者 好古敏以求之者也
아 비 생 이 지 지 자 　 호 고 민 이 구 지 자 야

지식을 얻고 인재를 구하는 데 경계란 없다

"다른 산의 돌로 옥을 갈 수 있다."

_《시경》

《시경》〈학이 울다〉(학명鶴鳴)라는 시의 한 구절로, 우리가 잘 아는 타산지석他山之石이 원문이다. 돌은 가장 흔한 물건이다. 특히 가까이 있는 돌이 아니라 먼 산에 있는 돌이라면 더더욱 나에게는 쓸모가 없다. 하지만 다른 산에 있는 거친 돌이라고 해도 옥을 가는 데 유용하게 쓰일 수 있다면 반드시 구해서 활용해야 한다. 이것은 배움에 있어서 가장 절실한 자세다.

내 인격을 연마하고 공부를 하는 데 도움을 받을 수 있다면 다른 사람의 언행을 보고 배워야 한다. 여기서 돌은 평범한 사람, 옥은 뛰어난 인재를 뜻한다. 설사 그 사람이 평범하다고 해도 찾아보면 반드시 배울 점이 있다. 그러니 나를 가다듬기 위해 그의 장점을 배워야 한다. 한편 꼭 우리 조직만이 아니라 다른 곳의 훌륭한 인재도 두루 찾아 잘 활용할 수 있어야 한다. 다른 산의 의미가 바로 그것이다. 글로벌 시대, 통합의 시대에 우리 것만 주장하는 편협한 생각에 사로잡혀서는 안 된다. 열린 마음으로 폭넓게 인재를 찾아서 쓸 수 있어야 한다. 우리 것만 고집한다면 큰 발전이 있을 수 없다. 특히 사람은 더욱 그렇다.

他山之石 可以爲錯
타 산 지 석 가 이 위 착

행복은 가진 것이 아니라 마음속에 있다

"만족함을 알면 삶이 즐겁고
탐욕을 좇으면 근심하게 된다."
_《명심보감》

《한비자》를 보면 제나라 환공과 명재상 관중이 '부의 한계'에 대해 논하는
장면이 나온다. '부의 한계는 부에 만족했을 때인데, 사람들이 끝을 모르고
계속 부를 추구하기 때문에 결국 파멸한다'는 결론을 내린다. 이 물음에 대
한 답이 《명심보감》에 실려 있는 위의 글이다. 행복은 부에 의해 결정되는
것이 아니라 얼마나 자신의 삶에 만족하며 사느냐에 달려 있다는 것이다.

아무리 부자라고 해도 '더 부자가 되고 싶다'는 탐욕에 사로잡히면 그 삶
은 결코 행복해질 수 없다. 충분한 물이 있는데도 계속 우물을 파는 사람의
모습과 다르지 않다. 또한 가난하다고 해도 가난에 짓눌리지 않고 평안하
게 거하며 도를 추구하는 즐거움을 누린다면 얼마든지 행복한 삶을 살 수
있다. 이것이 바로 안빈낙도安貧樂道다. 처해 있는 상황이 아닌, 오직 자신의
삶 자체에 집중할 때 진정한 즐거움을 누릴 수 있다. 결국 행복은 상황이 아
니라 마음속에 있다. 그리고 함께 나누는 사랑에 있다.

知足可樂 務貪則憂
지족 가락 무탐 즉 우

자신을 믿는 사람은
남을 의심하지 않는다

"스스로 의심하는 사람은 남을 믿지 못하고
자신을 믿는 사람은 남을 의심하지 않는다."
_《명심보감》

믿음의 속성을 잘 말해주는 말이다. 만약 자신에게 확신이 있다면 자신은
물론 남도 의심하지 않는다. 하지만 자신을 믿지 못하는 사람은 남도 믿지
못한다. 의심이 많은 리더는 부하가 하는 일에 끊임없이 참견한다. 일을 믿
고 맡기지 못하는 것이다. 이런 리더나 상사일수록 항상 자신감이 없고 확
신이 없어 불안해한다. 그래서 자신은 물론 함께 일하는 사람들도 괴롭다.
당연히 조직의 일도 성공 확률이 높지 않다.

　일상에서 의심이 습관이 된 사람이 있다. 아무리 확실한 일도 일단 의심
을 하고 본다. 당연히 일이 늦어지고 관계가 나빠지며 삶도 불행해진다. 매
사를 의심하니 언제나 마음을 조이며 살아야 한다. 의심도 습관이다. 습관
이 되면 고치기가 어렵다. 먼저 자기 스스로를 믿는 습관을 키워야 한다. 그
것을 위해서는 실력을 탄탄하게 다지는 기초 공사를 해야 한다. 그리고 마
음의 중심을 굳게 세워야 한다. 흔들리지 않는 마음, 바로 충忠의 정신이다.

自疑不信人 自信不疑人
자 의 불 신 인　자 신 불 의 인

넘치는 것은 모자란 것만 못하다

"지니고 있음에도 더 채우는 것은 그만두느니만 못하고,
갈아서 더 날카롭게 되면 오래 보존할 수 없다."
_《도덕경》

가득 차 있는 그릇에 계속 물을 부으면 어떻게 되겠는가? 결국 물이 넘치게 된다. 이미 충분히 날카로운 칼을 가지고서도 계속 간다면 더 날카로워지는 것이 아니라 칼날이 상해 무뎌진다. 이 모든 것은 욕심 때문이다. 많이 가졌지만 더 가지고 싶어 한다. 충분히 날카로운 칼이 있는데도 더 예리한 칼을 탐낸다. 모든 것이 정도를 지나치면 문제가 생긴다. 그래서 공자는 "지나친 것은 모자란 것과 같다."(과유불급過猶不及)라고 이야기한다. 바로 중용의 덕목이다.

사람의 욕심은 한계가 없다. 특히 부와 권력에 대한 욕심은 끝이 없어서 절제하지 않으면 끝없이 탐하게 마련이다. 하지만 지나친 욕심은 화를 부른다. 그것을 깨우쳐주는 의기欹器라는 그릇이 있다. 반만 차면 안전하지만 가득 차면 넘어지는 그릇이다. 사람도 이와 같다. 겸손한 자세를 견지하고 자만을 경계하지 않으면 어느 순간 넘어지고 만다. 어떤 자리에 있든지 절제하고 진퇴를 분명히 하는 겸손한 자세가 필요하다.

 持而盈之 不如其已 揣而銳之 不可長保
지 이 영 지 불 여 기 이 췌 이 예 지 불 가 장 보

자기 확신만 있다면 말은 당당해진다

"큰 권력을 지닌 사람에게 유세할 때는 그 사람을 하찮게
보고, 그의 높은 위세를 보지 마라."
_《맹자》

사람들 앞에서 말할 때 두렵고 떨리는 마음은 어쩔 수 없다. 만약 상대가 높은 지위를 가진 사람이라면 더욱 그럴 것이다. 맹자는 이런 상황을 극복할 수 있는 해법을 제시한다. 그 사람의 지위나 권력을 보지 말고, 나와 대등한 사람으로 보라는 것이다. 맹자는 이런 원칙이 있었기에 어떤 사람과 대화해도 주눅이 들거나 위축되지 않았다. 무소불위의 권력자들 앞에서도 맹자는 당당했다. 맹자는 '그들이 가진 부귀와 영화는 내게 아무런 가치가 없다. 그러니 내가 그들을 두려워할 이유가 있겠는가?'라고 생각했다. 세상의 권력과 부귀를 하찮게 여겼기에 맹자는 그들 앞에서 당당할 수 있었다.

물론 평범한 사람들이 높은 권위와 권세 앞에서 위축되지 않기란 쉽지 않다. 하지만 맹자처럼 내가 가는 길이 올바르다는 확신이 있다면 두려움을 극복할 수 있다. 그리고 높은 자리에 있다고 해서 그의 모든 면이 훌륭할 것이라는 선입견도 버려야 한다. 더불어 내가 말하고자 하는 것을 분명히 표현할 수 있는 능력을 갖춘다면 금상첨화다.

說大人 則藐之 勿視其巍巍然
세 대 인 즉 묘 지 물 시 기 외 외 연

일이 벌어지기 전에 미리 방비하라

"재난을 미리 생각해 방비하는 것이 재난을 당한 후에
은혜를 베푸는 것보다 낫다."

_《목민심서》牧民心書

"초두난액焦頭爛額(불에 머리를 태울 정도로 불을 잘 끈다는 뜻)이 곡돌사신曲突徙薪보다 못하다."라는 말이 있다. 즉 불이 난 후에 아무리 불을 잘 끈들 미리 굴뚝을 정비하고 화재의 원인이 될 땔감을 치워두는 것보다 못하다는 말이다. 재난이 발생한 후 아무리 정비를 잘하고 재난당한 사람을 잘 돌보아도 '소 잃고 외양간 고치는 격'이 될 수밖에 없다. 당연히 비용도 훨씬 많이 들어 경제적으로도 손실이 커진다. 그래서 다산은 유비무환有備無患, 미리 대비해서 재난이 아예 발생하지 않도록 하는 것이 지혜롭다고 말한다. 또한 "무릇 재해와 액운이 있으면 스스로 불타고 빠진 것같이 불탄 것을 구하고 빠진 것을 건져야 할 것이요, 조금도 늦춰서는 안 된다."라고도 했다. 올바른 관리라면 마치 자기 집이 피해를 입은 듯 구제를 신속하게 해야 한다.

물론 엄청난 자연의 재해를 사람의 힘으로 완전히 막기는 어렵다. 하지만 재난이 일어나면 보여주기 식으로 나타나 흉내만 내는 사람들은 관리로서 최소한의 자격도 갖추지 못한 것이다.

思患而豫防 又愈於旣災而施恩
사 환 이 예 방 우 유 어 기 재 이 시 은

탁월한 재능도
배움 없이 발현되지 않는다

**"썩은 나무에는 무늬를 새길 수 없고
더러운 흙으로는 견고한 담을 쌓을 수 없다."**
_《논어》

재아는 언변이 뛰어나 공문십철에 속하는 제자다. 언변뿐 아니라 학문 역시 뛰어났을 것으로 보인다. 3천 명에 달하는 제자 중 열 손가락에 들 정도니 모든 면에서 뛰어났으리라 짐작할 수 있다. 하지만 안타깝게도 생활 태도는 방만하고 절제가 없었다. 위의 예문은 흐트러진 자세로 낮잠을 자는 재아를 공자가 꾸짖는 말이다. 보통 신랄한 것이 아니다.

아무리 훌륭한 스승을 만나더라도 배우는 사람의 마음이 준비되어 있지 않다면 크게 성장할 수 없다. 사람들은 비슷한 수준의 재능과 자질을 갖고 태어나지만 습관에 따라서 점점 차이가 생긴다고 한다. 그리고 그 차이는 세월의 흐름에 따라 도저히 따라잡을 수 없을 정도로 벌어지게 된다. 결국 어떤 재능과 자질을 갖고 있느냐가 아니라 어떤 마음가짐으로 공부에 임하느냐가 핵심이다. 아무리 뛰어난 자질이 있어도 배우고자 하는 열의가 없으면 소용없다. 그것을 잘 보여주는 것이 일상의 모습이다. 설사 공부에 재능이 있어도 기본이 충실하지 않으면 그 미래는 기대할 수 없다.

朽木不可雕也 糞土之牆不可杇也
후 목 불 가 조 야 분 토 지 장 불 가 오 야

내 안에 잠든 거인을
깨워줄 사람을 찾아라

"군자는 상대방의 좋은 점은 키워주고 나쁜 점은 막아주는
사람이다. 소인은 그 반대다."
_《논어》

리더의 가장 중요한 소임 중의 하나는 아랫사람을 키워주는 것이다. 아랫
사람의 장점과 단점을 잘 살펴서 장점은 키워주고 단점은 고치도록 조언한
다. 그렇게 할 때 그 부하는 잠재력을 발휘하고 크게 성장할 수 있다. 부하
나 동료를 경쟁상대로 생각하는 것이 아니라 함께 성장할 사람으로 생각
할 때 이런 자세가 나온다. 하지만 소인은 아랫사람을 키워주지 않는다. 키
워줄 능력도 없지만 부하가 성장하면 자기 자리에 위협이 될까 두려워 길
을 막아버린다. 단점은 비난하고 질책하면서 장점을 칭찬하지 않는다. 이
러면 결국 부하의 길을 막는 것은 물론 자신의 조직도, 자기 자신도 퇴보하
고 만다.

　이것을 역으로도 생각할 수 있어야 한다. 우리는 윗사람을 선택할 수 없
다. 하지만 주위를 살펴 나를 키워줄 수 있는 사람을 찾고 배움을 청할 수는
있다. 단점은 고치도록 조언해주고 장점을 키워줄 수 있는 멘토를 찾아야
한다. 멘토는 반드시 윗사람이 아니어도 된다. 동료나 아랫사람도 상관없
다. 누구에게든 배울 수 있는 사람의 미래는 밝다. 모두가 함께 밝혀주기 때
문이다.

君子成人之美 不成人之惡 小人反是
군자성인지미 불성인지악 소인반시

103
금요일
富
부

가난보다 무서운 건
가난에 짓눌린 마음이다

**"가난을 쫓아버릴 수는 없지만 가난을 근심하는 마음을
쫓아버리면 마음은 항상 안락하다."**

_《채근담》

더위를 쫓을 수는 없지만 더위에 억눌리지 않고 활기차게 산다면 어느새 더위는 사라진다. 이것이 이열치열以熱治熱의 지혜다. 더위가 사라지는 것이 아니라 내 마음에서 더위가 잊혀지는 것이다. 가난 역시 마찬가지다. 가난 그 자체가 문제가 아니라 가난을 근심하는 마음이 문제다. 가난이라는 상황에 짓눌려 신세 한탄만 하고 있다면 가난을 벗어날 길은 없다. 마치 더위를 쫓아버릴 수 없는 것과 같다. 하지만 여기에 그쳐서는 안 된다. 가난에 억눌린 마음을 다스렸다면 그다음은 가난에서 벗어나기 위한 노력이 필요하다. 가난에 처한 마음을 다스렸다고 언제까지 가난에 머물러 있을 수는 없지 않은가.

큰 부자는 하늘이 내리지만 누구든지 근면하게 노력하면 작은 부자는 될 수 있다. 작은 부자가 되었다면 얼마든지 큰 부자를 꿈꿀 수도 있다. 가난, 그 자체가 문제가 아니라 가난에 좌절하는 마음이 문제다. 내 마음이 패배의식에 사로잡혀 있다면 결코 어려움에서 벗어날 수 없다. 모든 것은 마음에 달려 있다.

窮不可遣 而遣此窮愁 心常居安樂窩中
궁 불 가 견 이 견 차 궁 수 심 상 거 안 락 와 중

과시하기 전에 내면부터 채울 것

"호랑이를 그리려다 잘못하면 개를 그리게 된다."

_《후한서》後漢書

'대기만성'의 인물로 유명한 마원馬援이 장군이 된 후 조카인 마엄과 마돈이 건달들과 어울리는 것을 보고 편지로 꾸짖었다. 독실하고 겸손하며 청렴한 용백고라는 사람과 호탕하고 의리를 중요시하는 두계량, 두 사람을 예로 든다. "용백고를 닮으려고 하면 비록 실패하더라도 신실한 사람은 될 수 있다. 하지만 두계량을 본받으려다가 실패하면 호걸은커녕 천하의 경박한 사람이 될 수도 있다. 호랑이를 그리려다 잘못하면 개를 그리게 된다." 여기서 용백고는 내면이 충실한 사람이고 두계량은 외면적인 강함이 있는 사람이다. 성향상의 차이일 뿐 둘 사이에 우열을 가리기 어렵다. 하지만 혈기 넘치는 청년들은 용백고보다는 두계량과 같은 사람을 닮고 싶어 한다. 멋있어 보이기 때문이다.

인격이 뒷받침되지 못하고 겉모습만 닮으려고 하면 허풍스럽게 자신의 힘만 과시하는 사람이 된다. 물론 내면과 외면이 함께 어우러져 조화로운 사람이 가장 좋다. 하지만 그게 어렵다면 최소한 내면의 충실함을 먼저 구하라고 마원은 조카들에게 권했다. 외면의 호방함은 반드시 배움과 수양으로 보완되어야 한다. 이를 도외시하면 과격해져 혼란을 만드는 사람이 된다.

畵虎不成反類狗
화 호 불 성 반 류 구

변화를 이끄는 사람,
변화에 쓸려가는 사람

"세상에 변하지 않는 것은 없다."

_《명심보감》

공자는 "내가 몇 해를 더 살아서 오십에 《주역》周易을 배우면 큰 허물이 없을 것이다."라고 말했다. 이처럼 공자가 좋아해서 책의 가죽끈이 세 번이나 끊어질 정도로 공부했다는 위편삼절韋編三絶이 바로 《주역》이다. 《주역》은 흔히 점을 치는 책으로 알려져 있지만 사람의 흥망성쇠에 관해 깊은 철학을 담고 있는 책이다. 그 철학적 바탕이 바로 변화다. 그래서 《주역》을 '변화의 책'The classic of Change이라고 부른다.

인류의 역사는 변화의 역사라고 할 수 있다. 그리고 이런 변화는 모두 사람이 만든 것이다. 이 변화를 주도하고 적응하는 사람은 성공하고 변화에 둔감한 사람은 변화에 휩쓸려 사라진다. 특히 첨단 IT 시대가 되면서 변화의 속도는 점점 더 빨라지고 있다. 진화론의 주창자 다윈이 말했던 "강한 것이 살아남는 것이 아니라 변화에 잘 적응하는 것이 살아남는다."는 시대를 예견했던 날카로운 통찰이다.

변화는 운명이다. 운명처럼 다가오는 변화에 제대로 적응하고 살아남아야 한다.

萬物有無常
만 물 유 무 상

아는 것은 안다고
모르는 것은 모른다고 말하라

"알지 못하면서 말하는 것은 지혜롭지 못함이고
알면서 말하지 않는 것은 불충이다."
_《한비자》

한비자는 훗날 진시황이 되는 진왕을 만나면 무슨 말을 어떻게 할지 고심했다. 자신의 앞날을 결정할 가장 중요한 순간이기 때문이다. 위의 예문은 오랜 고심 끝에 그 결론으로 내린 말이다. 자신이 알고 있는 것을 진실하게 말해야 하며, 숨김없이 말해야 한다. 사실을 모르면서 군주에게 함부로 말하는 것은 어리석은 행동이다. 하지만 사실을 알면서도 말하지 않는 것 역시 불충에 해당한다.

이는 군주를 대할 때만이 아니라 일상적인 대화에서도 통하는 진리다. 대화하는 상대에게는 내가 아는 것만 말해야 한다. 정확히 모르면서 아는 것처럼 말하면, 훗날 사실이 밝혀졌을 때 곤란에 빠진다. 덧붙여 거짓말하는 사람이라는 오명도 함께 쓰게 된다. 또한 분명히 아는 것인데 이해타산을 따져 말하지 않는 것도 신의를 저버리는 일이다. 내게 손해가 되거나 말하기 곤란할 때, 혹은 이해타산이 분명치 않을 때에도 사람들은 곧잘 입을 다문다. 말하지 않음으로써 곤란을 당하지 않으려는 것이다. 하지만 이 역시 속이는 것과 같다. 대화에서는 진실함과 솔직함이 가장 근본이다.

不知而言 不智 知而不言 不忠
부지이언 부지 지이부언 불충

살면서 꼭 깨달아야 할 세 가지 태도

**"천명을 알지 못하면 군자가 될 수 없다. 예를 알지 못하면
세상에 당당히 설 수 없다. 말을 알지 못하면 사람을 알 수
없다."**
_《논어》

《논어》의 맨 마지막 문장으로 이는 마치 《논어》의 결론과도 같은 말이다.
이 문장은 그 옛날 군자의 자격, 지금으로 하면 지도자가 알아야 할 세 가지
를 제시한다. 바로 명命, 예禮, 언言이다. 하늘의 뜻을 알고 순응하는 삶을 사
는 것이 천명을 아는 삶이다. 공자가 자신에 대해 말했던 "오십이 되어 천
명을 알았다."가 바로 그것이다. 그다음은 예의를 몸에 익혀 사람들 사이에
바른 관계를 지켜야 한다. 다른 사람을 대하는 자세는 바로 내 수양의 정도
를 말해주는 것이다. 그리고 말을 알아 듣고 사람들의 마음을 헤아릴 수 있
어야 한다. '말은 그 사람 자신이다'라는 명제가 그 뜻을 명확히 알려준다.
말을 통해 사람을 안다는 것은 역으로 나의 말을 통해 나 자신을 드러낸다
는 뜻이다. 내 말도 바르고 신중해야 한다.

이 세 가지를 완전히 갖춘 사람을 만나기는 힘들다. 당연히 우리 자신도
마찬가지다. 평범한 우리는 이 말을 새기고 노력할 뿐이다. 하루를 마치며
혼자만의 시간에 나를 돌아보자. 오늘 나는 어땠는가?

不知命 無以爲君子也 不知禮 無以立也 不知言 無以知人也
부지명 무이위군자야 부지예 무이입야 부지언 무이지인야

나는 왜 공부하는가

"과거에는 자신을 위해 배웠지만 요즘은 남을 위해
배운다."
_《논어》

현실에 무언가 불만스러운 일이 있으면 '옛날에는 그렇지 않았는데…' 하
고 과거를 그리워하게 마련이다. 공자는 그 당시 학자들의 배우는 자세를
옛날의 학자들과 비교해 안타까움을 드러냈다. 자신을 위해 배우는 것은
순수하게 자기의 성장과 발전을 위해 노력하는 것이다. 하지만 남을 위해
배우는 것은 성공하기 위해, 남에게 과시하기 위해 배우는 것이다. 자기완
성을 추구하는 사람은 어제보다 나은 오늘, 오늘보다 나은 내일을 추구하
기에 어떤 순간에도 공부를 멈추지 않는다. 하지만 세속적인 영달과 자기
과시를 위해 배우는 사람은 출세를 하면 공부를 그만둔다. 지위와 권세가
주는 즐거움을 누리는 데 바쁘기 때문이다.

《안씨가훈》顏氏家訓에서는 두 가지 공부를 모두 긍정적으로 보았다. 자신
을 위한 공부는 자기의 성장을 위한 공부, 남을 위한 공부는 남을 돕기 위한
공부로 본 것이다. 어떤 공부든 공부 그 자체는 의미가 있다. 자신의 성장을
도모하면서 다른 사람을 돕고 세상에 뜻을 펼치는 공부는 최선이다. 하지
만 오직 출세를 위한 공부는 바람직하지 않다. 나의 공부는 어떤가? 날마다
돌아볼 일이다.

古之學者爲己 今之學者爲人
고 지 학 자 위 기 금 지 학 자 위 인

나를 중심에 두고 타인과 함께한다

"군자는 조화를 이루되 동화되지 않는다.
소인은 쉽게 동화되지만 조화를 이루지 못한다."
_《논어》

조화를 이룬다는 것은 다양한 사람들과 어울려 화합하는 것이다. 상대의 개성을 존중하고 나의 개성도 뚜렷하게 지켜나간다. 반대로 동화되는 것은 주위의 생각에 휩쓸려 줏대 없이 이끌려 다니는 것이다. 개성도 주관도 없이 집단 혹은 리더의 생각이나 행동에 동조한다. 이에 딱 들어맞는 고사가 《좌전》左傳에 실려 있다.

양구거는 제나라 경공에게서 훌륭한 신하라고 칭찬을 받던 인물이었다. 경공은 양구거를 일러 "유일하게 나와 마음이 맞는 신하."라고 말할 정도로 신임했다. 하지만 안자는 경공의 그 말을 듣고 "양구거는 군주의 뜻에 무조건 따르기만 할 뿐 잘못된 점을 간언해서 고치려 하지는 않습니다. 이런 부화뇌동으로는 군주와 조화를 이루어 옳은 일을 도모하지 못합니다." 라고 간언한다. 군주의 뜻을 무조건 따르는 양구거의 행동은 '부화뇌동'附和雷同이다. 잘못된 것은 설사 임금이라도 거침없이 간언하는 안자의 행동은 '화이부동'和而不同이다. 나라를 위하는 목표에는 한마음이 되어야 하지만 그 해법은 바르고 창의적이어야 한다.

君子和而不同 小人同而不和
군자화이부동 소인동이불화

고난은 경험과 지혜를 선물한다

"가난과 고난과 근심 걱정은 그대를 옥처럼 완성한다."
_《근사록》

"젊어서 고생은 사서도 한다."는 속담이 있다. 이 속담에는 두 가지 의미가 있다. 먼저 살다 보면 누구나 고난을 겪게 된다는 의미다. 아무리 순탄한 인생을 살아도 뜻하지 않은 고난을 겪는 것이 인생이다. 그리고 젊어서 고난을 이겨낸 경험이 인생의 큰 자산이 된다는 것이 두 번째 의미다.

인생을 살면서 크고 작은 고난을 겪지 않는 사람은 없다. 그리고 인생의 성패는 이 고난을 어떻게 대하느냐에 달려 있다. 고난을 앞으로 있을 인생의 디딤돌로 삼는 사람도 있고 작은 고난에도 영영 일어나지 못하는 사람도 있다. 맹자는 "고난은 하늘이 장차 크게 쓰기 위한 준비다."라고 말했다. 사마천 역시 "인류 역사에 남는 위대한 일들은 모두 고난을 이겨내고 만든 것이다."라고 말했다.

아무리 아름다운 옥이라고 해도 처음 캐내었을 때는 거친 돌에 불과하다. 훌륭한 옥공의 손에 의해 갈고 닦여야 진정한 보물이 될 수 있다. 사람들 역시 고난에 의해 갈고 닦여야 그 진가가 드러난다. 그 가능성은 말로 표현할 수 없다.

貧賤憂戚 庸玉汝於成也
빈 천 우 척 용 옥 여 어 성 야

박수칠 때 떠나라

"장강의 뒷 물결은 앞 물결을 재촉하고,
세상의 새사람은 옛사람을 좇는다."
_《석시현문》

당나라 시인 이상은李商隱의 시에 "오동나무 꽃 가득한 산길에, 어린 봉황이 늙은 봉황보다 더 청아한 소리를 내는구나."라는 유명한 구절이 있다. 아름다운 자연을 노래한 이 시에는 세대교체가 이루어지는 세상의 이치도 담겨 있다. 한때 온산을 울리며 노래했던 봉황도 세월의 흐름은 어쩔 수 없다. 나이가 들면 더 청아한 소리를 내는 어린 봉황에게 자리를 물려주어야 한다. 제아무리 뛰어난 존재라 해도 언젠가는 더 뛰어난 후배가 등장하게 마련이다.

자연은 끊임없이 변화하며 세대교체를 하고 사람 사는 세상도 마찬가지다. 자연은 이 변화를 자연스럽게 받아들이고 순응하기에 조화롭고 아름답게 흘러간다. 하지만 사람들 세상은 그렇지 않아서 항상 분란이 일어난다. 만약 물러날 때가 되었는데도 끝까지 자리를 지키려고 버틴다면, 마치 앞 물결이 도도하게 밀려오는 뒷 물결에 쫓겨가듯이 강제로 밀려나야 한다. 훌륭한 후배를 키워 그에게 자리를 물려주고 떠나는 뒷모습은 아름답다. 모두의 축하를 받으며 떠나는 그에게는 또 다른 새로운 길이 열린다.

江中後浪催前浪 世上新人趕舊人
강중후랑최전랑 세상신인간구인

내가 가진 안팎의 것들을 돌본다

"바탕이 형식을 누르면 거칠어지고 형식이 바탕을 누르면
겉치레가 된다."
_《논어》

바탕은 사물이나 사람이 갖추고 있는 본질을 말하고 형식은 사람이 노력해
서 꾸민 겉모양을 말한다. 겉만 번드르한 사람은 실속이 없고, 내실이 있
다고 해서 외양을 전혀 꾸미지 않는 것도 바람직하지 않다. 《논어》〈옹야〉雍
也에서는 이 말 외에 별다른 설명을 하고 있지 않다. 하지만 〈안연〉顏淵에서
는 이 말에 대해 공자의 제자 자공이 알기 쉽게 설명해준다. 위나라의 대부
극자성棘子成이 자공에게 물었다. "군자는 본래의 바탕만 갖추고 있으면 되
지, 겉모습은 꾸며서 무엇하겠습니까?" 그러자 자공이 이렇게 대답했다.
"안타깝구려. 선생이 그렇게 말하는 것을 보니 네 마리 말이 끄는 마차도
선생의 혀를 따르지는 못할 것입니다. 겉모습도 바탕만큼 중요하고 바탕도
겉모습만큼 중요합니다. 호랑이와 표범의 털 없는 가죽은 개와 양의 털 없
는 가죽과 같습니다."

　겉과 속이 조화롭게 어우러지는 사람이 되어야 한다. 반드시 실력을 갖
추어야 하고 가진 실력을 제대로 표현할 수 있는 능력을 갖추어야 한다. 자
기 표현의 시대다. 가진 것을 충실하게, 오히려 그 이상으로 드러낼 수 있는
사람이 바람직하다.

 質勝文則野 文勝質則史
질 승 문 즉 야　문 승 질 즉 사

설득하고자 하면 상대의 마음을 읽어라

**"설득이 어려운 것은 상대의 마음을 알아내어 거기에
자신의 의견을 맞출 수 있어야 하기 때문이다."**
_《한비자》

설득을 잘하기 위해서는 공감이 가장 중요하다. 만약 상대가 명예를 중시
하는데 재물로 설득한다거나, 재물을 탐하는데 명예로 설득한다면 반드시
실패한다. 또한 사람의 속마음도 헤아릴 수 있어야 한다. 속으로는 재물을
좋아하지만 겉으로는 명예를 내세우는지 잘 살펴보아야 한다. 짐짓 깨끗한
척하지만 속에는 온갖 나쁜 생각이 가득 차 있는 경우도 있다.

현대 심리학 용어 중에 '라포르'란 말이 있다. 설득을 잘하려면 먼저 '친
밀한 관계를 구축하라'는 의미다. 위의 예문을 보니 이미 오래전의 철학자
는 이 원리를 정확하게 간파하고 있었으며 그 방법도 일러준다. 상대를 설득
하려면 먼저 그 마음의 밝은 곳으로 들어가라고 했다. 여기서 밝은 곳이란
그 사람이 잘 아는 것, 좋아하는 것이다. 상대를 설득하려면 무작정 돌직구
를 던져서는 안 된다. 때로는 커브도, 체인지업도 구사할 수 있어야 한다.

凡說之難 在知所說之心 可以吾說當之
범 세 지 난 재 지 소 세 지 심 가 이 오 세 당 지

사랑보다 강한 것은 없다

"자애로 싸우면 이기고 그것으로 지키면 굳건하다."

_《한비자》

《한비자》는 법가의 중요한 경전이지만 철학적 바탕은 도가다. 위의 글은 《도덕경》에 실려 있는 글을 한비자가 인용해서 쓴 것이다. 자녀를 돌보듯이 부하를 아끼는 장군이 이끄는 군대는 반드시 승리하고, 목수가 자신의 도구를 아끼듯이 무기를 소중히 하고 성벽을 단단히 하면 반드시 지킬 수 있다. 노자는 《도덕경》 〈제67장〉에서 자신에게는 언제까지나 몸에 지녀야 할 보물 세 가지가 있는데 그중 한 가지가 바로 자애慈愛라고 했다(나머지 둘은 검소함과 겸손함이다).

자애는 평상시에 지켜야 할 소중한 덕목이다. 전쟁터에서도 승리하려면 무력의 강함보다 오히려 자애가 필요하다고 노자는 말한다. 연저지인吮疽之仁이라는 고사가 있다. 춘추시대의 오기 장군은 직접 부하의 종기를 빨아서 치료할 정도로 자애로웠다. 부하들이 그를 진심으로 따랐음은 당연한 일이다. 이런 자애가 있었기에 오기는 76번을 싸워 단 한 번도 지지 않는 명장이 될 수 있었다. 인자무적, 사랑으로 싸우는 사람은 무조건 이긴다.

慈 以戰則勝 以守則固
자 어전즉 승 이 수 즉 고

배운 것을 삶에 적용하고 즐겨라

**"아는 것은 좋아하는 것만 못하고 좋아하는 것은 즐기는
것만 못하다."**

_《논어》

이 구절은 특히 공부에 한정해 적용하는데 공부뿐 아니라 인생의 모든 면
에 적용할 수 있다. 공부도 일도 취미도 모두 즐겁게 하는 것이 최선이다.
그리고 가장 좋은 결과를 얻을 수 있다. 이처럼 배움에서 즐거움을 얻는 인
생을 살 수 있다면 그 사람은 최선의 인생을 사는 것이다. "내 삶에서 가장
큰 질적 차이를 만들어낸 하나의 결단은 학습을 즐거움과 연결한 것이다."
앤서니 라빈스가 《네 안에 잠든 거인을 깨워라》에서 한 말이다. 뇌과학자
모기 겐이치로 역시 "뇌가 기뻐하면 공부는 저절로 된다."라고 하면서 즐겁
게 공부하는 것이 최상의 공부법이라고 이야기한다.

'공부를 즐긴다'라는 것은 공부를 삶에 적용하며 실천한다는 의미다. 이
런 공부는 상황에 얽매이지 않는다. 좋은 환경은 물론 나쁜 환경에 처해도
공부를 쉬지 않을 때, 삶의 장애물들을 배운 지식으로 하나하나 무너뜨릴
때 통쾌함을 느낄 수 있다. 공부의 결실이 삶에서 드러날 때 그것이 즐거움
이고 행복이다.

知之者 不如好之者 好之者 不如樂之者
지지자 불여호지자 호지자 불여락지자

생각의 폭을 넓히면 관계도 달라진다

"군자는 두루 넓어 편협하지 않고
소인은 편협하고 두루 넓지 않다."
_《논어》

군자는 사람을 대할 때 공평하게 대하고 차별하지 않는다. 사람을 사귈 때
도 두루 사귄다. 좋고 싫음은 있지만 그것으로 사람을 쉽게 판단하지 않는
다. 우리 주위의 훌륭한 사람을 보면 인간관계의 폭넓음에 놀랄 때가 많다.
도저히 어울릴 것 같지 않은 사람들을 스스럼없이 대하고 편안하게 인사를
나누는 경우를 보게 된다. 하지만 소인은 좋고 싫음에 크게 좌우되며 사람
을 차별한다. 또한 모든 사귐을 이해타산으로 하는 경우도 많다. 이런 사람
은 자기에게 이익이 되면 가까이 다가오고 자기에게 이익이 되지 않으면
곧 멀어진다. 마치 모이를 찾아 까마귀 떼가 모이는 행태와 같다.

　이러한 시각은 인간관계에만 국한되지 않는다. 폭넓은 시각을 가진 사람
은 매사를 열린 마음으로 대한다. 그리고 공평하게 대한다. 같은 이념, 같은
편당을 짓는 사람이라고 해서 무조건 옹호하고 다른 편당이라고 해서 무조
건 비난하거나 반대하지 않는다. 자신이 속한 편당보다 더 크고 넓게 인간
관계를 만들어가는 사람, 이런 사람이 더 큰 일을 할 수 있다.

君子周而不比 小人比而不周
군 자 주 이 불 비　소 인 비 이 불 주

117
금요일

富
부

겉으로 보이는 모습으로
사람을 판단하지 마라

"빈천한 사람이라고 함부로 대하지 말고
지위가 높다고 두려워하지 마라."
_《서경》

든 사람, 난 사람, 된 사람으로 사람을 나눌 수 있다. 많이 배운 사람은 든 사람, 지위가 높은 사람은 난 사람이며, 된 사람은 지위나 부에 상관없이 사람의 됨됨이가 훌륭한 사람이다. 즉 내면이 충실한 사람이다. 우리는 사람을 볼 때 그 사람의 외적인 모습으로 판단하는 경우가 많다. 든 사람과 난 사람은 우러러보고 두려워하지만 된 사람에 대해서는 별로 관심을 갖지 않는다. 된 사람은 그 됨됨이가 쉽게 드러나지 않기에 겉모습만으로는 알기 어렵다. 특히 된 사람은 어떤 지위에 있든 자신을 내세우거나 과시하지 않고 겸손한 자세를 취한다. 지위나 부, 혹은 학식처럼 외적인 조건이나 모습도 중요하지만 스스로 지켜야 할 삶의 의미와 가치가 더욱 소중하다는 것을 잘 알고 있기 때문이다.

사람의 외모나 지위, 명성 등 겉모습만으로 판단해서는 안 된다. 또 겉모습에 따라 사람을 대하는 자세가 달라져서도 안 된다. 사람을 대하는 자세와 모습에서 오히려 자신의 인격과 됨됨이가 드러난다.

無虐煢獨 而畏高明
무 학 경 독 이 외 고 명

할 일을 생각하기 전에
하지 않을 일부터 정하라

"사람으로서 하지 않은 바가 있은 다음에
해야 할 일이 있다."
_《맹자》

사람은 누구나 하고 싶은 일이 있다. 작게는 일상에서 원하는 것이 있고 크게는 훌륭한 인생을 위해 이루고 싶은 꿈이 있다. 모두 꿈을 이루기 위해 노력하지만 다 이루지는 못한다. 꿈을 이루려면 먼저 간절한 마음이 있어야 한다. 하지만 간절함이 강해질수록 반드시 유념해야 할 것이 있다. 아무리 꿈과 이상이 좋다고 해도 그것을 위해 나쁜 수단을 쓰고 방법을 가리지 않아서는 안 된다는 점이다. 그런 식으로는 진정한 성취가 될 수 없을뿐더러 결과의 정당성도 얻지 못한다. 오직 세속적인 성공만을 위한 공부, 주자학의 이론적 바탕을 마련한 정자程子는 이렇게 말했다. "하지 않는 바(유불위有不爲)란 가릴 바를 아는 것이다. 오직 능히 하지 않음이 있음으로써 훌륭한 일을 할 수 있다." 무조건 일을 성취하는 것보다 올바르게 성취하는 것이 중요함을 뜻하는 말이다.

사람은 연약하기에 욕심과 감정에 휩쓸리면 이겨내기가 어렵다. 따라서 반드시 내 마음의 잣대를 정해야 한다. '법과 원칙에 어긋나는 일, 양심에 벗어나는 일은 하지 않는다.' 명확하게 정한 기준이 있다면 하지 말아야 할 일을 하고 후회하지는 않을 것이다.

人有不爲也而後 可以有爲
인유불위야이후 가이유위

빨리 피는 꽃은 빨리 지게 마련이다

"곱지만 일찍 시드는 것은 담박하지만 오래가는 것에
미치지 못하고, 일찍 빼어남은 늦게 이룸만 못하다."
_《채근담》

《채근담》에 실려 있는 이 문장 앞에는 "복숭아꽃과 오얏꽃이 아무리 아름
다워도 어찌 소나무와 잣나무의 굳세고 푸른 것만 하겠으며, 배와 살구가
아무리 달아도 어찌 노란 유자와 푸른 귤의 맑은 향기만 하겠는가?"라는
글이 실려 있다. 남다른 화려함보다는 변함없는 담박함이 좋다. 사람의 세
상도 마찬가지다. 너도나도 빨리 출세하기 위해 애를 쓴다. 남보다 조금 더
빠른 것이 남들보다 더 뛰어나다는 증거라도 되는 것처럼 생각한다. 하지
만 고전에서는 너무 이른 출세를 불행 중의 하나로 보았다. 내실이 다져지
지 않은 상태에서의 출세는 그 사람의 인생에서 오히려 누가 될 수 있다는
것이다.

지나치게 빠른 출세보다 꾸준한 노력으로 그릇을 크고 단단하게 만드는
것이 더 중요하다. 빨리 가기 위해 조급해하면 지름길을 찾게 되고 불법과
편법을 마다하지 않게 될 수도 있다. 그래서 노자는 '대기만성'이라고 했다.
천천히 이루는 것이 내실 있고 오래갈 수 있는 길이다.

濃夭不及淡久 早秀不如晚成也
농 요 불 급 담 구   조 수 불 여 만 성 야

아는 것이 적을수록 말이 많아진다

"말이 많으면 빨리 궁하여지니 차라리 속을 비워
지키느니만 못하다."
_《도덕경》

우리가 흔히 하는 말로 "가만히 있으면 중간은 간다."는 말이 있다. 소극적이고 패배주의적인 태도로 볼 수도 있지만 더 깊은 뜻이 담겨 있다. 알지 못하면서 나서기보다는 차라리 조용히 경청하는 자세가 더 낫다는 의미다. 아는 것이 별로 없는 사람이 말을 많이 하면 금세 그 밑천이 드러난다. 한마디로 무식이 드러나는 것이다. 하지만 안타깝게도 무식한 사람은 말이 많은 경향이 있다. 자기를 과시하고 싶은 마음이 가진 지식을 앞서기 때문이다.

풀과 피리는 그 속이 비어 있기에 바람을 만들고 아름다운 소리를 만들어낸다. 사람도 인위적으로 무엇을 하려고 하기보다는 자연과 같이 있는 그대로의 자신을 드러낼 수 있어야 한다. 꾸미거나 부풀리지 않는 그대로가 아름답다. 노자는 무위無爲, 즉 하지 않는 듯이 하는 통치를 최고의 선으로 삼았다. 말도 통치도 나를 내세우기보다는 나를 비우는 겸손의 자세가 최선이다.

 多言數窮 不如守中
다 언 삭 궁 불 여 수 중

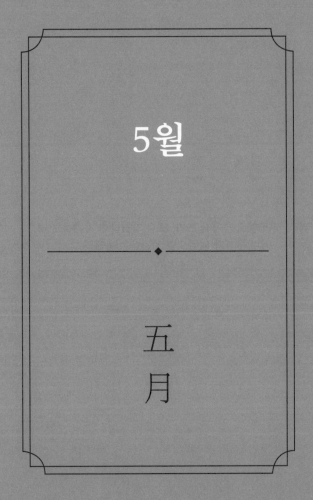

5월

五
月

"가진 것이 없으면 몸을 쓰라. 조금 가졌다면 지혜를 쓰라.
이미 부자가 되었으면 시간을 이용하라."

_〈사기〉

121

진정한 리더는
사람들이 알고 저절로 따른다

"성인은 스스로를 알지만 드러내지 않고,
스스로를 아끼지만 귀하게 여기지는 않는다."
_《도덕경》

평소에 자신의 힘을 드러내기에 급급한 사람들은 위기가 닥쳤을 때는 뒤로
빠지는 경우가 많다. 하지만 진정한 리더는 이와 반대다. 평소에는 소탈한
모습을 보이며 부드럽고 온화하다. 자신의 진가를 알기에 굳이 드러낼 필
요를 느끼지 못하는 것이다. 하지만 위기에 처했을 때는 누구보다 앞장서
는 자세를 보인다. 자신의 안위를 돌아보지 않고 최선을 다해 위기에 대응
한다. 자신의 소중함보다 위기 극복을 더 먼저 생각하는 것이다. 그리고 위
기를 극복한 다음에는 자신보다는 부하들의 공을 칭찬한다.

뛰어난 지도자들에게는 모든 공을 부하에게 돌리는 겸손함이 있다. 그러
기에 충성스러운 부하들이 줄을 잇고 그들의 존경을 한 몸에 받는다. 자신
의 지위나 권세를 내세워 존경을 받는 것은 존경을 뺏는 것과 다름없다. 진
정한 존경이란 마음에서 우러나게 하는 것이다. 드러내지 않아도 강요하지
않아도 사람들이 따르는 사람, 진정한 지도자의 모습이다.

聖人自知不自見 自愛不自貴
성 인 자 지 부 자 현 자 애 부 자 귀

스승을 뛰어넘어 새로운 경지에 이르다

"푸른빛은 쪽에서 나왔지만 쪽빛보다 더 푸르고,
얼음은 물로 이루어졌지만 물보다 더 차다."
_〈순자〉

맹자는 '사람은 태어날 때부터 선하다'는 성선설性善說 을 주창했다. 그보다
조금 뒤에 활동했던 순자는 '사람은 태어날 때부터 악하다'는 성악설性惡
說 을 주창했다. 정반대의 철학을 갖고 있었지만 두 위대한 철학자의 해법은
같았다. 바로 '학문'이다.

　순자는 학문은 결코 멈추어서는 안 된다고 가르치면서 위의 글을 예로
들었다. '푸른빛은 쪽빛에서 비롯되었지만 쪽빛보다 더 푸르다'는 것은 가
르치고 배우는 과정을 통해서 학문이 점점 더 발전한다는 뜻이다. 스승보
다 더 나은 제자가 나오지 않고서는 학문의 발전을 이루기 어렵다. 처음 배
울 때는 스승이 가진 것을 빨아들이듯 배워야 하지만 어느 단계에 올라서
면 자신만의 것을 만들어내야 한다. 배움이 자라는 것은 높은 산에 오르는
것과 같다. 높은 산에 올라야 세상이 넓고 하늘이 높은 것을 알 수 있듯이
배움은 사람의 시야를 넓혀주고 관점을 변화시켜준다. 스승은 존경의 대상
이지만 한편으로는 극복의 대상이기도 하다.

青取之於藍而青於藍 氷水爲之而寒於水
청 취 지 어 람 이 청 어 람　빙 수 위 지 이 한 어 수

형제는 돈으로도 구할 수 없다

"세상에서 가장 구하기 힘든 것이 바로 형제다."

_《격언연벽》

형제간에 갈등을 일으키는 가장 흔한 문제는 재산이다. 이와 관련한 고사가 있다. 북제北齊 때 임하 고을에 살던 보명 형제가 전답을 두고 몇 년째 다투고 있었다. 고을 태수인 소경이 그 모습을 보고 이들을 불러 타이른다. "천하에 가장 얻기 힘든 것이 형제요, 구하기 쉬운 것은 토지다. 설사 토지를 얻었다 한들 형제의 마음을 잃는다면 무슨 소용이겠는가?" 이 말을 들은 형제는 부끄럽게 여기고 화해를 한다.

재물은 누구나 노력하면 구할 수 있다. 하지만 피를 나눈 형제는 아무리 원해도 자기 뜻대로 구할 수 없다. 사회에서 만나 형제보다 더 친밀한 관계를 얻을 순 있겠지만 피를 나눈 형제와는 다르다. 오직 부모에게서 형제의 인연을 얻을 수 있다. 그래서 더욱 귀한 존재다. 이런 형제간의 우애는 혼자 힘으로는 지킬 수 없고 함께 노력해야만 한다.《안씨가훈》에 실려 있는 "형을 공경하는 것이 아버지를 섬기는 것과 같지 않으면서 어찌 아우를 사랑하는 것이 자식 사랑에 미치지 못함을 원망하는가?"라는 문장이 이를 잘 말해준다. 지금 마음에 걸리는 형제자매가 있다면 바로 연락을 취해보자.

世間最難得者兄弟
세 간 최 난 득 자 형 제

눈과 귀를 멀게 하는 것을 좇으면 마음이 흐려진다

"사람을 업신여기면 덕을 잃고 재물에 현혹되면 뜻을 잃는다."
_《서경》

사람이 자신의 귀와 눈에 좋은 것만 찾으면 마음이 흐려지게 마련이다. 당장 즐겁고 좋은 것들에 탐닉하면 거기에 점점 더 빠져들어 절제하지 못하게 된다. 그중 재물의 유혹이 특히 심하다. 재물에 탐닉하면 올바르게 나아갈 길을 잃고, 자신이 이루고자 하는 좋은 뜻은 사라진다. 사람도 마찬가지다. 가난하거나 지위가 낮다고 해서 함부로 사람을 대하면 덕을 무너뜨리는 것과 같다.

공자는 "마흔에는 미혹되지 않았다."라고 말했다. 마흔이 되면서 세상 보는 눈을 바르게 갖게 되었고, 사람과 재물의 유혹을 이겨낼 힘을 얻었다는 것이다. 물론 공자처럼 깊게 수양한 사람이 아닌 이상 쉬운 일이 아니다. 하지만 조금씩 노력하면 못할 것도 없다. 자신의 부족함을 인정하고 하루하루 노력하면 된다. 스스로 부족함을 알고 인정하는 사람은 하루하루 성장해나간다.

玩人喪德 玩物喪志
완인상덕 완물상지

무언가를 얻으려면
생각하고 생각해야 한다

"군자는 머리를 쓰고 소인은 힘을 쓴다."
_《춘추좌전》

"생각하면 얻지만 생각이 없으면 얻지 못한다." 맹자가 제자 공도자에게 '마음을 따라야 대인이 된다'고 가르치며 했던 말이다. 《대학》〈경1장〉에도 이렇게 실려 있다. "멈출 것을 안 다음에야 정해지는 것이 있고, 정해진 후에야 마음이 고요해질 수 있고, 고요해진 후에야 편안해질 수 있고, 편안해진 후에야 생각할 수 있으며, 생각한 후에야 얻을 수 있다." 이 말들이 지닌 공통적 의미는 무엇일까? 무언가를 얻으려면 반드시 생각을 해야 한다는 것이다.

조직의 리더들은 머리를 써서 일하는 사람이다. 이것은 군대도 마찬가지고 기업도 마찬가지다. 리더가 자신의 힘을 자랑하면 그 조직은 망하고 만다. 항우의 예를 보면 잘 알 수 있다. 자신의 용맹함과 힘만 믿고 부하들을 신뢰하지 않음으로써 자신보다 세력이 훨씬 약했던 유방에게 패배하고 만다. 병법서를 보면 많이 싸워서 이기는 장수보다 싸우지 않고 이기는 장수를 최고로 인정해준다. 힘보다는 지략을 더 중요시한 것이다. 조직을 이끄는 리더들은 지략으로 조직을 이끌어야 한다.

君子勞心 小人勞力
군자소심 소인노력

126

일요일
休
쉼

내면의 힘이 진정한 힘이다

"세상에서 가장 부드러운 것이
세상에서 가장 단단한 것을 부린다."
_《도덕경》

부드러운 물이 단단한 무쇠와 같은 금속을 뚫을 수 있다. 한없이 가늘고 부
드러운 낙숫물이 바윗돌을 뚫는다. 이처럼 진정으로 강한 것은 겉으로 보
기에는 강해 보이지 않는다. 사람도 마찬가지다. 부드럽고 유연한 사람의
내면은 강하다. 그래서 탁월한 지도자들의 경우 외유내강外柔內剛의 모습을
보이는 사람이 많다. 겉으로 보기에는 겸손하기에 누구나 쉽게 다가갈 수
있지만 보이지 않는 내면의 힘은 엄청나다. 그래서 위기의 순간이 닥치면
단호한 결단을 내릴 수 있다.

예전에는 강력한 카리스마를 지닌 리더가 사람을 이끌었다. 하지만 요즘
은 따뜻한 감성 리더의 시대다. 이들은 사람의 마음을 이끌어 따르게 한다.
이들의 힘은 바로 사랑과 배려다. 사랑은 세상에서 가장 부드러운 말이다.
하지만 그 힘은 세상에서 가장 강하다. 사람도 역시 그렇다.

天下之至柔 馳騁天下之至堅
천 하 지 지 유 치 빙 천 하 지 지 견

127

월요일
言
말

지혜는 말로 나타나지 않는다

"아는 사람은 말하지 않고 말하는 사람은 알지 못한다."
_《도덕경》

무위와 역설의 철학인 노자 철학을 가장 잘 드러내는 글이다. 말로 드러나는 사람의 본성을 이처럼 잘 표현한 말은 없다고 해도 과언이 아니다. 지혜롭고 지식이 많은 사람은 오히려 말이 없고 어리석은 사람은 자신을 과시하고 싶은 마음에 하루 종일 떠들고 다닌다. 인격적으로 완성된 사람은 굳이 드러내지 않아도 그 인격이 언행에서 저절로 풍겨 나온다. '말이 곧 그 사람'이라는 것은 결코 과장된 표현이 아니다.

요즘은 말하는 법을 배우기 위해 모두 열심이다. 하지만 이 시대에 정말 필요한 것은 꼭 말해야 할 때 말할 줄 아는 능력이다. 그리고 분명히 아는 것을 말하는 자세다. 진실이 무엇인지 참으로 알기 어려운 시대가 되었다. 이럴 때일수록 조용히 내실을 다지는 자세가 필요하다. 일언천금—言千金, 말의 무게가 천금인 사람은 그 사람의 가치가 천금이 된다.

 知者不言 言者不知
지자 불언 언자 부지

사소한 일이 가져올 결과는
아무도 모른다

"일이 생기기 전에 미리 처리하고
어려워지기 전에 다스려라."

_《도덕경》

노자는 "안정된 것은 유지하기가 쉽고 아직 나타나지 않은 일은 도모하기가 쉽다."고 말했다. 위 예문에 대한 일종의 설명과 같다. 중국의 설화집인 《설원》에는 곡돌사신이라는 고사가 실려 있다. '불이 나기 전에 곧은 굴뚝을 굽히고 옆에 있는 장작을 옮겨놓으라'는 뜻이다. 불이 날 요인들을 미리 제거해 재난에 대비하라는 것인데 미련한 사람은 그 충고를 무시한다. 결국 불이 났고 이웃 사람들의 도움으로 불을 끌 수 있었다. 감사한 마음에 불을 함께 끈 사람들을 모아서 잔치를 벌이지만 애초 충고했던 사람은 까마득히 잊고 부르지 않았다. 눈앞의 현상만 보는 사람은 일의 근원을 알지 못한다. 결국 같은 일을 되풀이하게 된다.

우리가 잘 아는 '천 리 길도 한 걸음부터'(천리지행 시어족하千里之行 始於足下)라는 말도 《도덕경》의 같은 장에 나온다. 아무리 위대한 일도 그 시작은 미약하다. 하지만 시작하지 않으면 그 어떤 일도 이룰 수 없다. 작은 시작, 그리고 철저한 사전 준비. 위대한 일의 첫걸음이다.

 爲之於未有 治之於未亂
위 지 어 미 유 　치 지 어 미 란

돈은 사라지지만 머릿속 지혜는 영원하다

**"좋은 밭을 수백만 평 가지고 있어도
작은 재주 한 가지만 못하다."**
_《명심보감》

"먹을 것을 주기보다 고기 잡는 법을 가르쳐라."라는 말이 있다. 먹을 것을 줄 경우 한번 먹으면 그만이지만 고기 잡는 법은 평생 쓸 수 있는 기술이다. 이 말을 가장 잘 실천했던 민족은 유대인이 아닐까 싶다. 끊임없는 디아스 포라diaspora(흩어짐)의 삶에서 그들이 꼭 붙잡았던 것은 보물이 아니라 지혜 였다. 보물은 물질이기에 상할 수도 있고, 도둑을 맞을 수도 있고, 빼앗길 수도 있고, 탕진해버릴 수도 있다. 하지만 지혜는 어떤 상황에서도 지킬 수 있다. 오늘날 유대인이 전 세계의 지식과 부를 지배하는 민족이 된 것은 이 러한 전통에서 비롯되었다 해도 과언이 아니다.

일흔이 넘은 나이에 주나라의 개국공신이 된 강태공이 한 위 예문의 말 도 같은 뜻이다. 재물은 언제 없어질지 모르지만 머릿속에 간직한 지식과 지혜는 죽기 전에는 없어지지 않는다. 강태공이 자신의 삶으로 증명했다.

良田萬頃 不如薄藝隨身
양 전 만 경 불 여 박 예 수 신

무작정 잘해주거나 너그러워서는 안 된다

"은혜는 엷음으로부터 짙어져야 한다. 만일 먼저 짙고
나중에 엷어지면 사람들이 그 은혜를 잊는다."
_《채근담》

사람들은 어떤 일이든지 과거와 비교하는 습성이 있다. 심지어 은혜를 받는 것도 마찬가지다. 만약 지금 받는 은혜가 전과 비교해서 모자라면 사람들은 불만을 갖는다. 앞서 받았던 은혜를 잊어버리는 것이다. 혹은 곁에 있는 다른 사람과도 비교한다. "저 사람은 나보다 더 많이 받았잖아!" 은혜를 받은 기준이 자신이 받은 것이 아니라 다른 사람이 받은 것이 된다. 엄격함도 마찬가지다. 위 예문에 이어지는 글을 보면 이렇다. "위엄은 엄함으로부터 너그러워져야 한다. 만일 먼저 너그럽고 나중에 엄해지면 사람들이 그 혹독함을 원망한다." 이처럼 처음에 자신에게 너그럽던 사람이 엄해지면 원망하게 된다. '조삼모사'朝三暮四 라는 고사가 있다. 원숭이를 기르는 사람의 형편이 어려워져서 먹이를 줄여야 했다. 원숭이들에게 먹이를 아침에 세 개, 저녁에 네 개 주겠다고 하자 원숭이들이 원망했다. 이번에는 말을 바꿔 아침에 네 개, 저녁에 세 개의 먹이를 주겠다고 하자 모두 만족했다. 은혜와 위엄을 베푸는 데도 지혜가 필요하다. 받아들이는 사람의 심리를 고려해서 최대한의 효과를 기해야 한다. 은혜를 베풀고도 합당한 감사를 받지 못하는 것처럼 안타까운 일은 없다.

 恩宜自淡而濃 先濃後淡者 人忘其惠
은 의 자 담 이 농 선 농 후 담 자 인 망 기 혜

받기를 원하지 말고 먼저 주어라

**"내가 베풀지 않으면서 남이 베풀기를 바라는 것은
오만함이다."**
_다산 정약용

다산 정약용은 18년간의 귀양 생활 중에도 두 아들을 가르치는 일을 멈추지 않았다. 폐족의 처지가 된 아들들이 삶을 포기하지 않도록 미래를 준비시켰다. 다산이 두 아들의 교육에서 무엇보다도 중요시했던 것은 '사람됨의 근본'이었다. 위의 예문은 아들들이 "일가친척 중에 한 사람도 돌봐주는 사람이 없다."고 한탄하자 그들을 꾸짖은 말 중의 한 부분이다. 글은 이렇게 이어진다.

"이후로는 유념해서 평소 일이 없을 때 공손하고 화목하며 근신하고 충성하여 여러 집안의 마음을 얻도록 하되, 절대로 보답을 바라는 근성을 남겨두어서는 안 된다. 이후로는 우환이 있을 때 저들이 돕지 않더라도 '저 사람이 사정이 있거나 힘이 미치지 못하기 때문일 것이다'라고 생각하고, '나는 이렇게 해주었는데 저 사람은 다르게 한다'고 비난하지 말아라. 이러한 말은 그동안 쌓아놓은 공덕을 하루아침에 날려버리는 것이다."

베풂은 내가 여유가 있을 때 하는 것이 아니다. 또한 보답을 바라는 것도 아니다. 아무 조건 없이 먼저 베푸는 것, 진정한 사랑의 정신이다.

我所不施 以望人之先施 是汝傲根猶未除也
아 소 불 시　이 망 인 지 선 시　시 여 오 근 유 미 제 야

누군가에게 마음을 써야 한다면

> "보답하는 자는 싫증을 느끼지만
> 보답받는 자는 만족할 줄 모른다."
> _《춘추좌전》

"은혜를 베풀 때는 보답을 바라지 마라."라는 말이 있다. 만약 보답을 바라고 은혜를 베푼다면 그것은 순수한 은혜가 아니라 거래를 하는 것과 다름이 없다. 은혜를 받는 사람 역시 큰 부담을 느끼게 되고, 마치 빚을 얻은 것처럼 마음에 짐이 된다. 은혜를 갚는 것도 마찬가지다. 은혜를 베푼 사람은 보답이 약하다고 생각해도 은혜를 갚는 사람은 이미 충분하다고 생각할 수도 있다. 만약 은혜를 베푼 사람이 '내가 저에게 어떻게 했는데…' 하는 생각이 들기 시작한다면 은혜가 이미 원망으로 변질되는 것이다.

《맹자》에는 "은혜를 줄 수도, 주지 않을 수도 있는데 주는 것은 은혜에 상처를 입히게 된다."라고 실려 있다. 적선하듯이 은혜를 베풀고, 그 은혜에 보답받기를 원하는 것은 진정한 은혜라고 할 수 없다. 차라리 애초에 은혜를 베풀지 않은 것만 못할 수도 있다. 은혜는 아무 조건 없이 베풀어야 하고, 은혜를 갚는 사람 역시 진심을 다해 갚아야 한다. 은혜를 베푼 사람이 '그만 됐다' 할 때까지 갚는다면 은혜가 은혜로 남게 된다.

報者倦矣 施者未厭
보자 권의 시자미 염

133

일요일
休
쉼

뛰어날수록 순수하고 소박한 태도로 산다

**"보기에는 평범한 것 같으나 특이하게 우뚝 솟고,
쉽게 이뤄진 듯하지만 도리어 어려움을 거친 것이다."**
〈왕안석〉王安石

《사기》에 실려 있는 '심장약허'深藏若虛의 고사다. 공자가 노자를 찾아 가르침을 구하자 노자는 다음과 같이 말했다. "내가 듣기에 '장사를 잘하는 사람이 물건을 깊숙하게 감춰두고 남에게 보여주지 않듯이, 군자는 고상한 덕성과 학식을 갖추고 있지만 겉으로는 어리석은 듯 재능을 보이지 않는다' 하였소. 그대의 교만과 욕심, 그리고 꾸미는 듯한 그 태도와 부질없는 야망을 버리도록 하시오." 겉으로 드러나는 재능은 진정한 탁월함이 아니며, 뛰어난 사람들은 겉보기에는 오히려 어리석은 듯 보인다는 것이다. 위대한 작품 역시 마찬가지다. 가치 있는 작품은 당장 보기에 좋은 것이 아니라 음미할수록 더 깊은 감동을 준다.

훌륭한 사람을 직접 만나보면 예상 외로 평범해 보이는 경우가 많다. 물론 성향에 따라 각기 다르기에 반드시 그런 것은 아니지만 대체로 뛰어난 사람일수록 자기를 잘 드러내려고 하지 않는다. 남다른 위상을 가진 사람답지 않게 소탈하고 다른 이들과 잘 어울리는 사람도 있다. 순수하고 소박하고 평범하지만 자기 일에서는 남다른 결과를 만들어내는 사람, 왕안석과 노자가 말했던 사람이다.

 看似尋常最奇崛 成如容易卻艱辛
간 사 심 상 최 기 굴 성 여 용 이 각 간 신

입에 꿀이 있는 사람은
마음에 감춘 칼이 있다

"달콤한 말과 꾸미는 얼굴을 하는 사람은
인仁한 사람이 드물다."
_《논어》

우리는 아첨하는 말과 꾸며낸 행동을 하는 사람에게 넘어가기 쉽다. 우리의 허점과 허영심을 교묘하게 자극하기 때문이다. 역사적으로 히틀러, 레닌, 카다피 등 과장된 제스처와 달콤한 말로 국민을 선동했던 독재자들은 손쉽게 권력을 장악했다. 그들의 선동하는 말에 현혹된 사람들이 무조건적인 지지를 보냈기 때문이다.

겉모습이 지나치게 좋아 보이는 사람은 경계해야 한다. 진실함이 없어 믿을 수가 없기 때문이다. 사람을 볼 때는 아름답게 꾸민 겉모습보다는 속마음을 볼 수 있어야 한다. 귀에 달콤한 말보다 그 속에 담겨 있는 비수를 볼 수 있어야 한다. '구밀복검'口蜜腹劍, 입에 꿀이 있는 사람은 품속에 칼을 감추고 있게 마련이다. 지금은 보이지 않지만 언젠가는 드러난다. 특히 전혀 예상하지 못할 순간 비수를 드러내기에 더욱 아프다. "아첨은 고양이처럼 남을 핥는다. 그러나 모르는 사이에 그를 할퀸다." 유대 격언이 정곡을 찌른다.

巧言令色 鮮矣仁
교 언 영 색 선 의 인

삶이 안정되어야
마음도 흔들리지 않는다

"일정한 생업이 없으면 일정한 마음이 없다."
_《맹자》

맹자에게 제 선왕이 물었다. "백성을 잘 다스리고 나라를 부강하게 하려면 어떻게 해야 합니까?" 그러자 맹자는 "백성들의 충성을 바란다면 먼저 그들에게 안정된 생활기반을 만들어주어야 합니다."라고 대답했다. 백성들은 원래 순박한 사람들이지만 일정한 생업이 없으면 바른 마음을 갖기 힘들다. 먹고살기 힘들면 무엇이라도 하게 마련이다. 바른 마음을 갖지 못한 사람들은 결국 범죄를 저지르고 형벌을 받게 된다. 이는 백성들을 함정에 빠뜨려 그물질하는 것과 같다고 맹자는 제선왕을 가르친다.

지도자는 충성을 요구하기 전에 먼저 생활의 안정을 마련해줄 수 있어야한다. 부모를 봉양하고, 가족을 먹여 살리고, 흉년이 와도 생업을 유지할 수 있도록 만들어주어야 한다. 바로 사람의 근본 도리를 다할 수 있도록 최소한의 여건을 만들어주는 것이다. 가족에게 근본 도리를 못하게 하면서 충성의 근본 도리를 요구할 수는 없다. 충성을 요구하려면 먼저 베풀어야 한다. 베푸는 것의 첫 번째는 바로 경제적 안정이다.

無恒産因無恒心
무 항 산 인 무 항 심

독서로 나를 기르고
내 삶을 통해 자식을 기른다

"더없이 즐거운 것으로 독서만 한 것이 없고,
더없이 중요한 것으로 자녀교육만 한 것이 없다."
_《명심보감》

현대의 뇌과학에서는 우리 뇌가 새로운 것을 배울 때 쾌감을 느낀다고 한다. 쾌락 물질인 도파민과 세로토닌이 분비되는 것이다. 그리고 이러한 쾌감 때문에 공부를 계속하게 되는데 이를 '강화학습'이라 한다. 독서를 통해 새로운 것을 알게 되면서 쾌감을 느끼는 것도 같은 이치다. 마치 막힌 둑이 뚫리는 것과 같은 통쾌함이 지적 발견, 즉 배움이 주는 즐거움이다.

우리에게 독서가 즐거운 일이라면 자녀교육은 중요한 일이다. 나의 분신인 우리 자녀를 세상에 도움이 되는 인재로 키우는 일보다 더 중요한 일은 없을 것이다. 자식을 훌륭하게 키우는 가장 확실한 방법은 바로 부모의 삶을 통해 가르치는 것이다. 자녀는 마치 거울을 보듯이 부모의 삶에서 배운다. 독서를 통해 나를 기르고 자녀교육을 통해 후세를 키워나간다면 그 삶이야말로 의미 있는 삶이 될 것이다.

至樂 莫如讀書 至要 莫如敎子
지락 막여독서 지요 막여교자

관계는 양이 아니라 질이다

"서로 알고 지내는 사람은 세상에 가득할 정도지만
마음을 아는 친구는 몇이나 될까."
_《명심보감》

요즘은 인맥의 시대라고 한다. "당신이 만나는 사람이 당신을 말해준다."는
말도 있다. 사람들은 인맥을 넓히기 위해 다양한 모임에 참석하고 여기저
기 기웃거리기도 한다. 하지만 이런 일의 결과는 무엇일까? 평생 전화 한번
할 일도 없는 사람의 명함만 서랍 속에 가득할지도 모른다. 넓은 인맥을 자
랑하기 전에 깊이 마음을 나눌 수 있는 친구가 얼마나 있는지 생각해보자.
유태인들에게 '안다'는 것은 단순히 알고 있는 것이 아니라 서로 인격적인
교류를 한다는 뜻이다. 그냥 아는 것은 모르는 것과 같다.

　인맥은 내가 찾아다니는 것이 아니다. 가장 좋은 것은 사람들이 나를 찾
아오게 하는 것이다. "복숭아와 오얏은 말을 하지 않아도 나무 밑에 저절로
길이 생긴다."라는 문장이 이를 잘 드러내준다. 복숭아와 오얏이 맛있다면
사람들은 자연히 나무 밑에 모여든다. 마찬가지로 내가 덕이 있고 능력 있
는 사람이 되면 사람들이 알아서 주위로 모여든다. 많은 친구를 사귀기 위
해 노력할 것이 아니라 사람들이 먼저 찾는 내가 되기 위해 노력할 일이다.

相識滿天下 知心能幾人
상 식 만 천 하　지 심 능 기 인

138

금요일
富
부

부자가 되는 세 가지 핵심
노동, 지혜, 시간

"가진 것이 없으면 몸을 쓰라. 조금 가졌다면 지혜를 쓰라.
이미 부자가 되었으면 시간을 이용하라."

_《사기》

《사기》에 실려 있는 단계별로 부를 이루는 방법이다. 첫 단계는 '가진 것이
없을 때는 몸으로 노력하라'이다. 자본이 없다면 몸을 써서라도 종잣돈을
모아야 한다. 그다음 단계는 '조금 모았으면 지혜를 쓰라'이다. 자본을 어느
정도 모았다면 그다음은 지식으로 뒷받침해야 한다. 마지막으로 '이미 부
자가 됐다면 시간을 이용하라'이다. 시간을 이용할 줄 아는 사람이 최고의
부자가 될 수 있다. 세상의 흐름을 읽고 때와 상황에 맞춰 사업을 운영한다
면 분명히 남다른 결과를 얻는다.

　《사기》에서 말하는 부자가 되는 비결을 한마디로 말하면 '지혜'다. 반드
시 먼저 공부로 기반을 닦아야 한다. 그에 덧붙여 '노력', '통찰', '결단력',
'용기' 등이 더해진다면 비결이 완성된다. 거기에 부에 대한 올바른 가치관
이 더해져 중심을 잡으면 그것이 곧 올바른 부의 철학이다. 돈이 인생의 가
치를 좌우하지는 않지만 그럼에도 부에는 이점이 있다. 남에게 베풀 수 있
다는 점이다. 내가 가진 풍요를 나누며 사는 삶, 진정한 자유의 삶이다.

無財作力 小有鬪智 旣饒爭時
무재작력 소유투지 기요쟁시

스스로를 돕지 않는 사람을 도울 순 없다

**"어찌할까, 어찌할까 고민하지 않는 사람은
나도 어떻게 해볼 도리가 없다."**
_《논어》

공자의 뛰어난 제자 열 명을 공문십철이라 부른다. 염유는 정치에 뛰어나 공문십철에 뽑혔는데 그에게도 부족한 점이 있었다. 《논어》〈옹야〉에서 염유가 공자에게 말했다. "스승님의 도를 좋아하지 않는 것은 아니지만 힘에 부칩니다." 그러자 공자는 "힘이 모자라면 하다가 중간에 그만두는데 너는 하기도 전에 미리 선을 긋고 있구나."라고 꾸짖었다. 미리 자신의 능력을 판단해 도전조차 하지 않으려는 것은 열등감과 패배 의식이다. 훗날 염유는 실권자 계강자의 가신으로 일하면서 백성을 착취해 공자에게 파문을 당한다.

　아무리 훌륭한 스승이라 해도 스스로 노력하지 않는 사람은 가르칠 방법이 없다. 자주적으로 움직이지 않으면 어떤 교육도 소용이 없는 것이다. 이것은 일에서도 인생에서도 마찬가지다. 발전하는 사람은 언제나 자신을 끊임없이 다그쳐 도전해나간다. 하지만 고민하지 않고 이 정도면 됐다며 안주하는 사람에게는 더 이상의 발전은 없다. 대충 만족하며 사는 인생은 대충 그저 그런 수준에 머무른다. 스스로 깨닫고 움직이는 것, 지금 가장 필요한 일이다.

 不曰 如之何 如之何 者 吾末如之何也已矣
　　불왈 여지하 여지하 자 오말여지하야이의

겉치레를 벗어나 삶의 본질에 집중하라

"문장이 경지에 이르면 별다른 기발함이 있는 것이 아니라
다만 적절할 뿐이고, 인품이 경지에 이르면 별다른
특이함이 있는 것이 아니라 다만 자연스러울 뿐이다."
_《채근담》

남다른 것, 특이한 것을 추구하는 세상이다. 그래서 다른 사람과 차별화하기 위해 노력하고 남이 갖지 못한 것을 가지려고 분투한다. 기업이 만드는 제품도 마찬가지다. 남다른 것, 특별한 것, 다른 기업의 제품에는 없는 기능과 특징을 자랑한다. 물론 수많은 경쟁자, 다양한 경쟁상품이 넘치는 요즘 세상에는 필요한 전략이다. 하지만 지나치게 남다른 것을 추구하다 보면 오히려 보편성을 잃고 복잡해진다. 모든 사람, 모든 사물은 극치에 다다르면 단순해지고 본질에 충실해진다. 단순함과 자연스러운 아름다움이 최상이다.

르네상스 시대의 위대한 예술가 미켈란젤로는 "아름다움이란 모든 과잉을 제거한 것이다."라고 말했다. 모든 겉치레와 군더더기를 제거하고 단순화할 수 있어야 아름다운 것이다. 진정으로 탁월한 사람이 되고 싶다면 지금 하고 있는 일에, 평범한 일상에 최선을 다해야 한다. 일상에 충실하지 않으면서 남다른 것만 추구하면 우스꽝스러운 사람이 되고 만다. 자연스럽게 드러나는 내면의 충실함이 가장 소중한 가치다.

文章做到極處 無有他奇 只是恰好 人品做到極處 無有他異 只是本然
문장주도극처 무유타기 지시흡호 인품주도극처 무유타이 지시본연

말은 돌이켜 생각했을 때
부끄럽지 않아야 한다

**"옛사람이 가볍게 말을 하지 않은 것은 실천이 따르지
못함을 부끄러워했기 때문이다."**
_《논어》

공자는 언행일치, 즉 말과 행동이 하나가 되는 것을 중요하게 여겼다. 지키지 못할 말은 차라리 하지 않는 것이 좋다고 강조했다. 특히 옛사람은 말에 신중했다고 이야기하는 것을 보면 그 당시도 지금처럼 예전에 비해 가볍게 이야기하는 사람이 많다고 여겼던 모양이다. "옛날에는 이러지 않았는데…." 요즘도 흔히 쓰는 말이다. 하지만 오늘도 얼마 지나지 않아 곧 옛날이 된다. 바로 오늘, 나부터 내가 말한 것들을 지키고자 노력해야 하는 이유다.

말은 한번 입에서 나오면 다시 돌이킬 수 없다. 자기 자신은 물론이고 다른 사람들에게도 선포되는 것이다. 그 말을 취소하고 사과하면 된다고 쉽게 생각할 수도 있지만 나에 대한 상대방의 신뢰는 이미 무너져버린 상태다. 또한 실천이 따르지 못하는 자신의 모습을 보게 되면 나 스스로에게도 실망하게 된다. 하루를 지나며 자신을 돌아볼 때 부끄럽지 않으려면 말에 신중할 수 있어야 한다.

古者言之不出 恥躬之不逮也
고 자 언 지 불 출 치 궁 지 불 체 야

142
화요일
態度
태도

내실 있는 사람의 진가는 겉으로 드러나지 않는다

"크게 이룬 것은 모자란 것처럼 보이나 그 쓰임은 끝이
없고, 크게 차 있는 것은 비어 있는 듯이 보이나
그 쓰임은 다함이 없다."

_〈도덕경〉

뛰어난 사람은 자신을 내세우지 않고 겸손하기 때문에 사람들 눈에 어리숙하고 모자라게 보인다. 하지만 막상 일을 시작하면 그 사람의 능력이 드러난다. 어려운 일도 쉽게 해결하고, 기대하지 않았던 큰 성과를 거둔다. 내면이 꽉 찬 사람도 마찬가지다. 평소 허술해 보이지만 막상 함께 일하면 곧 저력이 드러난다. 쉽게 결과를 내놓는다. 반대로 어리석고 부족한 사람은 겉으로는 실력이 뛰어난 것처럼 보이지만 막상 그 사람에게 일을 맡기면 곧 본색이 드러난다. 쓰임새가 마땅치 않고 쓰다 보면 금방 한계가 드러나는 것이다.

사람들은 자기 눈으로 본 것을 진실이라 생각한다. 하지만 보이는 것으로만 판단하면 오류에 빠지고 만다. 예문과 함께 실려 있는 다음 글이 이를 잘 말해준다. "크게 곧은 것은 굽은 것 같고, 크게 교묘함은 서툰 것 같고, 아주 훌륭한 언변은 어눌한 듯하다." 세상의 많은 것이 사람의 눈을 현혹시킨다. 사람은 더욱 그렇다. 내 눈에 보이는 현상과 외양보다 그 이면의 것을 볼 수 있어야 한다. 바로 '통찰력'이다.

 大成若缺 其用不弊 大盈若沖 其用不窮
대성약결 기용불폐 대영약충 기용불궁

143

수요일
學
공부

배움은 채우고 욕심은 비운다

"배움은 날마다 채우는 것이고,
도는 날마다 비우는 것이다."

_《도덕경》

지식은 삶의 무기다. 배움이란 삶의 무기를 차곡차곡 채워나가는 것이다. 배움을 통해 지식이 늘어나는 것은 기쁜 일이지만 지식이 늘어나는 만큼 욕심도 함께 늘어날 수 있다. 욕심이 늘어나면 마음의 평정을 얻을 수 없고 평안에 이르는 길은 더욱더 멀어지고 만다. 늘어나는 욕심과 절제하지 못하는 감정에서 벗어나는 길은 바로 도道다. 노자는 진정한 배움은 단순한 지식의 축적이 아닌 도를 이루어가는 과정이라고 했다. 그리고 진정한 도는 더 이상 덜어낼 것이 없는 상태, 즉 무위無爲를 이루는 것이라고 말했다.

배움을 통해 지식과 지혜를 채워나가고, 도를 닦으면서 욕심과 아집을 버린다. 머리는 채우고 마음은 비우는 것이다. 하지만 안타깝게도 머리는 비우고 마음은 여러 가지 욕심으로 가득 채우는 경우가 많다. 이 구절에서 또 하나 의미를 찾아야 할 것은 바로 '날마다'라는 단어다. 배움도 수양도 날마다 할 수 있어야 한다. 완성이 아닌 진행형이다. 하루하루 배움이 채워지고, 욕심과 감정이 덜어질 때 의미 있는 삶이 된다.

為學日益 爲道日損
위 학 일 익 위 도 일 손

144

목요일
關係
관계

사람마다 잘할 수 있는 일을 하게 한다

"단점이 아니라 장점을, 못하는 것이 아니라
잘하는 것을 보고 일을 맡겨라."

_《안자춘추》

사람마다 누구나 장단점이 있다. 잘하는 것이 있는가 하면 제대로 못하는 것도 있다. 머리를 써서 하는 일에 재능이 있는 사람이 있고, 몸을 움직여 힘으로 능력을 발휘하는 사람도 있다. 만약 머리가 좋은 사람에게 힘쓰는 일을, 힘이 좋은 사람에게 머리 쓰는 일을 맡긴다면 능력을 제대로 발휘할 수 없다. 만약 두 가지 모두를 요구한다면 이것도 저것도 아닌 결과가 나온다.

"임금의 도는 사람을 잘 알아보는 것이고, 신하의 도는 일을 잘 아는 것이다."라고 순자는 말했다. 당연히 신하들은 자기 일에 정통해야 하고 일에서 능력을 발휘해야 한다. 하지만 그것을 가능하게 하는 것은 임금에게 달렸다. 지도자라면 부하들의 장단점을 잘 파악해 그 능력을 충분히 발휘하도록 일을 맡겨야 한다. 적재적소에 인재를 배치하면 부하들은 성장할 것이고, 당연히 일에서도 좋은 성과를 거둘 수 있다.

 任人之長 不彊其短, 任人之工 不彊其拙
임인지장 불강기단   임인지공 불강기졸

돈이 있다면 더 쉽게 이룰 수 있다

"세력을 얻어 더욱 세상에 드러난다."
_《사기》

공자의 제자 중 자공은 세속적인 능력이 뛰어난 사람이었다. 학문과 수양
에서는 공자의 기준에 미치지 못했으나 큰 나라의 재상이 되는 등 정치적
으로 성공했고 큰 부자가 되었다. 사마천은 《사기》〈화식열전〉貨殖列傳에서
공자가 천하에 알려진 것도 자공의 도움에 힘입었다고 말한다. 천하에 뛰
어난 학식과 수양도 부의 뒷받침이 있으면 이루기 더 쉬울뿐더러 이름도
더 크게 떨칠 수 있다. 도와 수양, 학문을 중시하는 유교의 시대에도 세상에
이름을 떨치려면 부라는 세력이 뒷받침되어야 한다고 본 것이다.

사마천에 따르면 세상의 일들은 모두 부귀를 얻기 위함이다. 심지어 목
숨을 걸고 전쟁에서 싸우는 것도 선비가 공부하는 것도 그 목적은 부를 얻
고자 함이라고 사마천은 말했다. 어떤 일에 종사하든지 자기 일에 최선을
다하고, 포기하지 않으면 부자가 될 수 있다. 다만 반드시 정의로운 방법으
로 부를 얻어야 한다. 정의로운 방식으로 부자가 되고, 그 부를 통해 세상에
유익을 끼치는 것, 우리가 원하는 것이자 정립해야 할 부의 철학이다.

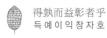

得執而益彰者乎
득 예 이 익 창 자 호

한 걸음 물러서면
안 보이던 것들이 보인다

"바둑을 두는 사람은 잘 모르지만 옆에서 보는 사람이 수를
더 잘 본다."
_신당서 원행충전

심리학의 관점으로 보면 사람들은 자신과 심정적으로 가깝게 여길수록 더
많은 관심을 갖게 된다. 감정이입을 하고 자기 일처럼 여긴다. 사람이라면
이런 감정이 생기는 것은 당연하지만 일이나 승부를 겨루는 중요한 순간에
감정이입이 지나치면 문제가 생길 수도 있다. 위의 명언은 바둑의 예를 들
어 이런 심리를 경계하고 있다. 바둑을 두면서 사람들은 승부에 집착하기
때문에 객관적이고 냉철한 시각을 가질 수 없다. 그래서 관람자가 볼 때는
당연히 뻔한 수라도 대국자는 보지 못하고 지나쳐 승부를 망치기도 한다.

　이 말은 우리가 행하는 인생의 모든 일에서도 그대로 적용된다. 일을 계
획할 때는 객관적이고 냉정한 시각으로 바라볼 수 있어야 한다. 일에 대한
열정을 갖는 것도 중요하지만 한 걸음 물러서서 보는 객관적인 시각도 반드
시 필요하다. 물러서서 전체를 조망할 수 있다면 단 한 수의 패착으로 일을
망치는 것도 막을 수 있다. 인생도 마찬가지다. 단 한 수의 패착이 인생을 망
치기도 한다. 중요한 순간 '한 걸음 물러서서'라는 말을 되새기면 좋겠다.

當局者迷 旁觀者淸
당 국 자 미　방 관 자 청

한겨울에 시냇물 건너듯 신중하게 살라

"물고기 그물에는 큰 기러기가 걸리고 먹이를 노리는
사마귀 뒤에는 참새가 있다."
_《채근담》

물고기를 잡기 위해 쳐놓은 그물에 기러기가 걸리는 것은 이변이라 할 수 있다. 세상을 살다 보면 이런 이변이 가끔 일어난다. 먹이를 노리는 사마귀 뒤에 참새가 있는 것은 계략에 빠진 것이다. 이처럼 뜻하지 않은 일이 일어나는가 하면 뜻밖의 함정에 빠지는 수도 있는 것이 세상일이다. 살다 보면 계획대로 되지 않는 경우가 많다. 나 혼자 열심히 한다고 해서 반드시 좋은 결과가 나오는 것도 아니다. 모든 일에 최선을 다했고, 충실하게 일했던 사람이 실패하기도 하고 나태하고 도덕적으로 부족한 사람이 성공하기도 한다.

《도덕경》에서는 성인의 모습을 묘사하면서 이렇게 말했다. "신중하라, 한겨울에 내를 건너듯이. 두려워하라, 사방에서 에워싼 듯이."(여혜 약동섭천 유혜 약외사린與兮 若冬涉川 猶兮 若畏四隣) 이 성어는 뛰어난 성인이지만 그 삶의 태도는 신중하고 경외하는 마음이어야 한다고 말해준다. 함정과 유혹이 많은 세상이기 때문이다. 다산 정약용은 이 구절의 앞 두 글자를 따서 '여유당'이라는 당호로 삼았다. 험하고 변화무쌍한 현실을 살아가면서 우리 평범한 사람들도 지녀야 할 마음이다.

漁網之設 鴻則罹其中 螳螂之貪 雀又乘其後
어 망 지 설 홍 즉 이 기 중 당 랑 지 탐 작 우 승 기 후

말과 화살은 돌아오지 않는다

"한번 내뱉으면 돌이키지 못하는 것이 말이고
한번 드러나면 숨길 수 없는 것이 행동이다."
_《신서》新書

한 사람의 말과 행동을 보면 그 사람이 지혜로운지 어리석은지 알 수 있다.
사람의 마음과 머릿속에 있는 것이 말과 행동으로 표현되기 때문이다. 지
혜로운 사람은 말과 행동이 신중하지만 어리석은 사람은 경박하다. 함부로
말하며 생각하지 않고 행동한다. 주나라 명재상 강태공의 아내는 낚시로
소일하던 그를 버리고 도망을 갔다가 그가 재상이 된 후 다시 돌아오려고
했다. 그러자 명재상은 아내에게 이렇게 말했다. '복수불반'覆水不返. "쏟아
진 물을 다시 주워 담을 수 있는가?"

"말과 화살은 다시 돌아오지 않는다."라는 속담이 있다. 한번 화살을 쏘
면 돌이킬 수 없듯이 입 밖으로 나온 말은 주워 담을 수 없다. 그리고 한번
했던 행동 역시 결코 되돌릴 수 없는 법이다. 유창한 말이나 매끄러운 행동
보다 중요한 것은 신중하고 품위 있는 언행이다.

一出而不可反者 言也 一見不可掩者 行也
일 출 이 불 가 반 자 언 야 일 견 불 가 엄 자 행 야

북과 북채처럼, 말과 마차처럼 어우러져 일한다

"오른손으로 동그라미를 그리고 왼손으로 네모를 그리면
둘 다 제대로 그릴 수 없다."
_《한비자》

실제로 한번 해보라. 오른손으로 원을 그리면서 왼손으로 네모를 그리기는
불가능하다. 조직도 마찬가지다. 만약 한 팀의 팀원들이 제각각 다른 생각
을 갖고 각자가 다른 일을 한다면 일이 제대로 될 수 없다. 상하 간에도 마
찬가지다. 군주의 근심은 어떤 일을 도모할 때 호응하는 신하가 없는 것이
고, 신하의 근심은 오로지 한 가지 일에 집중하기 어렵다는 것이다. 그러므
로 '잘 다스려지는 나라에서 군주는 북채이고, 신하는 북과 같으며 신하가
수레라면 군주는 그것을 끄는 말과 같다'고 한다. 북과 북채는 북을 치기 위
한 조합이다. 말과 마차 역시 마차가 달리기 위한 조합이다. 한 손으로만 손
뼉을 칠 수 없듯이 신하와 군주는 하나의 조합으로 일을 이루어가야 한다.

리더십은 조직의 모든 구성원들이 한 방향을 바라보게 하는 것이다. 그
리고 중단없이 이끌어가는 것을 의미한다. 동그라미를 그릴 때는 모두 동
그라미를 그리고 네모를 그릴 때는 모두 네모를 그려야 한다. 하지만 개개
인이 일하는 방법은 각각 다르고 창의적이어야 한다. 그래야 성과를 내고
목표를 이룰 수 있다.

 右手畫圓 左手畫方 不能兩成
우 수 화 원 좌 수 화 방 불 능 양 성

배신하지 않는 공부의 조건, '실천'

"배우기만 하고 스스로 생각하지 않으면 어리석어지고,
생각만 하고 배우지 않으면 위태로워진다."
_《논어》

공부에서 가장 중요한 두 가지는 지식을 얻는 것과 그 지식을 자기 것으로 만들기 위한 생각이다. 만약 지식만 쌓고 스스로 생각해 자기화하는 노력이 없으면 온전한 지식이 될 수 없다. 머릿속에 지식은 쌓이겠지만 응용하고 활용할 수 없으므로 온전한 자신의 것이 아니다. 반대로 머릿속에 든 것이 없는 사람이 생각만 많으면 불안하다. 든든한 지식의 기반 없이 생각만 많으니 터무니없는 공상으로 산란해진다. 토대없이 허물어질 사상누각을 쌓는 것이다. 제대로 공부하려면 지식을 얻는 것과 스스로 생각하는 것, 이 둘의 균형이 필요하다. 머릿속에 충분한 지식을 축적했다면, 생각을 통해 그 지식을 응용하고 비판하고 표현하고 경험함으로써 나만의 것으로 변형시켜야 한다. 그래야 내가 쓸 수 있는 지식이 된다.

생각은 없고 지식만 많으면 실생활에 적용하지 못하는 고지식한 사람이 된다. 생각만 많고 지식이 없으면 잔재주만 부리는 가벼운 사람이 된다. 적재적소에서 적절한 지식을 꺼내서 활용하는 것, 지식과 생각의 균형에서 얻을 수 있다.

學而不思則罔 思而不學則殆
학 이 불 사 즉 망 사 이 불 학 즉 태

151

목요일
關係
관계

리더의 제1덕목은 인자한 태도다

**"왕이 인자한 정치를 베풀면 백성들이 윗사람을 존경하고
그를 위해 목숨을 바친다."**
_《맹자》

"사나이는 자신을 알아주는 사람을 위해 목숨을 바친다."는 말이 있다. 사마천의 《사기》에 나오는 고사다. 중국 진나라 때 예양이라는 선비가 자신을 중용했던 지백이 조양자에게 죽임을 당하자 복수를 결심하면서 한 말이다. 예양은 결국 복수에 실패하지만 그 마음에 감동한 조양자가 자신의 겉옷을 벗어주었고, 예양은 그 옷을 벤 다음 자결한다.

맹자는 "백성은 인자한 군주를 위해 목숨을 바친다."라고 말한다. 백성들이 자신들의 관리가 죽는 것을 보고도 구하려 하지 않고 흘겨보기만 한 것을 두고 진나라의 목공穆公이 벌주려고 하자 맹자가 "왕께서 먼저 인자한 정치를 베풀라."라고 충고한 말이다. 백성들이 관리를 공경하지 않는 것은 가장 높은 자리에 있는 왕이 바른 정치를 못하기 때문이라는 것이다. 부하들이 충성하는 것도 불충하는 것도 모두 지도자에게 달려 있다. 만약 부하들의 충성심이 부족하다고 한탄하는 리더가 있다면 자신을 돌아보아야 한다. 먼저 사랑을 베풀 때 그들은 충성을 바친다.

君行仁政 斯民親其上 死其長矣
군 행 인 정 사 민 친 기 상 사 기 장 의

一日古典

6월

六
月

"한 사람에게 완벽함을 요구하지 마라."

_《서경》

부와 재물에도 품격이 있다

**"부귀영화는 사람들이 바라는 것이지만 정당한 방법으로
얻은 것이 아니라면 누려서는 안 된다."**
_《논어》

부귀와 명예는 사람이라면 누구나 얻고 싶어 한다. 얼핏 생각하면 공자와 같은 수도자들은 부와 명예를 멀리하라고 가르쳤을 것이라 여겨진다. 하지만 실상은 다르다. 무조건 부와 명예를 멀리하라고 말하지 않았다. 단지 올바른 도리에 어긋나는 부와 명예를 경계했다. 먼저 부귀와 명예를 얻는 방법이 올발라야 한다. 사람들은 부와 명예를 얻기 위해 최선을 다한다. 점차 부와 명예에 가까워지면 사람들은 조급해진다. 심지어 이성과 도덕성을 잃기도 한다. 주위의 눈총이나 비방을 개의치 않고 수단과 방법을 가리지 않게 된다. 그다음으로 부귀와 명예를 누리는 방법이 정당해야 한다. 부와 명예를 얻으면 그만큼 많은 권력을 가지게 된다. 이때 부와 권력으로 도리에 합당한 일을 하는 것이 중요하다. 그리고 정의롭게 해야 한다. 더 많은 것을 얻기 위해 이미 얻은 부와 권력을 이용하는 것은 가장 피해야 할 일이다.

부귀와 명예, 당연히 얻고 누리는 것이 좋다. 그리고 이미 가졌다면 가치 있게 써야 한다. "개처럼 벌어서 정승처럼 써라."가 아니라 "정승처럼 벌어서 정승처럼 써라."가 맞다. 부와 재물에도 품격이 있다.

富與貴 是人之所欲也 不以其道得之 不處也
부여귀 시인지소욕야 불이기도득지 불처야

높이 올라서야 멀리 보인다

"천 리 밖까지 바라보고자 다시 한 층을 더 오르네."

_〈등관작루〉登鸛雀樓

당나라 시인 왕지환王之渙의 시 〈관작루에 올라〉의 한 구절이다. 관작루는 중국에서 풍광이 뛰어나기로 유명한 누각으로, 많은 시인이 이곳을 방문해서 시를 남겼다. 그중에서 왕지환의 이 시가 가장 유명하다. 초등학교 교과서에도 실려 있다. 왕지환은 젊은 시절 관직에 올랐다가 모함을 받아 사직하고 천하를 떠돌아야 했다. 시에는 비록 어렵고 힘든 상황에 처했지만 굴하지 않았던 시인의 '호연지기'浩然之氣가 담겨 있다. 시의 앞부분에는 이런 글귀가 실려 있다. "눈부신 해는 산자락에 기대어 지고, 황하는 흘러 바다로 가네."(백일의산진 황하입해류白日依山盡 黃河入海流)

자연은 그 어떤 상황에서도 질서를 허물지 않는다. 하지만 사람은 다르다. 쉽게 무너지고 포기한다. 그때 필요한 것은 어려운 상황에 굴복하지 않는 의지와 과감히 도전하는 용기다. 더 멀리 보기 위해 누각 한 층을 더 올라가는 것이 그것을 말한다. 꿈이 있다면 과감히 도전해야 한다. 있던 자리에 머물러 있으면 언제나 보던 풍경을 볼 뿐이다.

 欲窮千里目 更上一層樓
욕궁천리목 갱상일층루

삶의 문제가 복잡해 보여도
본질은 단순하다

"지극히 고상함은 지극히 평범함에 있고,
지극히 어려움은 지극히 쉬운 것에서 비롯된다."
_《채근담》

흔히 위대한 사람들은 남다른 특별함이 있을 것이라고 생각한다. 심한 경우 그의 머리 뒤에 후광이 비치는 것으로 느끼기도 한다. 물론 심리적으로 일어나는 착각이다. 그만큼 사람의 심리에는 허점이 많은 것이다. 어렵게만 느껴지던 사람도 실제로 만나보면 의외로 평범한 경우가 많다. 만나기 전에는 두려운 마음이었지만, 만나는 순간 온화한 표정에 마음이 녹기도 한다. 오히려 권위적이지 않고 겉모습이 부드럽기 때문에 다가가기가 쉽다. 이처럼 극과 극은 통한다. 탁월함이 경지에 달하면 평범하고 어리석은 듯이 보인다. 어려움도 마찬가지다. 삶을 살아가면서 큰 어려움일수록 복잡하게 생각하기보다는 단순하게 생각하면 쉽게 풀린다. 이때 필요한 것이 잠깐의 멈춤이다. 한 걸음 물러서서 차분한 마음으로 문제를 보면 실마리가 보인다.

특이한 것이 아니라 평범하고 보편적인 가치에 집중해야 한다. 복잡하고 어려운 문제에 닥치게 되면 겉에 있는 군더더기를 벗기고 핵심을 봐야 한다. 본질은 단순하다.

蓋極高寓於極平 至難出於至易
개극고우어극평 지난출어지이

155
월요일
言
말

실천 없는 말의 잔치를 경계하라

"군자는 말은 더디지만 행동은 민첩하다."
_《논어》

말의 속도는 빠르고, 행동의 속도는 느리다. 하지만 고전에서는 행동보다 말을 더 빠르게 하는 것을 좋게 보지 않았다. 실천보다 말을 앞세우는 것을 경계했기 때문이다. 《논어》에서도 이를 거듭 가르침을 주고 있는데 〈학이〉學而에서 공자는 "군자는 말을 적게 하고 일에는 부지런하다."라며 군자의 자격을 이야기했다.

요즘은 유창하게 말을 잘하는 사람이 각광을 받는 시대다. 일상의 대화는 물론이고 업무상 대화나 상담을 위한 프레젠테이션도 능숙하게 하는 사람이 인정받는다. 전하고자 하는 핵심을 잘 전달하는 데서 나아가 재치 있는 유머로 분위기를 부드럽게 만들 수 있다면 최상이다. 그래서 '대화의 기술'이나 '프레젠테이션 잘하는 법'을 알려주는 책과 학원이 성업 중이다. 물론 말을 잘하는 것은 성공에 꼭 필요한 능력임을 부인할 수 없다. 하지만 반드시 실력으로 뒷받침해야 한다. 실력 없이 말만 앞세워선 안 된다. 실력은 강력한 실천력으로 드러난다.

君子欲訥於言 而敏於行
군 자 욕 눌 어 언 이 민 어 행

완벽하지 않으면 모두 똑같다

156
화요일
態度
태도

"오십 보 도망친 자가 백 보 도망친 자를 비웃는다."
_《맹자》

맹자는 치열한 전쟁의 시대에 직접 왕들을 만나 사랑과 평화의 통치를 설득했다. 양혜왕도 그중 한 사람이다. 양혜왕이 맹자에게 "나는 이웃 나라보다 백성을 더 잘 보살피는데 왜 백성이 이웃 나라보다 더 늘어나지 않느냐."고 물었다. 그러자 맹자가 전쟁에 비유해 다음처럼 말해준다. 전쟁에서 오십 보 도망한 자가 백 보 도망한 자를 비웃을 수 없듯이, 제대로 왕도정치를 베풀지 못한다면 다른 나라보다 조금 낫다고 해도 자랑할 만한 것이 못된다는 뜻이다.

사람들은 흔히 주위에 자주 접하는 사람들과 자신을 비교하며 평균에 안주하려고 한다. 옆에 앉은 사람보다 자신의 성과가 나으면 은근히 만족하고, 팀에서 중간 정도의 성적을 거두면 그 밑에 있는 사람들을 바라보며 좋아한다. 하지만 평균에 만족해서는 발전이 없다. '내가 존경하는 사람, 한 분야에서 최고의 경지에 이른 사람'을 목표로 삼아야 한다. 그다음 '그가 할 수 있으면 나도 할 수 있다'는 용기를 품고 그가 했던 방법을 겸손하게 배워야 한다. 더 높은 곳을 바라볼수록 더 높이 오를 수 있다.

五十步笑百步
오 십 보 소 백 보

준비된 자는 하나를 알려주면 셋을 배운다

"배우려는 열의가 없으면 이끌어주지 않고, 표현하지
않으면 일깨워주지 않으며, 한 모퉁이를 들어서 세 모퉁이를
미루어 알지 못하면 더 이상 알려주지 않는다."
_《논어》

위 예문의 바로 앞에는 "육포 한 묶음 이상을 예물로 갖춘 자를 나는 가르치지 않은 적이 없었다."라는 공자의 말이 실려 있다. 이 말은 최소한 육포 한 묶음을 준비할 정도로 배우려는 자세가 준비되어 있어야 한다는 의미다. 예문도 역시 배움을 대하는 자세를 말한다.

먼저 공부에 임할 때는 반드시 열의가 있어야 한다. 배우고자 하는 열의가 없으면 작은 어려움에도 쉽게 포기한다. 그리고 반드시 겉으로 표현할 수 있어야 한다. 마음속에만 품고 있는 것은 진정한 열의가 아니다. 나보다 더 나은 사람을 찾고, 책을 읽고, 경험을 쌓아서 배움을 얻어야 한다. 이러한 자세가 갖추어져야만 공자는 가르침을 주었다. 배움을 향한 열정과 진심이 있어야 비로소 배움이 이루어지기 때문이다.

'한 모퉁이를 들어주었을 때 세 모퉁이를 안다'는 것은 창의적인 배움의 자세를 말한다. 공자는 '옛것을 배워 새것을 알 수 있어야 스승의 자격이 있다'고 말했다. 이는 배움을 구하는 학생에게도 그대로 적용된다. 연관되는 지식을 찾아서 배우고 그 지식을 자기 것으로 소화해 새로운 발상을 할 수 있어야 한다. 그래야 창의적인 스승에 걸맞은 창의적인 배움이 이뤄질 수 있다.

不憤不啓 不悱不發 擧一隅 不以三隅反 則不復也
불분불계 불비불발 거일우 불이삼우반 즉불부야

일을 맡길 때 두 마음을 품지 마라

"군주가 마음을 비우고 기다려주면 신하들 스스로가
능력을 발휘한다."

_《한비자》

사물에 모두 합당한 용도가 있듯이 사람도 마찬가지다. 리더가 각각 재능
에 맞춰 사람들을 적재적소에 배치하면 굳이 직접 나서서 일하지 않아도
된다. 만약 부하들이 하는 일이 못미더워서 리더가 사사건건 나서면 모든
일의 균형이 무너진다. 또 자신의 능력을 자랑하면서 이 일 저 일 참견한다
면 일이 제대로 돌아가지 못할뿐더러 부하들의 사기가 꺾여 일할 의욕이
사라진다.

《서경》에는 "현명한 신하에게 일을 맡겼으면 두 마음을 품지 마라."(임현
물이任賢勿貳)라고 실려 있다. 애초에 믿을 수 있는 사람을 찾아서 일을 맡기
고, 한번 맡겼다면 상황의 변화나 주위의 이야기에 흔들리지 말고 확실하
게 신임을 줄 수 있어야 한다. 지도자는 부하들이 일할 때 결과를 재촉하지
않고 기다릴 수 있어야 한다. 부하들에게 전권을 주면 책임감과 열의가 생
긴다. 일의 성과를 만드는 데는 능력도 중요하지만 어떤 자세로 임하는지
가 더욱 중요하다.

虛而待之 彼自以之
허 이 대 지 피 자 이 지

가난은 결코 숙명이 아니다, 선택이다

"가난함과 천함은 사람들이 싫어하는 것이지만 부당하게
그렇게 되었다 해도 억지로 벗어나려 해서는 안 된다."
_《논어》

유학자 하안何晏은 "시운時運에는 막힐 때와 형통할 때가 있기 때문에 군자
가 도道를 따라 행했어도 도리어 빈천해질 때가 있다. 이는 그 도를 통해 얻
어진 것이 아니며, 비록 이것이 사람들의 싫어하는 바라 해도 이것을 버려
서는 안 된다."라고 해석했다. 도에 맞게 행했어도 가난해졌다면 그것에서
벗어나서는 안 된다는 것이다. 하지만 다산 정약용의 생각은 달랐다.

"아니다! 만약 이와 같다면 군자는 끝내 빈천을 떠날 길이 없다. 오직 도
로써 이것을 버려야 하는데, 도로써 버리는 것을 얻지 못했을 때는 단지 이
를 버리지 않을 뿐이다."

많은 유학자들은 빈천을 숙명으로 받아들여야 한다는 소극적이고 비관
적인 해석을 했다. 하지만 다산은 "빈천을 벗어나되 반드시 올바른 도리로
써 벗어나야 하고, 만약 벗어나지 못했다면 부득이 버리지 않을 뿐이다."라
고 해석했다. 다산의 해석이 훨씬 공감이 간다. 빈천에 처했다면 최선을 다
해 벗어나야 한다. 그리고 부자가 되어야 한다. 부자가 되어 어려운 사람을
돕고 좋은 일에 마음껏 그 부를 써야 한다.

貧與賤 是人之所惡也 不以其道得之 不去也
빈 여 천 시 인 지 소 오 야 부 이 기 도 득 지 불 거 야

누구도 내 꿈을 대신 꾸지 못한다

"바다는 광활해 물고기가 뛰어놀고 하늘은 높아 새들이
날아오른다."

_당승唐僧 현각玄覺

공손추가 스승인 맹자의 학문이 너무 높아서 도저히 따르기 힘들다는 하소
연을 했다. "도는 높고 아름답습니다. 하지만 마치 하늘에 오르는 것과 같아
서 도저히 도달하지 못할 것 같습니다. 왜 도달할 수 있도록 낮추어서 날마
다 부지런히 힘쓰도록 만들지 않습니까?"

　자신의 노력이 아니라 도의 차원이 너무 높다는 핑계를 대고 있다. 맹자
는 공손추에게 이렇게 말했다. "훌륭한 목수는 서툰 목수를 위해 먹줄을 고
치거나 없애지 않고, 예羿(중국의 전설에 나오는 영웅으로 활의 명수로 알려져 있
다)는 서툰 사수를 위해 활을 당기는 기준을 고치지 않는다. 군자는 다른 사
람을 가르칠 때 활쏘기를 가르치는 것처럼 활을 끝까지 당길 뿐 발사하지
않음으로써 활이 튀어나가고 싶게 만든다."

　스스로 크고 광대한 꿈을 꾸면 작은 문제는 해결할 수 있다. 마땅히 해야
할 일은 당연히 해낼 수 있다. 당승 현각이 말했던 것처럼 꿈을 펼칠 세상은
넓고, 무대는 누구에게나 차별 없이 열려 있다. 하지만 스스로 꿈을 꾸지 않
으면 그 꿈은 이룰 수 없다. 꾸지 않는 꿈을 누가 이룰 수 있겠는가.

海闊憑魚躍 天高任鳥飛
해 활 빙 어 약　천 고 임 조 비

161
일요일
休
쉼

힘을 응축하면 더 멀리 도약한다

"오래 엎드린 새는 반드시 높이 날고
먼저 핀 꽃은 홀로 먼저 시든다."
_《채근담》

큰 그릇일수록 늦게 이루어진다. 더 큰 일을 이루기 위해서는 더 많은 준비
와 신중한 자세가 필요하다. 이것은 나 자신에게도 적용해야 하는 원리다.
흔히 '대기만성'이라고 남에게는 쉽게 이야기하지만, 정작 '나'는 인고의
시간을 견디지 못하고 힘들어한다. 빨리 이루고 싶어 조급해하기도 한다.
하지만 크게 성공하고 싶다면 묵묵히 인고의 시간을 거치며 자신을 갈고
닦아야 한다. 자연의 이치도 마찬가지다. 움츠려서 잘 날지 못할 것 같은 새
가 한번 날기 시작하면 놀랄 정도로 높이 날아간다. 움츠린 상태로 비축한
힘이 발휘되는 것이다. 한편 같은 원리지만 반대로 나타나는 경우도 있다.
남보다 앞서서 아름다움을 뽐내던 꽃은 남들이 만개할 때가 되면 혼자 시
들고 만다. 시간의 흐름을 역행할 수 있는 사물은 없다.

성공에 목마르거든 조급해하지도 성급하게 앞서나가지도 말라. 철저하
게 준비하고 때가 되면 과감하게 뛰어올라라. 승리하기 위해서는 때를 얻
는 것이 가장 중요하다.

伏久者 飛必高 開先者 謝獨早
복구자 비필고 개선자 사독조

보이고 들리는 것이 모두 진실은 아니다

"눈으로 본 것도 다 진실이 아닐까 두려운데
등 뒤에서 하는 말을 어찌 깊이 믿겠는가?"
_《명심보감》

공자가 제자들과 함께 13년간 천하를 주유할 때 며칠째 쌀 한 톨 구경하지
못했던 적이 있다. 잠깐 낮잠을 자던 공자가 구수한 냄새에 눈을 떴는데, 마
침 수제자 안연이 쌀을 구해와서 밥을 하다가 시루 속에 손을 넣어 밥을 집
어먹는 것이 보였다. 공자는 안연이 몰래 밥을 훔쳐 먹는 것으로 오해하고
"그 밥으로 제사를 드린 후에 먹자."라고 떠보았다. 그러자 안연이 정색하
며 대답했다. "안 됩니다. 아까 티끌 하나가 시루 속에 들어가 제가 티끌을
걷어낸 밥을 먹었습니다. 이미 부정을 탔으니 제사상에 올릴 수 없습니다."
스치며 본 한순간의 장면으로 큰 오해를 했던 공자는 한탄하며 이렇게 말
했다. "믿는 것은 오직 눈이지만 눈도 믿을 만한 것이 못되고, 의지할 것은
마음이지만 마음도 믿기에 부족하다. 부디 명심할진대 사람을 안다는 것은
정말 쉽지 않다."

분명히 내 눈으로 똑똑히 보고 내 귀로 들은 사실조차 진실이 아닐 수 있
다. 내가 본 것, 내가 들었던 말, 나의 관점만 갖고 세상을 본다면 진실을 보
지 못할 수도 있으니 경계해야 한다.

經目之事恐未皆眞 背後之言豈足深信
경 목 지 사 공 미 개 진 배 후 지 언 기 족 심 신

현명한 리더가 갖춰야 할 네 가지 조건

"첫째가 천시天時, 둘째는 인심人心, 셋째는 기능技能,
넷째는 권세勢位다."

_《한비자》

이는 현명한 군주가 큰 성공을 거두고 명성을 얻는 네 가지 조건이다. 천시를 얻으면 힘쓰지 않고도 큰 이익을 얻을 수 있고, 인심을 얻으면 재촉하지 않아도 사람들은 최선을 다한다. 사람의 재능을 믿고 맡기면 서두르지 않아도 큰 성과를 거둘 수 있고, 권세와 지위를 얻으면 직접 추진하지 않아도 저절로 명예가 생긴다.

천시란 하늘의 때를 말한다. 흔히 쓰는 말로 '운'이라고도 할 수 있다. 하지만 단순한 운이 아니라 자연의 법칙과 기회를 잘 이용하는 것을 말한다. 운도 그냥 주어지는 것이 아니라 이용할 줄 아는 지혜가 필요하다. 인심은 사람의 힘이다. 사람들의 존경을 받고 화합을 이루면 강요하지 않아도 사람들이 자발적으로 따른다. 기능은 재능 있는 사람들을 모아 그들을 믿고 일을 맡기는 것이다. 마지막으로 권세다. 리더는 자리에 걸맞은 권위가 있어야 한다. 그래야 사람들이 믿고 따른다. 천시, 인심, 기능, 그리고 권세 이 모두를 아우르는 것은 통찰력이다. 리더에게는 표면을 보고 내면을 읽을 수 있는 힘이 반드시 필요하다.

一日 天時 二日 人心 三日 技能 四日 勢位
일왈 천시 이왈 인심 삼왈 기능 사왈 세위

매일 하나씩만 달라져라
진정한 배움의 길이다

"아침에 도를 듣는다면 저녁에 죽어도 좋다."
_《논어》

위 예문을 뜻 그대로 해석하면 '아침에 도를 들어서 이치를 터득하면 저녁에 죽어도 한이 없다'는 말로 참된 구도에 대한 열망을 일컫는 말이다. 이 말을 공부에 적용한다면 다음과 같다. 단순히 지식을 쌓는 공부는 참된 공부가 아니며, 공부를 통해 완전히 변화되어야 참된 공부다. 이렇게 변화되는 것을 공자는 옛사람이 죽고 새로운 사람이 태어난 것으로 보았다.

뇌과학에서 공부는 우리 머릿속의 신경세포인 뉴런과 뉴런을 연결하는 시냅스가 변화하는 것이라고 한다. 시냅스가 변화한다는 것은 기존의 생각이 새로운 생각으로 바뀌는 것을 의미한다. 결국 아무리 공부해도 나 자신이 바뀌지 않으면 그것은 진정한 공부라고 할 수 없다. 성리학에 철학적 근거를 제공했던 이정二程 형제(정호, 정이 형제)는 "《논어》를 읽되 읽은 후에도 같은 사람이라면 그는 《논어》를 읽지 않은 것이다."라고 말했다.

내 태도가, 내 생활이, 나아가 내 삶이 변화하는 것이 진정한 공부다.

朝聞道 夕死可矣
조 문 도 석 가 가 의

완벽을 바라지 말고
강점을 발견하게 하라

"한 사람에게 완벽함을 요구하지 마라."
_《서경》

사람은 누구나 각자의 장단점을 갖추고 있다. 그런데 한 가지 관점에서만 사람을 평가한다면 그 사람의 가치와 장점을 제대로 평가하지 못하게 되고, 그 사람 역시 능력을 제대로 발휘할 수 없게 된다. 사람들이 보기에 하찮은 재주라 해도 상황에 따라서는 얼마든지 긴요하게 쓰일 수 있기에 결코 그 능력을 폄하해서는 안 된다. '계명구도'鷄鳴狗盜의 고사가 이를 잘 말해주고 있다. '닭울음 소리를 잘 내는 재주와 개 도둑의 재주'는 아무리 생각해봐도 보잘 것 없는 재주에 불과하다. 하지만 맹상군이 진나라에서 위기에 처했을 때, 이 두 사람의 힘을 빌려 목숨을 구할 수 있었다.

아무리 뛰어난 사람이라 해도 모든 일에 완벽한 사람은 없다. 또한 아무리 무능한 사람이라 해도 아무 쓸모가 없는 사람은 없다. 남들이 보기에 보잘것없고 하찮아 보이는 재주도 요긴하게 쓰일 수 있다. 완벽한 사람이든 무능한 사람이든 자신만의 강점을 찾는 것이 성공적인 인생을 위해 가장 필요한 일이다. 그리고 그것을 함께 발견해주는 것이 리더의 역할이다. 지혜는 '사람을 아는 것이다'(지인知人)라고 고전에서 거듭 강조하는 것도 그런 이유에서다.

無求備于一夫
무구비우일부

잘못된 이득을 거부하는 용기

"이익을 보면 그것이 의로운지를 생각하라."
_《논어》

제자 자로가 '완성된 사람'의 조건을 묻자 공자는 세 가지 조건을 말해준다. "이익을 보면 그것이 의로운지를 생각해야 하고, 올바른 일에 목숨을 바칠 수 있어야 하고, 오래된 약속이라도 지킬 수 있어야 한다." 완성된 사람, 즉 성인成人이 되기 위한 조건 중 '이익 앞에서 의로움을 생각할 수 있어야 한다'가 첫 번째다. 이 말은 안중근 의사가 감옥에서 글로 남겨 우리에게도 뜻 깊은 말이 되었다.

《논어》에는 같은 의미의 글이 또 실려 있는데 '군자로서 반드시 생각해야 할 아홉 가지'君子有九思 중 한 가지가 '견득사의'다. 그뿐 아니다. 공자의 제자 자장이 선비의 조건을 말하면서도 견득사의를 거론했다. 이처럼 성어 견득사의가 거듭해서 실려 있는 것은 왜일까? 정의롭지 않은 이익 앞에서 초월할 수 있어야 한다는 당위성과 함께 그 일이 그만큼 어렵다는 것을 말해준다. 물질 앞에서 탐욕을 절제할 수 있는 것은 보통 사람에게는 결코 쉬운 일이 아니다. 삶의 매 순간, 스스로를 가다듬어야 하는 이유다.

見利思義 見得思義
견 리 사 의 견 득 사 의

꿈은 한계를 파괴하고
스스로를 혁신하게 한다

"우물 안 개구리에게 바다를 말해줄 수 없는 것은 공간의
제약을 받기 때문이다."
_《장자》

바다의 신 약若이 바다의 장대함을 보고 놀라는 황하의 신 하백河伯에게 이렇게 충고한다. "우물 안 개구리에게는 바다를 설명할 수 없다. 우물이라는 공간의 한계에 갇혀 있기 때문이다. 여름에만 살다 죽는 곤충에게는 얼음을 알려줄 수 없다. 시간의 제약이 있기 때문이다. 어설픈 전문가에게는 진정한 도의 세계를 말해줄 수 없다. 그는 자신의 지식에 갇혀 있기 때문이다."

우물 안 개구리에게는 자신의 우물이 곧 세상의 전부라고 생각하는 공간의 한계가 있다. 하지만 우리를 제한하는 것은 공간만이 아니다. 활동하는 무대, 살고 있는 시간, 그리고 지식의 한계가 우리를 둘러싸고 있다. 만약 이러한 한계에 안주한다면 우물 안 개구리밖에 될 수 없다. 하지만 사람에게는 이러한 한계를 벗어나게 하는 힘이 있다. 바로 우리가 꾸는 꿈이며 만들고 싶은 미래다. 꿈이 우리를 현 상황에 안주할 수 없게 만든다. 아무리 어렵더라도 현실을 박차고 도약하도록 만드는 동력은 이루고 싶은 꿈이다.

井蛙不可以語於海者 拘於虛也
정 와 불 가 이 어 어 해 자　구 어 허 야

168

일요일
休
쉼

치명적인 약점을 내버려두지 마라

"내면으로 숨지 말고 겉으로 드러내지 마라.
섶나무처럼 그 중앙에 서라."
_《장자》

주나라 위공威公이 축신祝腎의 제자인 전개지田開之를 만나 양생養生의 비법을 물었다. "나는 축신이 양생술을 배우고 있다고 들었는데 그대는 축신과 교류하고 있으니 무언가 들은 것이 있겠군요. 그것을 듣고 싶소." 그러자 전개지는 한 가지 고사를 말해준다.

"노나라 선표는 바위 굴에 살면서 사람들과 이익을 다투지 않았습니다. 나이 일흔이 돼서도 어린애 같은 얼굴을 하고 있었지만 불행히도 호랑이에게 잡아먹혔습니다. 장의라는 사람은 많은 귀족과 교류하며 인맥을 넓혔지만, 나이 마흔에 열병을 얻어 죽었습니다. 선표는 그 속을 길렀지만 호랑이가 겉을 먹어버렸고, 장의는 겉을 길렀지만 병이 그 속을 침범했습니다. 두 사람 모두 자신이 뒤처진 부분을 채찍질하지 않았습니다. 이를 두고 공자가 말했습니다. '내면으로 숨지 말고 겉으로 드러내지 말라. 섶나무처럼 그 중앙에 서라. 이 세 가지가 잘 지켜지면 명성은 분명히 정상까지 이를 것이다.'"

지금은 강점의 시대다. 자신의 강점을 잘 키워야 성공한다. 하지만 치명적인 약점도 보완해야 한다. 결정적인 약점이 발목을 잡아 일을 이루지 못하는 경우도 많다.

無入而藏 無出而陽 柴立其中央
무 입 이 장 무 출 이 양 시 립 기 중 앙

남을 해치는 말은
결국 나에게 되돌아와 꽂힌다

"다른 사람을 헤아리려면 먼저 자기 자신부터 헤아려라.
남을 해치는 말이 도리어 자신을 해치고, 피를 머금어
남에게 뿜으면 먼저 자기 입이 더러워진다."
_《명심보감》

'이단공단'以短攻短이라는 말이 있다. 요즘 유행하는 '내로남불'을 경계하는
지혜로, 남을 공격했던 단점이 내게도 있을 수 있다는 뜻이다. 오히려 더 큰
결점이 자신에게 있을 수도 있다. 그런데 같은 흠도 자신보다 남에게 있을
때 눈에 더 잘 띄고 더 크게 보인다. 《성경》에 있는 "어찌하여 형제의 눈 속
의 티는 보고, 네 눈 속에 있는 들보는 깨닫지 못하느냐."(마태복음 7장 3절)
도 이를 경계하는 말이다.

영혼이 깨끗하고 인격적으로 성숙한 사람은 남을 함부로 비판하지 않는
다. 남을 비판한 것이 그대로 자기에게 돌아온다는 것을 잘 알기 때문이다.

한번 뱉은 말은 돌아오지 않는다고 하지만 실제로 남을 해치는 말은 다
시 돌아오는 경우가 많다. 다시 돌아와 자신에게 비수처럼 꽂힌다. 무엇보
다도 남에게 했던 흉한 말은 사람들이 나를 판단하는 기준이 된다. 속된 말
을 하면 속된 사람이 되고, 과격한 말을 하면 감정을 절제하지 못하는 사람
으로 인식된다. 결국 다른 사람의 허물을 내가 뒤집어쓰는 것이 되니 나를
지키려면 내 입을 지켜야 한다.

欲量他人 先須自量 傷人之語 還是自傷 含血噴人 先汚其口
욕량타인 선수자량 상인지어 환시자상 함혈분인 선오기구

높은 자리에 오를수록
나를 돌아봐야 한다

"한마디의 말이 큰일을 그르치고,
한 사람의 힘이 나라를 바로 세운다."
_《대학》

'수신제가치국평천하'修身齊家治國平天下에서 제가齊家는 '집안을 제대로 다스림'의 근거를 말해주는 구절이다. 위 예문 앞에는 이런 말이 나온다. "한 집안이 인仁하면 온 나라가 인을 일으키게 된다. 한 집안이 사양의 도리를 지키면 온 나라가 겸양할 것이다. 한 나라가 탐욕스럽고 사나우면 온 나라가 혼란을 일으킬 것이다. 군주의 작용이 이와 같다." 지도자가 인(사랑)으로 다스리면 온 나라가 평안해지고, 한 나라가 지도자를 잘못 만나면 그 나라는 혼란에 빠진다. 한 사람이 나라를 살리기도 하고 혼란에 빠뜨리기도 하는 것이다. 이 말은 곧 지도자의 솔선수범을 말해준다. 그 기본은 말의 진실함이다. 말과 행동의 일치가 바로 솔선수범이다. 이어서 나오는 구절은 이렇다. "명령하는 바가 자신이 행함과 어긋나면 백성은 따르지 않는다. 그러므로 지도자는 먼저 덕을 갖춘 후에 다른 사람에게 요구하고, 자신에게서 악한 것을 없앤 후에 다른 사람을 비판한다. 자신을 미루어 다른 사람에게 미치지 못하면서 다른 사람을 깨우칠 수 있는 자는 없다." 솔선수범은 흔히 하는 말이지만 그 의미는 이렇게 깊다. 높은 자리에 오를수록 더욱 그렇다.

一言僨事 一人定國
일언분사 일인정국

남에게서 나의 부족한 점을 채운다

"어진 사람을 보면 같아지려고 노력하고 어질지 못한
사람을 보면 그 사람에 미루어 자신을 돌아보라."
_《논어》

우리는 흔히 훌륭한 사람, 우리보다 뛰어난 사람을 찾아서 배우려는 경향이 있다. 그 사람을 닮아서 더 나은 사람이 되려는 노력이다. 물론 배움에서 가장 좋은 방법이기는 하지만, 배움의 기회가 제한된다는 단점도 있다. 실제로 우리가 가장 많이 접하는 사람은 바로 곁에서 함께 일하고 생활하는 사람이다. 그리고 그들 중에는 뛰어난 사람이 있는가 하면 부족한 사람도 적잖이 있다.

　내 주위에 있는 부족한 사람, 옳지 못한 생각을 가진 사람의 행동을 비난하고 멀리하기보다 반면교사로 삼아야 한다. 혹시 나에게도 그 사람과 비슷한 면이 있지는 않은지 자신을 돌아보는 자세가 필요하다. 무엇보다 중요한 것은 가까이 지내는 사람을 잘 선택하는 것이다. 《논어》〈위령공〉에 나오는 구절이 그 이유를 말해준다. "어떤 나라에 살든지 그 나라의 대부 가운데 현명한 사람을 섬기고 선비 가운데 인한 사람과 벗해야 한다." 자주 접하고 늘 가까이 있으면 서로 닮는다. 사람은 서로를 비추는 거울이다.

見賢思齊焉 見不賢而內自省也
견 현 사 제 언　견 불 현 이 내 자 성 야

나를 소중히 하듯 사람을 대하라

"남이 나를 소중히 여기기를 바란다면
먼저 나 자신이 남을 소중히 여겨라."
_《명심보감》

공자가 제자인 증자에게 말했다. "삼參(증자의 이름)아, 나의 도는 하나로 관통된다." 그러자 증자는 "네." 하고 지체 없이 대답했다. 공자가 나간 후 다른 제자들이 그 뜻을 묻자 증자가 대답해준다. "스승님의 도는 충忠과 서恕일 뿐입니다." 여기서 충이란 자신의 중심을 바로 세우는 것이다. 서는 자신이 원하지 않는 것을 남에게 베풀지 않는 것을 말한다. 공자의 철학을 하나로 묶어 관통한 것은 바로 인의 철학으로, 동서양의 많은 고전에서 다루고 있는 인생의 황금률이다. 위의 예문에는 이러한 정신의 구체적인 실천 방법이 담겨 있다.

자신이 똑똑하다고 해서 남의 어리석음을 비웃거나 자신의 지위가 높다고 해서 다른 사람을 무시한다면 결코 사람들의 진정한 존경을 받을 수 없다. 위세에 눌려 겉으로는 굽실거릴지 모르지만 뒤돌아서면 비웃음을 살 뿐이다. 남에게 높임을 받고 대접받기를 원한다면 먼저 상대방을 배려하는 마음을 가져야 한다. 이것이 바로 역지사지의 마음이다. 역지사지의 마음은 문학을 비롯한 인문학적 교양으로 길러진다.

若要人重我 無過我重人
약 요 인 중 아 무 과 아 중 인

재물이 쌓일수록 왜 마음은 가난해지는가

"재물은 단단하게 붙잡으려 하면 더욱 미끄럽게
빠져나가는 것이니 재화야말로 메기와 같다."
_다산 정약용

다산이 두 아들에게 가르쳤던 재물에 대한 깊은 통찰을 들어보자.

"세간의 의식衣食이나 재화는 모두 부질없는 것이다. 옷은 입으면 해지게
마련이고 음식은 먹으면 썩게 마련이다. 재물을 자손에게 전해주어도 끝내
는 탕진해 흩어지고 만다. 다만 가난한 친척이나 가난한 벗에게 나누어주
는 것만이 영구히 없어지지 않는다. (…) 그러므로 재화를 비밀리에 숨겨두
는 방법으로 남에게 베푸는 것보다 더 좋은 것은 없다. 도둑에게 빼앗길 염
려도 없고, 불에 타버릴 걱정도 없고, 소나 말이 운반해야 할 수고로움도 없
다. 자기가 죽은 뒤까지 가지고 가서 천년토록 꽃다운 명성을 전할 수 있으
니 세상에 이보다 더 큰 이익이 있겠느냐? 재물은 단단하게 붙잡으려 하면
더욱 미끄럽게 빠져나가는 것이니 재화야말로 메기와 같다."

재물이란 가지면 가질수록 누가 뺏어가지 않을까 하는 두려움을 갖게 한
다. 더 갖고자 하는 욕심 때문에 마음은 언제나 고달프다. 차라리 그 재물을
나누어서 아름다운 이름을 영원히 남기는 것이 가장 좋다. 그것이 가장 큰
이익이며 진정한 이익이다.

握之彌固 脱之彌滑 貨也者鮎魚也
악 지 미 고 탈 지 미 활 화 야 자 점 어 야

가진 것을 어떻게 쓰느냐가
그 사람을 말해준다

"천리마는 그 힘을 일컫는 것이 아니라
그 덕을 일컫는 것이다."

_《논어》

말은 옛날에는 가장 소중한 자산이었다. 특히 나라를 다스리는 왕에게 말의 존재는 평상시에는 권위를 살려주고 전시에는 전쟁의 승리를 보장하는 전쟁 도구가 되었다. 따라서 한걸음에 천 리를 달릴 수 있는 천리마를 왕들은 간절하게 원했다. 하지만 쉽게 구할 수는 없었다. 세상의 모든 소중한 보물과 마찬가지로 귀한 것은 드물게 마련이다.

천리마는 단순히 천 리를 한걸음에 달릴 수 있는 능력 때문에 사람들에게 칭송을 받는 것이 아니다. 그 능력을 갖추기 위한 노력과 당당한 품격 때문에 사랑받는 것이다. 사람 역시 마찬가지다. 단지 높은 지위에 있거나 권력을 쥐고 있다고 해서 훌륭한 것이 아니라 사람들의 존경을 받을 수 있어야 한다. 그 기반은 훌륭한 덕과 인격이다. 당연히 그 자리에 오른 과정이 공정해야 하고, 많은 부를 쌓은 노력이 정의로워야 한다. 그리고 가진 권력과 부를 아름답게 베풀 수 있어야 한다. 무엇을 가졌느냐가 아니라 가진 것을 어떻게 쓰느냐가 그 사람의 가치를 말해준다.

驥不稱其力 稱其德也
기 불 칭 기 력 칭 기 덕 야

나의 시선을 넓히는 데 소홀하지 않는다

"고니는 날마다 목욕을 하지 않아도 희고
까마귀는 날마다 검은 물을 들이지 않아도 검다."
_《장자》

고니의 깃털은 희고 까마귀의 깃털은 검다. 이것은 그들이 검거나 희기 위해 노력한 것이 아니라 그렇게 타고난 것뿐이다. 즉 본성本性이 그런 것이다. 이들이 검다고 해서 나쁜 것이 아니고 희다고 해서 반드시 좋은 것도 아니다. 하지만 사람들은 검은 것은 나쁘고 흰 것은 좋은 것이라는 선입견에 사로잡히는 경우가 많다. 이런 선입견으로 사물이나 사람을 본다면 본모습을 보기 어렵다.

우리에게는 다양한 관점으로 사물을 보는 넓은 시야가 필요하다. 자신의 가치관이나 사상만을 고집한다면 한쪽으로 치우친 편협한 사람이 되고 만다. 정치, 이념, 의식, 사상 등 모든 분야에서 서로 다른 것을 인정하고 포용하는 자세가 필요하다. 다른 것은 틀린 것이 아니다. 세상이 균형 있게 발전하기 위해서는 흰색도, 검은색도 모두 필요하다. 하지만 반드시 지켜야 하는 것도 있다. 옳고 그름에 관해서는 양보도, 타협도 있을 수 없다.

鵠不日浴而白 烏不日黔而黑
곡 불 일 욕 이 백 오 불 일 검 이 흑

176
월요일
言
말

말하기 전에
꼭 해야 할 말인지 생각하라

"차라리 밑 빠진 독을 막을 수는 있어도
코 밑의 입은 막기 힘들다."
_《명심보감》

밑 빠진 독에는 물을 아무리 부어도 채울 수 없다. 불가능한 일을 일컫는 말이다. 하지만 그보다 더 어려운 것이 입을 막는 일이다. 그 어떤 일보다 말을 참기가 힘들다는 의미다. 자고로 말 때문에 화를 입은 사람이 많을뿐더러 그 사람이 다시 설화舌禍를 일으키는 것을 보면 잘 알 수 있다. 사회적으로 지위가 높거나 학식이 높은 사람도 예외가 아니다.

사람의 모든 부분 중에서 가장 말을 안 듣는 것은 마음이라고 한다. 사람의 몸 중에서는 바로 '입'이다. 사람의 마음에서 나오는 것이 바로 입에서 나오는 말이기 때문이다. 하루를 살면서 가장 후회를 하는 것도 역시 말이다. "그때 그 말만 안 했더라면…." 혹은 "그때 이 말을 해야 했는데…." 등은 누구나 몇 번은 해본 말일 것이다.

하지만 말을 무조건 참을 수는 없다. 말하지 않으면 생활 자체가 어렵기 때문이다. 이때 방법이 하나 있다. 말을 해야 할 중요한 순간이 오면 일단 숨을 한번 들이켠다. 그런 뒤 짧은 순간 마음의 여유를 찾고서 스스로에게 물어본다. "이 말, 꼭 해야 할까?"

寧塞無底缸 難塞鼻下橫
영 색 무 지 항 난 색 비 하 횡

구르는 돌마저도 쓰임이 있다

"한 자짜리 나무에도 마디가 있고
한 치 크기의 옥에도 흠이 있다."
_《여씨춘추》

완벽完璧이라는 말이 있다. '흠이 없는 옥'이라는 말로 사람으로 비유하면 결점이 없는 사람을 말한다. 흠이 없는 옥은 있을지 모르지만 완벽한 사람은 없다. 아무리 뛰어난 사람이라고 해도, 누구나 결점이 있게 마련이다. 따라서 애초에 아무 결점이 없는 사람을 찾는다면 영영 찾을 수 없을 것이다.

훌륭한 지도자란 한 사람에게서 모든 능력을 갖추기를 요구하지 않고, 주어진 사람들에게서 필요한 재능을 뽑아 쓸 수 있는 사람이다. 사람들은 누구나 자신만의 재능을 갖고 있으며 일하는 데는 다양한 인재가 필요하다. 머리를 쓰는 사람이 필요한가 하면, 힘을 잘 쓰는 사람도 필요하다. 마찬가지로 더럽고 구차한 일을 맡아서 해야 하는 사람도 있다. 계명구도鷄鳴狗盜의 고사에서 보듯이 비열한 재능이 필요할 때도 있다.

각 사람의 장단점을 파악하고, 적재적소에 배치하고. 어떤 일을 하든 자기 일에 자긍심을 갖게 하는 것. 훌륭한 지도자의 자질이며 큰 성공을 거두는 사람의 특징이다.

尺之木 必有節目 寸之玉 必有瑕瓋
척 지 목 필 유 절 목 촌 지 옥 필 유 하 적

배우기 위한 질문에는 부끄러움이 없다

"배우기를 좋아하고 아랫사람에게 묻는 것을 부끄러워하지 않는다."
_《논어》

위나라 대부 공문자孔文子가 어떻게 문文이라는 최고의 시호를 받을 수 있었는지 제자 자공이 물었다. 공자는 이렇게 대답한다. "공문자는 비록 결점은 있지만 배움에 대한 열망이 크고, 모르는 것이 있으면 아랫사람에게라도 묻는 것을 부끄러워하지 않았기 때문에 사람들의 인정을 받을 수 있었다." 실제로 공문자는 생전에 행실이 올바르지 않았고 공자와 개인적인 원한도 있었다. 하지만 배움에는 열심이었기에 공자는 그 점을 인정한 것이다.

여기서 두 가지를 배울 수 있다. 먼저 사람을 평가할 때 편견과 선입견에 사로잡히지 않는 공자의 태도다. 설사 싫은 사람이라 해도 그의 장점은 인정하고 배운다. 또 한 가지는 배움에 임하는 자세다. 배움에 열망이 있는 사람은 모르는 것을 그냥 두지 않는다. 반드시 찾아서 꼭 알고 넘어간다. 그것은 책이 될 수도 있고, 선생님이 될 수도 있고, 친구나 부모가 될 수도 있다. 설사 아랫사람이라고 해도 그것을 아는 사람에게 겸손하게 묻는다.

배움에 부끄러움은 없다. 배움에 부끄러움을 느낀다면 나중에 더 큰 부끄러움을 당하게 된다.

敏而好學 不恥下問
민 이 호 학 불 치 하 문

인생을 나눌 친구는 한 명으로 족하다

"술과 밥을 함께 하며 형, 아우 하는 자가 천 명이라고
해도, 급하고 어려울 때 도와줄 친구는 하나도 없다."
_《명심보감》

주위를 한번 살펴보라. 함께 어울리며 즐길 친구는 많지만 내가 어려울 때
함께해줄 친구는 찾기 어렵지 않은가? 벗 '우'友 자는 손 '수'手와 또 '우'又
가 합쳐져서 생긴 말이다. 사람에게 두 손이 있듯이 친구란 마치 하나인 것
처럼 서로 돕고 함께해야 한다. 하지만 조건이 있다. 먼저 나 자신이 소중한
친구를 만들기 위해 노력해야 한다. 내가 깊고 진실한 마음으로 친구를 만
난다면 친구 역시 나를 그렇게 생각할 것이다. 하지만 내가 친구를 오직 유
희와 즐거움으로만 만난다면 그 친구 역시 나를 가볍게 생각할 것이다.

사람들은 인맥을 만들기 위해 교류하려고 노력한다. 하지만 많은 사람과
의 가벼운 만남보다 한 사람과의 진실하고 담박한 만남이 더 소중하다. 그
리스 철학자 제논은 "친구는 또 하나의 자아다."라고 말했다. 모든 것을 아
낌없이 함께 나누는 친구는 마치 또 하나의 자신과 같은 존재라는 뜻이다.
쉽지 않은 세상, 마치 나 자신인 것처럼 나의 갈 길을 도와주고 응원해주는
친구가 있다면 얼마나 힘이 되겠는가.

 酒食兄弟千個有 急難之朋一個無
주식 형제 천 개 유 급 난 지 붕 일 개 무

먹고사는 것이 우선되어야 한다

"창고가 가득 차면 예절을 알게 되고,
의식이 풍족하면 영욕을 알게 된다."
_《관자》

관중은 포숙과의 우정, 즉 관포지교管鮑之交로 유명한 제나라의 명재상이다. 당초 제환공의 반대편에서 싸우다 패함으로써 죽을 위기에 처했다. 하지만 제나라의 대부였던 친구 포숙의 도움으로 제나라의 재상으로 발탁되어 제나라를 천하의 패권국으로 만든다. 그 통치의 핵심 원칙이 바로 위 예문의 글이다. 천하의 강국이 되려면 전쟁을 통해서가 아니라 먼저 나라를 부강하게 만들어 다른 나라가 스스로 굴복하게 만들어야 한다는 뜻이다. 백성들이 '예의염치'를 아는 문화강국이 되는 것이 그 시작이며, 그 기반이 바로 백성들의 경제적 안정이다. 백성이 잘살게 되면 백성들이 예의를 알게 되므로 당연히 나라도 안정된다. 나라가 부자가 되면 다른 나라에서 사람이 모여들어 더욱 강대국이 될 수 있다는 이치다. 관중의 이 신념은 제나라를 춘추시대 최강국으로 만듦으로써 증명된다.

공동체의 비전과 미래는 그 구성원들이 일상에서 어떤 모습인지를 보면 알 수 있다. 활력이 넘치면서도 예절이 바른 사람들이 모인 집단은 강하다. 그 기반은 경제적 안정이다.

倉廩實 則知禮節 衣食足 則知榮辱
창 름 실 즉 지 예 절 의 식 족 즉 지 영 욕

멀리 보고 크게 행하라

"단기간에 이루려 하지 말고 작은 이익을 좇지 마라."
_《논어》

공자의 제자 자하가 거보의 읍재邑宰가 되었다. 비록 크지 않은 고을이었지만 잘 다스리고 싶은 마음에 스승인 공자에게 좋은 정치를 물었다. 공자는 "빨리 성과를 내려고 욕심부리지 말고 작은 이익에 마음을 빼앗기지 말라."고 말해준다. 그리고 그 이유를 이렇게 설명해주었다. "빨리 성과를 보고자 하면 도달할 수 없고, 작은 이익에 마음을 빼앗기면 큰일을 이룰 수 없다."(욕속즉부달 견소리즉대사불성欲速則不達 見小利則大事不成) 빠른 결과를 원하면 누구나 마음이 조급해진다. 특히 다른 사람과 비교하는 마음이 생기면 더욱 그렇다. 조급하고 초조한 마음에 무리한 일, 정도를 벗어난 일을 하게 되고 오히려 일은 더 늦어진다. 그다음 작은 이익을 탐하면 원대한 계획은 세울 수 없다. 크고 위대한 일은 그에 걸맞은 시간과 노력이 필요한 법이다. 바로 대기만성의 의미와 같다. 노력 없이 빠른 성과를 내려고 하면 큰 그릇은 만들 수 없다. 학문과 수양, 그리고 일에 있어서도 마찬가지다. '대기만성의 원리', 반드시 새겨야 할 소중한 원리다. 큰 꿈을 이루고 싶다면 더욱 그렇다.

無欲速 無見小利
무욕속 무견소리

7월

七
月

"붙들면 보존되고 놓아두면 달아난다.
나가고 들어오는 것이 정한 때가 없으니
제 갈 곳도 알 수 없는 것이 바로 사람의 마음이다."

_《맹자》

자신의 어리석음을 아는 사람은
어리석지 않다

"자기의 어리석음을 아는 사람은
크게 어리석은 것은 아니다."
_《장자》

《장자》에 실려 있는 이 글에는 짝이 있다. "자신이 미혹된 것을 아는 사람은
크게 미혹된 것이 아니다." 그 이유를 장자는 이렇게 말한다. "크게 어리석
은 자는 평생 자신의 어리석음을 알지 못하고 크게 미혹된 사람은 그것을
모르고 평생 살아간다."

자신을 잘 아는 사람, 특히 자신의 장점뿐 아니라 부족한 점을 아는 사람
은 오히려 현명한 사람이다. 자신의 부족한 점을 알아야 그것을 고쳐나갈 수
있고 매일 매일 발전하는 사람이 될 수 있다. 몽테뉴는 "자기의 무지를 아는
것이야말로 세계를 아는 가장 확실한 방법이다."라고 말했다. 새로운 지식
은 끊임없이 생겨나고 있고, 그 지식 역시 곧 낡은 지식이 되는 세상이다. 이
런 세상을 지혜롭게 살아가려면 평생 공부를 멈추지 않아야 한다. 단지 잘
살기 위해서가 아니라 자신의 어리석음에서 벗어나기 위한 노력이다.

장자는 이렇게 말한다. "우리의 삶에는 끝이 있지만 배움에는 끝이 없다."

知其愚者 非大愚也
지 기 우 자 비 대 우 야

단 한마디의 말이 인생을 가를 수 있다

"한마디 말이 이치에 맞지 않으면 천 마디 말이 소용없다."
_《명심보감》

'일언천금'이라는 성어가 있다. 말 한마디가 천금에 달한다는 뜻이다. 이처럼 말 한마디의 위력은 엄청나다. 천 냥 빚을 한마디 말로 해결할 수도 있지만, 단 한 번의 실수로 인생을 망칠 수도 있다. "말은 그 사람 자신이다."라는 명제처럼 한마디 말로 나의 모든 것이 결정된다. 한번 이치에 맞지 않는 말을 하면 사람들은 더 이상 그 사람의 말을 믿지 않으려 한다. 아니 믿기가 어려워진다.

잘못된 말을 하기는 쉽지만 그 말을 수습하기는 어렵다. 그 말을 뒤집는 데는 몇 배의 노력이 필요하다. 자신이 한 말을 쉽게 뒤집거나 약속을 자주 어기면 그 순간으로 그치지 않고 평생 믿을 수 없는 사람으로 인식될 수도 있다. 영원히 신뢰를 잃는 것이다.

다산 정약용은 유배지에서 아들을 이렇게 가르쳤다. "말을 조심하지 않으면 안 된다. 전체가 모두 완전하더라도 구멍 하나가 세면 이는 깨진 옹기 그릇일 뿐이요, 백 마디가 모두 신뢰할 만하더라도 한마디의 거짓이 있다면 이는 도깨비 장난에 지나지 않는다." 신뢰가 무너지는 것은 단 한마디 말 때문이다.

一言不中 千語無用
일언부중 천어무용

오직 나만 가진 강점에 집중하라

"자신의 단점으로 상대의 장점과 겨루지 마라."

_《순자》

《순자》에 실려 있는 이 글은 "잘못하는 일은 덮어두고 피하되 잘하는 일을 처리하라."(고색이피소단 이이종소사故塞而避所端 移而從所仕)로 이어진다. 사람은 누구나 잘하는 일이 있으면 못하는 일도 있다. 특히 장점과 연관되는 단점이 장점을 가로막는 경우도 있다. 지혜가 있으면서 법을 쉽게 어기는 사람도 있고, 용기가 있는 사람이 무례한 경우도 많다. 따라서 자신의 장단점을 판단할 때는 신중해야 한다.

우리는 흔히 잘 못하는 것을 채우기 위해 노력한다. 남보다 부족하고 뒤떨어진 것을 보강하려 애쓰는데 이것은 평균을 지향하는 사고방식 때문이다. 평균 이하의 것은 아무리 노력해도 평균밖에 되지 않는다. 사람은 누구나 자신만의 재능을 가지고 태어난다. 세상이 조화롭게 흘러갈 수 있는 것이 바로 그 때문이다. 자신만이 부여받은 본성, 오직 나만의 것을 키워나간다면 누구도 흉내 낼 수 없는 견고한 아성을 구축할 수 있다. 세계적인 선수 박태환과 김연아가 탄생할 수 있었던 비결이다. 이것이 바로 강점혁명이다.

無用吾之所短 遇人之所長
무용오지소단 우인지소장

고전에서 앞날의 지혜를 얻는다

"옛것을 잘 알고 익혀서 그것에 미루어 새로운 것을 알면
스승이 될 수 있다."
_《논어》

이 글은 우리가 잘 아는 온고지신溫故知新 의 원전이다. 온溫 의 뜻은 '따뜻하
다'로 학문에서는 '익히는 것'을 말한다. 예전에 배운 것을 복습하는 것인
데, 그것에 그쳐서는 안 된다. 반드시 지신知新, 즉 '새로운 것을 알아야 한
다.' 바로 창의적인 발상이다. 만약 옛것을 통해 새로운 생각을 할 수 없다
면 그 옛것은 고리타분한 것으로 남는다. 또한 옛것을 모르고 새로운 생각
에만 집착한다면 그것은 허황된 생각에 머문다. 둘 다 스승의 자격이 없다.

흔히 창의적인 발명이라고 하면 우리는 완전히 새로운 것을 생각한다.
하지만 인류 역사상 놀라운 발견이나 발명은 모두 그 전에 있던 것에 새로
운 생각을 덧붙여 탄생했다. 후한시대 사상가 왕충王充은《논형》論衡에서
"과거는 알면서 오늘을 모르는 자는 은거자이며, 오늘은 알면서 과거를 모
르는 자는 맹인이다."라고 했다. 현재는 과거와 미래의 연결지점이다. 학문
도 마찬가지다. 모든 지식은 단절돼 있지 않고 계승 발전한다. 옛것과 새로
운 것을 연결하는 능력이 꼭 필요하다. 설사 고전에 정통하지는 못하더라
도 고전을 가까이하는 노력은 필요하다.

溫故而知新 可以爲師矣
온 고 이 지 신 가 이 위 사 의

자주 보아야 마음도 가까워진다

"산속의 작은 길도 많이 다녀야 큰 길이 되며, 잠시만
다니지 않아도 금방 풀이 우거져버린다."
_《맹자》

위 예문에는 두 가지 의미가 있다. 먼저 학문과 수양의 방법이다. 맹자가 제
자였던 고자를 가르친 말로, 학문이나 덕을 닦는 것은 마치 길과 같아서 꾸
준히 노력해야 이룰 수 있다는 것이다. 만약 조금이라도 게을리하거나 방
심하면 풀이 우거져 길이 막혀버린다. 이 글을 통해 얻을 수 있는 또 하나의
통찰은 사귐의 방법이다. 자주 보고 접하면 친목이 도모되고 점점 가까워
지지만 서로 만나지 않으면 멀어지게 된다.

영어 속담에도 "Out of sight, out of mind."라는 말이 있다. 눈에 닿지
않으면 마음도 멀어질 수밖에 없다는 뜻이다. 이 말은 오바마 전 미국 대통
령이 중국 경제인들과의 만남에서 인용해 유명해졌다. 앞으로 자주 만나고
교류해 좋은 관계를 만들자는 제안이다. 중국인에게 친숙한 맹자의 말을
인용함으로써 회담의 분위기가 좋아진 것은 당연하다. 오바마를 통해 우리
는 또 하나의 지혜를 얻는다. 사람의 마음을 얻기 위해서는 그가 좋아하는
것, 그가 잘 아는 것으로 대화를 시작하면 된다. 닫힌 마음을 열게 하는 가
장 좋은 방법이다.

山徑之蹊間 介然用之而成路 爲間不用 則茅塞之矣
산 경 지 혜 간 개 연 용 지 이 성 로 위 간 불 용 즉 모 색 지 의

돈과 삶의 품격을 바꾸지 마라

"재물 앞에서 구차하게 구하지 말고,
고난 앞에서 구차하게 피하지 말라."
_《예기》

《예기》〈곡례〉曲禮의 맨 앞부분에는 무불경毋不敬 즉, "공경스럽지 않은 일
은 하지 마라."라는 글이 실려 있다. 그 밑으로 무毋 자가 수십 번 거듭해서
나오는데 그 말들이 모두 해서는 안 될 일들, 군자로서 피해야 할 불경한 일
들을 일러주는 것이다. 위의 예문을 비롯해 "이기기를 구함에 정도를 어기
지 말고 지나치게 많은 것을 구하지 말라.", "다른 사람의 신을 밟거나 앉아
있는 좌석을 넘지 마라.", "남의 이론을 표절하거나 무조건 따르지 마라." 등
실생활의 세세한 부분까지 해서는 안 될 일들을 말해주고 있다.

재물 앞에서 구차해진다는 것은 재물을 구하려 자기의 모든 것을 건다는
의미다. 자신의 소중한 것들, 자존심과 품격을 모두 버리고 마치 구걸하듯
이 매달리게 된다. 고난 앞에서 피하지 말라는 것은 고난이 힘들다고 도전
을 포기하거나 자포자기하지 말라는 뜻이다. 눈앞의 유혹이 강할 때, 혹은
너무 힘이 들어 포기하고 싶을 때 나에게 가장 소중한 것이 무엇인지를 돌
이켜볼 일이다.

간절히 구하고 싶은 것이 있다면 어떤 유혹도, 고난도 이겨낼 수 있다.

臨財毋苟得 臨難毋苟免
임재무구득 임난무구면

지혜는 지식에서,
어진 마음은 덕에서 나온다

"지혜로운 사람은 물을 좋아하고
어진 사람은 산을 좋아한다."

_《논어》

맹자는 성선설의 근본이 되는 사단설四端說을 말했다. 사랑의 마음인 측은지심은 인仁, 악을 미워하는 수오지심은 의義, 예의를 지키는 사양지심은 예禮, 그리고 옳고 그름을 아는 시비지심은 지知의 단서가 된다는 것이다. 공자는《논어》〈옹야〉에서 인자와 지자의 특성을 말해준다. "지혜로운 사람은 물을 좋아하고 어진 사람은 산을 좋아한다. 지혜로운 사람은 동적이고 어진 사람은 정적이다. 지혜로운 사람은 즐겁게 살고 어진 사람은 오래 산다." 지혜로운 사람은 끊임없이 지식을 추구하고 변화를 꾀하는 성품으로 활동적이다. 사리에 통달해 막힘이 없는 물의 성품을 좋아한다. 어진 사람은 깊이가 있어서 움직임이 적고 따뜻한 마음으로 사람과 세상을 포용한다. 언제나 변함없이 자리 잡고 있는 산과 같은 모습이다.

지식은 끊임없는 열망을 가지고 추구해야 한다. 배움이 주는 즐거움을 누리고 그 지식을 삶에서 마음껏 발휘할 수 있어야 한다. 하지만 지식만으로는 부족하다. 함께 덕을 쌓아나가야 한다. 덕과 인격이 바탕이 될 때 비로소 지식이 완성된다.

知者樂水 仁者樂山
지자요수 인자요산

멈춰야 생각할 수 있고
생각해야 얻을 수 있다

"사람은 흐르는 물을 거울삼지 않고
고요하게 멈춘 물을 거울삼는다."
_《장자》

죄를 지어 다리가 잘린 왕태王駘에게 배움을 얻고자 하는 사람들이 모이는 것을 보고 제자 상계常季가 궁금해했다. '왜 성한 사람도 아닌 왕태에게 사람들은 가르침을 받으려고 하는가?' 답을 찾지 못하고 스승인 공자에게 그 이유를 묻자 공자가 대답해준다. "사람은 흐르는 물을 거울삼지 않고 고요하게 멈춘 물을 거울삼는다." 공자는 이어서 이렇게 말해준다. "오직 멈춘 것만이 멈추기를 바라는 모든 사람을 멈추게 할 수 있다."

사람들은 끊임없이 분주한 삶을 살고 있다. 부와 명예를 추구하기에 바쁘고 삶을 영위하기에 여념이 없다. 무엇보다도 사람들 사이의 갈등 때문에 힘들다. 끝없이 계속될 것 같은 현실의 문제들로 사람들은 갈피를 잡지 못한다. 이때 필요한 것이 멈춤의 시간이다. 멈추어야 생각할 수 있고 생각해야 얻을 수 있다. 내 마음을 잠깐 멈추고 싶다면 마음이 분주한 사람보다는 고요하게 덕이 갖춰진 사람을 찾아야 한다. 직접 만날 수 없다면 그들이 남긴 책을 읽는 것도 도움이 된다. 바로 고전이다. 내 얼굴을 제대로 보려면 멈춰 있는 물을, 내 마음을 제대로 보려면 마음이 고요한 사람을 찾아야 한다.

人莫鑑於流水 而鑑於止水
인 막 감 어 류 수 이 감 어 지 수

입을 잘 다스리면 전쟁도 막는다

"오직 입에서 좋은 일이 생기기도 하고
전쟁이 일어나기도 한다."

_《묵자》墨子

옛 성인들은 한결같이 입을 잘 다스려 말을 신중하게 할 것을 권장하고 있다. 말은 곧 마음의 표현이며 인간관계를 만드는 가장 기본이기 때문이다. 자신의 입을 잘 다스리는 사람, 즉 말을 훌륭하게 하는 사람은 언제나 좋은 일을 만들어낸다. 당연히 사람들 간의 관계도 아름답게 만든다. 하지만 말로 남을 해치거나 참소하는 사람, 말로 아첨하는 사람은 자신의 입을 잘 다스리지 못해 사람들 간의 불화를 일으킨다.

공자는 사귀면 해로운 친구 셋을 말했는데 모두 '말'에 문제가 있는 사람이다. 아부하는 사람, 말을 잘 바꾸는 사람, 말만 잘하는 사람이 그들이다. 이처럼 말에 문제가 있는 사람들은 개인 간의 관계를 나쁘게 하는 데에 그치지 않는다. 조직의 분위기를 해치고 분쟁을 일으킨다. 크게는 나라와 사이에 전쟁이 일어난다. 이 또한 경솔하고 무례한 말에서 비롯되는 경우가 많다. 중요한 일을 하는 사람일수록 더욱 말을 무겁게 여겨야 하는 이유다. 말을 지키는 것이 나를 지키고, 관계를 지키는 것이다. 그리고 세상을 평안하게 하는 길이다.

惟口出好興戎
유구 출 호 흥 융

다른 사람을 대할 때는
먼저 나를 돌아보라

"군자에게는 자신을 미루어
남을 헤아리는 공명정대함이 있다."
_《대학》

고전에는 '상대방의 입장에서 생각해보라'는 가르침이 많이 실려 있다. 역지사지, 추기급인推己及人 등이 바로 그것이다. 여기서 말하는 혈구지도絜矩之道도 '자신의 마음을 미루어 남을 헤아린다'는 것으로 의미가 같다. 즉 자신의 마음을 잣대로 삼아서 다른 사람을 대하는 것이다. 《대학》에 실려 있는 해설의 내용으로 미루어보면 혈구지도는 인간관계의 핵심이자 근본임을 알 수 있다. "위에서 싫어하는 것으로 아랫사람을 부리지 말 것이며 아래에서 싫어하는 것으로 윗사람을 섬기지 말라. 앞에서 싫어하는 것으로 뒷사람을, 뒤에서 싫어하는 것으로 앞사람을 대하지 말라."

우리는 흔히 윗사람을 비난하고 아랫사람에게 불만을 품는 일이 많다. 하지만 냉정하게 판단해보면 나 역시 내가 비난하는 사람들의 모습을 보일 때가 많다. 내가 싫어하는 윗사람의 모습으로 아랫사람을 대하고, 내가 불만을 느끼는 아랫사람의 모습으로 윗사람을 섬기는 것이 주위에서 보는 나의 모습일 수도 있다.

언제나 갈등과 이해의 충돌은 바로 옆 사람과 일어난다. 세상의 공정을 말하기 전에 바로 곁의 사람을 공정하게 대하는 것부터 실천해야 한다.

君子有絜矩之道也
군 자 유 혈 구 지 도 야

공부, 일, 인간관계에 필요한 정성의 힘

"널리 배우고 자세히 묻고 신중히 생각하고 명확히
분별하고 독실하게 행하라."
_《중용》

위 예문은 중용의 가장 핵심개념인 '정성'을 추구하는 사람이 가져야 할 다
섯 가지 덕목이다. 이것은 공부의 원리이기도 해서 정자는 이 가운데 하나
라도 갖추지 못했다면 진정한 학문이 아니라고 지적한다.

먼저 '널리 배우다'는 폭넓은 공부를 뜻한다. 어느 한쪽에만 치우친 전문
가가 아니라 다양하고 폭넓은 지식이 뒷받침해야 진정한 실력자가 될 수
있다. '자세히 묻다'는 스스로 모른다는 사실을 인정하고 겸손하게 궁금증
을 풀어가는 것을 말한다. '신중히 생각하다'는 생각을 통해 배움을 보완하
는 것이다. '분명히 분별하다'는 배운 것을 비판적으로 판단한다는 의미다.
검토, 비판, 수정, 실천, 재수정을 거쳐야 진정한 지식이 된다. '독실하게 행
한다'는 배운 것은 반드시 실천해야 완성된다는 것을 말해준다.

이 다섯 가지 덕목을 통해 정성을 얻게 되면 자신의 성장은 물론 다른 사
람과 세상에 큰 도움을 줄 수 있다. 《중용》에는 "정성이란 자기의 완성뿐 아
니라 세상을 완성하는 것이다."라는 말이 실려 있다. 일도 공부도 인간관계
도 성공의 비결은 바로 정성이다.

博學之 審問之 愼思之 明辨之 篤行之
박학지 심문지 신사지 명변지 독행지

완벽한 사람도 모자라기만 한 사람도 없다

"지혜로운 사람도 천 번에 한 번은 실수한다."

_《사기》

조나라의 명재상 이좌거는 초한전쟁 중 한나라의 한신에게 사로잡힌다. 이좌거의 뛰어난 능력을 아는 한신은 그를 최대한 예우하면서 제나라와 연나라를 공격할 계책이 있는지 물어본다. 이때 이좌거는 '패장은 말이 없다'며 거절했다. 하지만 한신의 거듭된 부탁에 "아무리 지혜로운 사람도 천 번에 한 번은 실수를 하고, 아무리 어리석은 사람도 천 번을 생각하면 한 번은 좋은 생각을 할 수 있다."고 겸손하게 말하면서 자신의 책략을 말해준다. 아무리 뛰어난 사람이라도 실수할 수 있고, 아무리 어리석은 사람도 때에 따라 훌륭한 생각을 할 수 있다는 것은 무슨 뜻일까? 겸손한 마음과 사람을 존중하는 마음을 가져야 한다는 말이다. 겸손하게 이좌거의 말을 들은 한신은 이어지는 전쟁에서 큰 승리를 거둘 수 있었다.

　말만 듣고 사람을 판단해서도 안 되고, 사람을 보고 말을 평가해서는 안 된다. 승패를 좌우할 결정적인 비책은 전혀 예상치 못한 사람에게서 나올 수도 있다.

智者千慮 必有一失
지 자 천 려　필 유 일 실

삶을 책임지지 못하는 가난을 부끄러워하라

"늘 가난하고 천하면서 인의를 말하기 좋아한다면 역시 부끄러운 일이다."
_《여유당전서》

다산 정약용이 《사기》에 실린 글을 인용하며 부에 대한 자신의 생각을 밝혔다. 위 예문은 이렇게 이어진다.

"공자의 문하에서는 재물에 대한 이야기는 부끄럽게 여겼으나 자공은 재산을 늘렸다. 지금 소부나 허유의 절개도 없으면서 몸을 누추한 오두막에 감추고 거친 나물로 배를 채우고, 부모와 처자식을 헐벗어 굶주리게 하고, 벗이 찾아와도 술 한 잔 권할 수 없다. 명절 무렵에도 처마 끝에 걸려 있는 고기는 보이지 않고 유독 빚 독촉하는 사람들만 문을 두드리고 있으니, 이는 세상에서 가장 졸렬한 것으로 지혜로운 선비는 하지 않을 일이다."

다산은 학문과 수양을 하는 선비라고 해도 가난은 자랑할 일이 아니라고 했다. 삶의 목적을 물질에 두는 탐욕적인 부의 추구는 삼가야 하지만 가족의 생계를 책임져야 하는 의무는 신분이나 귀천에 관계없이 지켜야 한다. 그것을 위해 다산은 '실용의 학문'을 권했다.

長貧賤好語仁義 亦足羞也
장 빈 천 호 어 인 의 역 족 수 야

나의 일과 삶에 최선을 다하고 있는가

"어떤 사람은 마음을 쓰고 어떤 사람은 힘을 쓴다.
마음을 쓰는 자는 다른 사람을 다스리고
힘을 쓰는 자는 다른 사람의 다스림을 받는다."
_《맹자》

사람은 각각 맡은 소임이 있기에 세상이 원활하게 돌아간다. 다스리는 사람도 다스림을 받는 사람이 없으면 살아갈 수 없다. 다스림을 받는 사람 역시 지혜롭게 다스리는 사람이 없으면 살아가기가 어렵다. 기업에도 최고경영자가 있다면 그를 따라 기업의 목적을 이루어가는 임원과 사원들이 있어야 하고, 청소하는 사람, 주차 관리하는 사람도 필요하다. 그리고 이들에게 필요한 재능도 제각각이다. 머리를 써야 하는 사람도 있고, 힘이 필요한 직업도 있다.

맹자는 예문의 글을 인용하면서 각자가 자신에게 맡겨진 일을 잘할 때 모두가 안정된 삶을 살 수 있다고 말한다. 하지만 반드시 새겨야 할 중요한 사실이 있다. 마음을 쓰는 것은 반드시 다스리는 사람에만 국한되지 않는다. 무슨 일이든 자신의 일에 마음을 쓸 수 있으면 반드시 남다른 결과를 얻는다. 지금 어떤 일을 하는가가 중요한 것은 아니다. 어떤 일이든 그 일에 최선을 다하고, 지혜를 키워나간다면 반드시 큰 성공을 거둘 기회가 온다.

或勞心 或勞力 勞心者治人 勞力者治於人
혹노심 혹노력 노심자치인 노력자치어인

196

일요일

休
쉼

내 기준에 맞추려는 고집을
내려놓을 줄 알아야 한다

"오리의 다리가 짧다고 늘이면 근심하게 되고
학의 다리가 길다고 자르면 슬퍼한다."
_《장자》

오리의 다리가 짧은 것과 학의 다리가 긴 것은 타고난 본성이다. 이처럼 사물에는 모두 타고난 본성이 있다. 그 자체로 모두 이유가 있고 의미가 있다. 따라서 섣부른 판단으로 함부로 고치려 해서는 안 된다. 사람은 선의로 그 일을 하지만 그 일을 당하는 사물이나 동물들에게는 큰 재앙이 될 수도 있다. 이것은 사람에 대해서도 마찬가지다. 사람마다 각자 타고난 재능과 장점이 있는 법이다. 한 사람의 장점은 다른 사람에게는 단점으로 보일 수도 있는데, 타고난 차이를 인정하지 않고 내 의견만 고집해서는 좋은 결과를 얻을 수 없다.

'프로크루스테스의 침대'라는 그리스 신화가 있다. 악한 도적인 프로크루스테스는 침대보다 키가 큰 나그네의 남는 다리를 자르고, 침대보다 키가 작은 나그네의 다리는 침대 길이에 맞춰 늘려 살해했다. 나중에 아테네의 영웅 테세우스가 나타나 프로크루스테스도 똑같은 방법으로 죽임을 당한다. 자기가 옳다고 생각하는 기준만 고집하면 결국 일을 망친다. 그 피해는 자신에게 똑같이 돌아온다.

鳧脛雖短續之則憂 鶴脛雖長斷之則悲
부 경 수 단 속 지 즉 우 학 경 수 장 단 지 즉 비

단 한마디의 말이
삶의 무게와 같아야 한다

"입과 혀는 재앙과 근심의 문이요,
몸을 죽게 하는 도끼다."

_〈명심보감〉

옛날 고사를 보면 왕을 모시는 신하는 한마디 말로 벼락출세를 하기도 했다. 하지만 반대로 한마디 말 때문에 자신은 물론 온 가문이 멸문당하는 경우도 많았다. 이런 이유로 《대학》에서는 "한마디 말이 일을 그르치고, 한 사람이 나라를 안정시킨다."라고 했던 것이다.

왕에게 죽을 각오로 상소를 올리는 것을 '지부상소'持斧上訴라 한다. 만약 자신의 상소가 잘못되었다면 지니고 간 도끼를 내어줄 테니 목을 치라는 뜻이다. 오늘날에도 말 한마디의 무게는 결코 다르지 않다. 한마디 말 때문에 인격적으로 치명상을 입고, 공들여 힘겹게 쌓아올린 탑이 한순간에 무너지기도 한다. 특히 유명인이나 정치인들이 예전에 했던 한마디 말 때문에 망하는 것을 우리는 자주 보고 있다. "물고기는 입에 낚시가 걸리고 사람은 입에 재앙이 걸린다." 촌철살인의 유대인 속담이다.

어떤 자리에서든 함부로 말하지 말고 자신의 말에 온 인생을 걸어라.

口舌者 禍患之門 滅身之斧也
구 설 자 화 환 지 문 멸 신 지 부 야

지금 있는 자리에서
지나치거나 모자람 없게

"군자는 처해 있는 자리에 따라 할 일을 행할 뿐
그 밖의 일은 욕심내지 않는다."
_《중용》

중용의 도는 그 처지와 상황에 따라 지나치거나 모자라지 않게 본분을 지켜나가는 것이다. 부귀하면 부귀한 대로, 가난하면 가난한 대로, 지위가 높으면 높은 대로, 낮으면 낮은 대로 그에 맞게 처신하면 된다. 부나 지위를 대하는 자세도 마찬가지다. 부와 지위가 한 사람의 인격을 말해주는 것은 아니다. 그것을 대하는 마음가짐이 그 사람의 인격을 말해준다.

위의 예문은 중용을 지키고자 하는 사람이 실제 행동할 때 취할 자세다. 어떤 일을 하든지, 어떤 지위나 상황에 있든지 맡겨진 일에 최선을 다하고 그 자리에서 배워나가면 된다. 그렇게 할 때 자신의 일에서 배움을 얻을 수 있고 발전할 수 있다. 스스로 자신의 자리에 만족하지 못하고 불평만 한다면 그 일을 감당하지 못할뿐더러 발전도 있을 수 없다.

위 예문 다음에는 "군자는 어느 곳에 들어가든지 스스로 얻지 못함이 없다."는 글이 이어진다. 중요한 것은 내가 처해 있는 자리가 아니다. 내가 마주친 현실도 아니다. 자리와 현실의 장애를 뛰어넘을 때 더 큰 일을 할 수 있다.

君子素其位而行 不願乎其外
군 자 소 기 위 이 행 불 원 호 기 외

가르침이 곧 배움이다

"가르침과 배움은 서로 도움이 된다."
_《예기》

배움은 내 머릿속에 지식을 입력하는 일이다. 가르침은 나의 지식을 출력하는 일이다. 사람은 배움을 통해 자신의 부족함을 알게 되고, 가르쳐본 후에야 가르침의 어려움을 알게 된다. 자신의 지혜가 부족함을 알게 되면 스스로 반성하고, 가르침의 어려움을 알면 더욱 공부에 힘쓰게 된다. 이처럼 가르침과 배움은 둘 다 공부에 꼭 필요한 요소다. 따라서 배운 것을 확실히 하려면 가르침의 경험을 갖는 것이 좋다. 가르치면서 내 머리에 있던 불완전한 지식이 정리되고 확실해지는 것이다.《예기》에 예문과 함께 실려 있는 효학반斅學半도 '가르침은 배움의 절반'이라는 뜻으로 같은 의미다.

또 한 가지, 제대로 가르치려면 새로운 지식을 계속 입력해야 한다. 오래된 지식만 가르치면 온전한 가르침이 될 수 없기에 새로운 학문을 찾아서 배우고 함께 가르쳐야 한다. 결국 가르침이 나의 배움이 되는 것이다. 직업이 무엇이든지 사람을 가르치는 일은 내 성장에도 큰 도움이 된다. 당연히 부하의 존경도 한 몸에 받을 수 있다.

敎學 相長也
교학 상장야

마음을 채워주고
나를 발전시키는 친구가 진짜다

"군자의 사귐은 물과 같이 담담하고
소인의 사귐은 단술처럼 달다."
_《명심보감》

군자의 사귐은 요란하지 않고 깊이가 있다. 그리고 마치 물처럼 담백하다. 물은 맑고 깨끗하기에 만남의 여운은 깊고 오래간다. 하지만 사람들의 눈에는 심심하게 보일 수도 있다. 소인의 사귐은 겉보기에는 재미있고 즐거움이 넘친다. 함께 놀고 즐기며 시간 가는 줄 모른다. 또한 만남의 자리에는 술이 함께하는 경우가 많다. 심지어 술을 마시기 위해 친구를 만나기도 한다. 이들의 만남은 쾌락적인 면이 강해서 지나고 나면 별로 남는 것이 없다. 만약 이해득실에 관련된 일이 생기면 금방 뒤돌아 떠나버린다. 그 사귐에는 믿음도 진정성도 없기 때문이다.

오늘 만나고 온 친구가 좋은 친구인지 아닌지 알고 싶다면 집에 돌아왔을 때 내 마음을 보면 알 수 있다. 여운이 깊고 오래가면 좋은 친구다. 마음이 공허하면 좋은 친구가 아닐 수 있다. 무언가 얻은 것이 있고 배운 것이 있으면 좋은 친구다. 마음에 아무것도 남지 않으면 좋은 친구가 아니다. 내가 어려울 때 변함없이 곁에 있으면 좋은 친구다. 즐거울 때는 곁에 있지만 어려울 때 찾을 수 없다면 좋은 친구라 할 수 없다.

君子之交淡如水 小人之交甘若醴
군 자 지 교 담 여 수 소 인 지 교 감 약 례

부지런하고 검소하면 누구라도 부자가 된다

201
금요일
富
부

"집안을 다스리는 요령으로 새겨둘 두 글자가 있으니
첫째는 근勤(부지런함)이요, 둘째는 검儉(검소함)이다."

_《여유당전서》

다산 정약용이 제자 윤윤경尹輪卿에게 준 가르침의 말이다. 그는 이 말에 이어서 "하늘은 게으른 것을 싫어하니 복을 주지 않을 것이며 사치스러운 것을 싫어하니 반드시 도움을 내리지 않는 것이다. 유익한 일은 일각도 멈추지 말고, 무익한 꾸밈은 일호一毫도 도모하지 말라."고 가르쳤다. 다산은 선비라면 당연히 공부에 매진해야 하지만 반드시 경제적인 여건도 갖춰야 한다고 강조했다. 그래서 원포園圃(집 근처의 밭에 짓는 농사)와 목축牧畜을 강조했다. 선비의 품위를 해치지 않으면서 할 수 있는 일이기 때문이다.

아무리 부자라고 해도 사치하고 방탕하면 곧 가난해질 수 있다. 아무리 가난해도 검소하고 부지런하다면 반드시 먹고살 길이 열린다고 다산은 가르친다. 다산은 두 아들에게도 집안의 가계家戒로 근과 검을 주었다. "나는 벼슬을 하지는 않아 너희에게 전원은 남겨줄 수 없다만 삶을 넉넉히 하고 가난을 구제할 수 있는 두 글자를 주노니 한 글자는 '근'이고 또 한 글자는 '검'이다. 이 두 글자는 비옥한 토지보다 나으니 일생을 써도 다 쓰지 못할 것이다."

 治家之要有二字銘 一曰勤 二曰儉
치가지요유이자명 일왈근 이왈검

스스로 구하지 않기 때문에 얻지 못한다

"구하면 얻고 내버려두면 잃는다."
_《맹자》

맹자는 '사람은 누구나 하늘에서 선한 마음을 본성으로 받았다'고 주장했다. 측은지심, 수오지심, 사양지심, 그리고 시비지심이 바로 그것이다. 그리고 그 선한 마음에서 사람이 지켜야 할 올바른 덕목인 인의예지仁義禮智가 비롯되었다. 이 덕목들은 밖에서 얻는 것이 아니고 원래부터 사람에게 있는 것인데 사람들이 스스로 구하지 않기 때문에 얻지 못한다는 것이다.

인의예지뿐 아니라 그 어떤 덕목이라도 구해야 얻을 수 있고 만약 내버려둔다면 갖고 있던 것마저 잃어버린다. 《성경》에도 "구하라 그러면 얻을 것이요, 찾으라 그러면 찾을 것이요."라는 말씀이 나온다. 구하지 않고 찾지 않으면 아무것도 얻을 수 없다. 자신이 구하지 않으면서 없다고 한탄하는 것은 변명일 뿐이다. 구한다는 것은 구하기 위해 노력하는 것이다. 찾는다는 것 역시 찾는 수고를 아끼지 않는 것이다.

사랑, 용기, 지식, 예절, 배려, 그 어떤 좋은 덕목도 굳은 마음을 움직여 구한다면 구할 수 있다. 단지 진심으로 구하고 몸을 움직여 노력해야 한다. 마음과 몸이 하나가 될 때 원하는 것을 손에 넣는다.

求則得之 舍則失之
구즉득지 사즉실지

명성에 걸맞은 실력이 있는지 돌아보라

"명성은 실제의 손님일 뿐이다."
_《장자》

공자는 정명론, 즉 '이름을 바로잡기'를 주장했다. '군주는 군주답게, 신하는 신하답게, 아버지는 아버지답게, 아들은 아들답게'가 그 핵심이다. 공자는 이처럼 세상 모두가 자기 이름에 합당하게 행한다면 세상은 좋아질 거라고 믿었다. 개개인도 이름과 실속이 맞아야 한다. 하지만 많은 사람이 자신의 실질보다 이름에서 더 많은 것을 얻기를 바란다. 명성을 얻고 사람들에게 높임을 받기 위해 열심히 자신을 알린다. 물론 이름이 알려지고 높임을 받으면 누구라도 좋다. 하지만 그 명성에 걸맞게 실력을 키워야 한다.

이름이 실제와 부합하지 않은 것을 가리켜 허명虛名이라고 한다. 이런 허명은 금방 사라지고 만다. 권력자와의 친분, 검증되지 않은 인기, 실력이 뒷받침되지 않는 학벌, 운 좋게 얻은 지위, 이 모든 것이 바로 허명이다. 헛된 이름을 쫓기보다 먼저 내실을 다지고 실력을 갈고닦아야 한다. 실력이 있으면 이름은 자연히 따라온다. "나는 내 이름에 합당한 존재인가?" 실질을 벗어나 얻은 이름은 언젠가는 자신을 내리누르는 올무가 된다.

名者 實之賓也
명자 실지빈야

많은 사람의 말은 쇠도 녹일 만큼 강하다

"나쁜 말을 들어도 금방 미워하지 말라.
참소하는 사람의 분풀이일까 두렵다."
_《채근담》

뒤에서 남의 이야기를 하는 사람은 믿을 수 없는 사람일 경우가 많다. 정말 능력이 있는 사람은 뒤에서 남의 이야기를 하지 않는다. 자기 일을 하기에도 바쁘기 때문에 남의 이야기를 옮길 시간이 없다. 당연히 관심도 없다. 만약 뒤에서 하는 험담을 듣는 상황이 생긴다면 먼저 그 진위를 판단해야 한다. 예로부터 간신이 충신을 무너뜨릴 때 선택하는 방법은 뒤에서 모함하는 것이다.

증삼살인曾參殺人이라는 고사가 있다. 공자의 제자이자 효자로 이름이 높은 증삼의 어머니조차 세 사람이 연이어 "증삼이 살인을 했다."고 하자 그 말을 믿었다는 것이다. 분명히 그럴 리 없다고 생각하면서도 거듭되는 사람들의 말에 마음이 흔들렸고 결국 도망쳤다. 그만큼 뒤에서 하는 말은 독한 위력이 있다. 특히 많은 사람이 입을 모아 한 사람을 모함하면 신임받던 충신조차 의심의 눈길을 받게 된다. 많은 사람의 말은 쇠도 녹인다는 뜻을 지닌 중구삭금衆口鑠金이 정곡을 찌른다. 함부로 남의 말을 믿으면 정작 소중한 사람을 잃을 수도 있다.

 聞惡不可就惡 恐爲讒夫洩怒
문 악 불 가 취 오　공 위 참 부 설 노

내 안의 힘을 믿으면 삶의 영웅이 된다

"작은 일을 소홀히 하지 않고, 보이지 않는 곳에서도
속이거나 숨기지 않고, 실패했을 때도 포기하지 않으면,
이것이 진정한 영웅이다."

_《채근담》

'영웅'이라고 하면 어떤 모습이 떠오르는가? 평범한 사람은 도저히 꿈도 꿀 수 없는 일을 해내고 위기에 빠진 나라를 구해내는 엄청난 인물이라고 생각하기 쉽다. 하지만 《채근담》에서 말하는 영웅은 그런 영웅이 아니라 우리 누구나 도전할 수 있는 모습의 영웅이다. 작은 일에 충실하고, 남이 보지 않아도 양심에 따라 행동하고, 인생의 굴곡을 만나도 포기하지 않는 사람이 바로 진정한 영웅이다. 출세했다고 교만하거나 권모술수를 써서 성공한 사람보다 평범하지만 정직하게 노력하는 사람이 진정한 영웅이다.

다산 정약용은 진정한 용기를 이렇게 정의했다. "진정한 용기란 위대한 사람을 목표로 삼고, 그가 할 수 있다면 나도 할 수 있다고 결단하고 도전하는 것이다." 위대한 사람이란 타고나는 것이 아니다. 하루하루 꾸준히 노력하며 성실하게 삶을 일구어낸 평범한 사람들이야말로 위대하다. 우리는 자신의 무한한 잠재력을 스스로 제한하고 있는지도 모른다. 우리 안에는 모두 영웅이 들어 있다.

小處不滲漏 暗中不欺隱 末路不怠荒 纔是個眞正英雄
소 처 불 삼 루 암 중 불 기 은 말 로 불 태 황 재 시 개 진 정 영 웅

노력하는 사람을 이기는 천재는 없다

"남이 한 번에 능하거든 나는 백 번을 하고 남이 열 번에
능하거든 나는 천 번을 해야 한다."
_《중용》

남이 한 번에 할 수 있는 일을 백 번을 해야 할 수 있다면 분명히 자질이 부족한 사람이다. 하지만 집념과 끈기로 일을 이루어내는 사람이기도 하다. 특별한 재능을 타고나야 위대한 일을 하는 것은 아니다. 실제로 노력 없이 무엇을 이룬 사람은 없다. 하버드대학교의 하워드 가드너 교수는 '한 사람이 최고의 경지에 오르려면 최소한 10년을 집중해야 한다'는 연구 결과를 내놓았다. 시카고대학교의 벤자민 블룸 교수 역시 스포츠, 예술, 과학 등의 분야에서 세계적 명성을 떨친 120여 명의 사람을 대상으로 한 연구에서 '이들은 한 명의 예외도 없이 모두 10년 이상의 부단한 노력을 했다'며 같은 결과를 확인했다. 말콤 글래드웰은《아웃라이어》에서 위대한 사람은 모두 1만 시간의 노력을 했다며 '1만 시간의 법칙'을 말하기도 했다.

쉽게 이룬 천재든 피나는 노력을 한 사람이든 위대한 성공을 이루었다는 결과는 같다. 다만 힘겹게 얻은 결실일수록 더욱 소중하다. 부단한 노력을 이기는 천재는 없다.

 人一能之 己百之 人十能之 己千之
인일능지 기백지 인십능지 기천지

지나치게 엄격한 잣대는
사람을 떠나게 한다

"물이 너무 맑으면 고기가 없고 사람이 너무 엄격하면
따르는 사람이 없다."

_《명심보감》

맑은 물은 보는 것만으로도 좋다. 마음을 맑게 해주고 청량하게 만들어준다. 하지만 안타깝게도 지나치게 맑은 물에는 물고기가 살지 못한다. 사람도 마찬가지다. 특히 백성을 다스리는 관직에 있는 사람이 지나치게 청렴만 강조한다면 사람이 따르지 않는다.

《목민심서》에서 다산 정약용은 목민관의 청렴한 처신을 강력하게 주장했다. 하지만 청렴하더라도 그 행동이 과격하고 정사가 가혹해 인정이 없다면 그 역시 군자의 처신은 아니라고 이야기한다. 자신이 청렴하기 때문에 백성에게도 인정사정없이 냉혹하게 해도 좋다는 생각은 탐관오리와 마찬가지로 백성들의 원한을 사게 마련이다. 공자는 정치에 재능이 있는 중궁에게 '자기가 바라지 않는 일을 남에게 하지 말라'고 가르쳤다. 그러면 '집에서도 밖에서도 원망을 받지 않는다'는 것이다. 정치인은 사람들의 원망을 사는 일을 금기로 삼아야 한다. 청렴함은 지도자 자신에게는 엄격하게 적용하는 것이 당연하다. 하지만 백성에게는 기준이 달라져야 한다. 따르지 못할 기준을 정해놓고 가혹하게 처벌한다면 견딜 사람이 없다. 어느 순간 모두 떠나버릴 것이다.

水至淸則無魚 人至察則無徒
수지 청즉무어 인지 찰즉무도

남을 생각하지 않는 부는 손가락질 받는다

"이익에 따라서 행동하면 원한을 사는 일이 많아진다."
_《논어》

동양 고전에서는 이상적인 인간상을 군자로, 지양해야 할 인간상을 소인으로 구분하곤 한다. 좀 더 현실적으로 보면 인격자와 비인격자, 고학력자와 비학력자, 지배층과 피지배층으로 나눌 수도 있다. 《논어》〈이인〉里仁에는 "군자는 의리에 밝고 소인은 이익에 밝다."라는 글이 실려 있는데, 이는 군자와 소인이 삶에서 무엇을 추구하는지 말해준다. 군자는 이익보다는 의리를 중시하지만 소인은 의리보다는 이익을 중시한다는 뜻이다. 위의 예문은 왜 그런지 이유를 말해준다. 사람이 자기 이익만을 좇아 행동한다면 다른 사람에게 피해를 주게 되고 피해를 입은 사람은 원망을 품게 된다.

오직 의리만을 추구하며 이익을 배제하는 것은 오늘날의 세태에서는 불가능한 일일지도 모른다. 모든 경제활동이 이익을 구하는 것이기 때문이다. 하지만 반드시 염두에 두어야 할 기준이 있다. 나의 이익을 위해 다른 사람에게 피해를 주어서는 안 된다. 예나 지금이나 다른 사람의 원망을 사는 일은 바람직하지 않다.

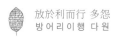

放於利而行 多怨
방 어 리 이 행 다 원

내 마음을 다스리는 것이 모든 일의 시작

"붙들면 보존되고 놓아두면 달아난다. 나가고 들어오는
것이 정한 때가 없으니 제 갈 곳도 알 수 없는 것이
바로 사람의 마음이다."
_《맹자》

일상을 살다 보면 끊임없이 감정을 자극하는 일이 있게 마련이다. 그리고
그런 일을 만드는 사람도 있다. 사람과의 관계가 언제나 좋을 수는 없기에
마음을 흔들고 잃게 만드는 일들이 생긴다.《예기》에 있는 일곱 가지 감정
'희로애구애오욕'喜怒哀懼愛惡欲, 즉 기쁘고 화나고 슬프고 두렵고 미워하고
싫어하고 욕망하는 감정 때문에 많은 사람이 어려움을 겪는다. 감정을 다
스리지 못하고 발산해 큰 곤란을 겪기도 하고, 감정을 묵혀두어 마음의 병
을 얻기도 한다.

　하지만 감정을 다스리려면 먼저 그 감정이 드러나기 전의 상태, 즉 평상
심을 다스리는 것이 우선이다. 평상심이 사욕 때문에 욕심에 치우쳐 있거
나, 비뚤어진 마음 때문에 편견과 선입견에 사로잡혀 있다면 외부의 반응
에 조화롭게 대응할 수 없다. 이를 위해서는 반드시 수양과 공부가 필요하
다. 내버려두면 어디로 갈지 모르는 내 마음을 묶어둘 수 있는 방법은 날마
다 스스로를 돌아보는 성찰이다. 이를 위해 새벽과 잠자기 전, 혼자만의 시
간이 중요하다.

操則存 舍則亡 出入無時 莫知其鄉 惟心之謂與
조즉존 사즉망 출입무시 막지기향 유심지위여

돈으로는 살 수 없는
일상의 행복을 누려라

"작은 새가 둥지를 짓는 데는 나뭇가지 하나면 충분하고,
두더지가 하천에서 마시는 물은 배를 채울 정도만
필요하다."

_《장자》

현대는 물질과 행복이 동의어가 되었다. 많이 가질수록, 부자가 될수록 더
행복하다고 생각한다. 하지만 이들의 삶은 행복하지 않다. 사람이 누릴 진
정한 행복은 다르다. 행복은 만족을 아는 것에 있고 자신의 것을 남과 나눌
수 있는 마음에 달려 있다. 가진 것이 석어도 남들과 나눌 줄 아는 사람은
진정한 행복을 아는 사람이다.

오직 물질과 탐욕을 좇는 사람들은 작은 새나 두더지처럼 자연에 순응하
며 사는 작은 동물들에게 배워야 한다. 그들은 가진 것에 연연하지 않고 필
요한 것을 쌓아두지도 않는다. 하늘이 변함없이 필요한 것들을 공급해주기
때문이다. 행복한 삶을 누리려면 돈이나 지위에 꿈을 두지 말고 더 아름다
운 가치에 눈을 돌려야 한다. 가지면 가질수록 좋은 것은 얼마든지 있다. 사
랑, 배려, 나눔, 진실. 입으로 말하기만 해도 마음이 훈훈해지는 것이 바로
그것이다. 때로 삶에 지칠 때면 창밖의 새들을 바라보면 좋겠다. 그들의 노
래는 왜 항상 즐거운가.

鷦鷯巢於深林 不過一枝 偃鼠飲河 不過滿腹
초 로 소 어 심 림 불 과 일 지 언 서 음 하 불 과 만 복

말의 가치는 행동에 있다

"군자는 말을 아끼고 소인은 말을 앞세운다."
_《예기》

사마천은 "태산처럼 무거운 죽음도 있고 깃털처럼 가벼운 죽음도 있다."고 말했다. 자신의 필생의 역작인《사기》를 완성하지 않고는 함부로 죽을 수 없다는 각오를 말한 것이다. 말도 마찬가지다. 말을 태산처럼 무겁게 하는 사람도 있고 깃털처럼 가볍게 하는 사람도 있다. 물론 말을 무겁게 한다는 것은 말을 많이 하느냐 적게 하느냐의 문제가 아니라 실천 여부와 관계가 있다. 자신이 한 말을 꼭 지켜야 한다고 생각하는 사람은 함부로 말하지 않는다. 하지만 일단 말부터 앞세우는 사람은 자신의 말에 책임을 지지 않는다. 당연히 그 말을 제대로 실천하지 못한다.

요즘은 말 잘하는 사람이 대세고 많은 사람이 말 잘하는 법을 배우려 노력한다. 하지만 유창하게 말한다고 해서 말을 잘하는 것은 아니다. 물론 자기를 드러내기 위해서는 말의 유려함도 중요하다. 하지만 그보다 더 중요한 것은 말의 실천이다. 실천을 겸비한 말의 유려함이야말로 말에서 추구해야 할 가치다.

君子約言 小人先言
군자약언 소인선언

윗사람의 그릇을 판단하고
현명하게 대처하라

"주머니가 작으면 큰 것을 담지 못하고 두레박줄이 짧으면
깊은 물을 긷지 못한다."
_《장자》

윗사람이 그릇이 작고 옹졸하면 그 밑에서 훌륭한 부하가 나올 수 없다. 자신보다 뛰어난 부하를 질투하고 그의 앞길을 막아버리기 때문이다. 부하를 경쟁 상대로 보기 때문에 그를 키우고 육성하면 자신의 자리가 위협받는다고 생각한다. 그래서 윗사람도 아랫사람을 잘 골라서 뽑아야 하지만, 아랫사람 역시 윗사람의 됨됨이에 맞춰서 지혜롭게 대해야 한다. 넓은 품으로 아랫사람의 말을 잘 받아들일지, 속이 좁고 옹졸해 아랫사람의 의견을 포용하기 어려운지를 판단해서 처신해야 한다.

제자인 안회顏回가 제나라에 간다고 하자 공자가 걱정했다. 다른 제자인 자공이 '수제자인 안회는 능력이 출중한데 왜 근심하는지' 물었다. 공자는 위의 말을 인용하며 "군주가 도량이 넓지 못해 안회의 말을 받아들이지 못하면 결국 안회를 해칠 수도 있다."고 말했다. 능력의 차이는 메울 수 있을지 모른다. 하지만 그릇의 차이는 메우기 어렵다.

褚小者不可以懷大 綆短者不可以汲深
저 소 자 불 가 이 회 대   경 단 자 불 가 이 급 심

一日古典

8월

八
月

"만약 입으로만 읽을 뿐 마음으로 깨닫지 못하고
몸으로 행하지 못한다면,
책은 책대로 나는 나대로일 것이니 무슨 소용이 있겠는가?"

_《격몽요결》擊蒙要訣

지식은 안으로 들어오고
지혜는 밖으로 나간다

"사람이 고금의 학문에 정통하지 않으면 말과 소에 옷을
입혀 놓은 것과 같다."

_《고문진보》古文眞寶

운이 좋아 벼락부자가 된 사람들이 아무리 감추려고 해도 감출 수 없는 것이 있다. 값비싼 옷과 보석으로 몸을 치장해도 말과 행동에서 겉으로 드러나는 천박함은 감춰지지 않는다. "속됨을 고치는 데는 책만 한 것이 없다." 《학산당인보》學山堂印譜에 실려 있는 이 말처럼 책을 통해 내면을 가꾸지 않은 사람은 말과 행동에서 천박함이 드러난다.

   위의 예문은 송나라 유학자 한유韓愈가 아들을 가르치기 위해 했던 말인데 엄격하고 절박하게 공부의 필요성을 강조하고 있다. 여기서 고금의 학문은 오늘날 배우는 첨단 학문과 고전의 지혜를 함께 이르는 것이다. 현대의 첨단 학문 못지않게 고전의 지혜가 필요하다고 강조하고 있다. '지식은 안으로 들어오는 것이고 지혜는 밖으로 나가는 것'이라고 한다. 지식을 얻었다면 반드시 삶에서 실천하는 지혜가 되어야 한다. 특히 고전의 지혜는 현대 첨단 학문과 결합하여 새로운 통찰을 만드는 융합의 바탕이 된다. 가장 이질적인 결합에서 가장 창의적인 발견이 가능해지는 것이다. 창의와 품격을 지닌 사람은 바로 고금의 학문에 정통한 사람이다.

人不通古今 馬牛而襟裾
인 불 통 고 금   마 우 이 금 거

다른 이의 경험과 지혜로
더 큰 성과를 거둔다

"앞선 사람은 곤궁하게 되고
뒤에 움직이는 사람은 영달한다."
_《회남자》

앞선 사람이란 남보다 먼저 가려는 사람이다. 이들은 출세와 성공을 위해
남보다 앞서 열심히 달려가지만 매번 새롭게 마주치는 일을 겪어야 한다.
가보지 않은 길을 가기에 자신의 경험은 물론 다른 사람을 통해 배울 수도
없다. 반면 뒤에 움직이는 사람은 남보다 앞서려는 욕심을 부리지 않는다.
조용히 힘을 기르며 기회를 기다린다. 앞서갔던 사람들의 경험과 지혜를 참
고할 수도 있다. 물론 여기서 뒤에 움직인다는 것은 단순히 앞사람의 뒤에
서 눈치를 보거나 게으름을 떨며 늑장을 부린다는 의미가 아니다. 앞선 사
람들의 경험과 지혜를 충분히 참고해 새롭게 길을 열어간다는 뜻이다.

앞선 사람의 지혜와 경험은 반드시 뒷사람에게 도움이 된다. 앞선 사람
이란 동시대를 사는 사람만을 말하는 것은 아니다. 책에서 얻는 지혜도 내
영달에 크게 도움을 줄 수 있다. 특히 고전에서 얻은 온고지신의 지혜, 즉
전에 있었던 것을 통해 새로운 것을 알고 만드는 지혜를 가진다면 반드시
남다른 결과를 만들 수 있다.

先唱者窮之路也 後動者達之原也
선창자궁지로야 후동자달지원야

215

금요일
富
부

탐욕스러운 사람은 가급적 멀리하라

"군자는 나아가기는 어렵고 물러나기는 쉽다.
소인은 그 반대다."

_《송명신언행록》宋名臣言行錄

삼고초려三顧草廬라는 성어가 있다. 삼국시대 유비가 책사 제갈량을 모시기
위해 세 번이나 초막을 방문했던 일을 말한다. 그만큼 뛰어난 인재를 발탁
하기는 쉽지 않다. 자신을 쉽게 세상에 드러내려 하지 않기 때문이다. 그 반
대의 고사도 있다. 송나라의 정치가 사마광司馬光이 왕안석王安石에게 소인
을 발탁한 이유를 물었다. 왕안석은 능력이 있는 사람을 발탁해 일을 본궤
도에 올린 다음 물러나게 할 계획이라고 대답한다. 사마광은 이렇게 조언
한다. "군자는 권력에 집착하지 않기 때문에 불러내기는 어렵지만 물러나
게 하기는 쉽다. 하지만 소인은 지위와 권력을 일단 손에 잡으면 붙들고 늘
어져 놓지 않으려 한다. 만약 억지로 그것을 빼앗으면 복수할 것이다." 후일
발탁했던 이들 중 중상모략하는 자가 있어서 왕안석은 곤란에 빠진다.

권력과 권세는 달콤하다. 한번 손에 쥐면 놓기 쉽지 않다. 특히 소인은 그
자리를 지키려고 온갖 술수를 부린다. 하지만 군자는 대의를 소중하게 여
기기에 미련 없이 그 자리를 떠난다. 애초에 어떤 가치를 추구하는 사람인
지 잘 판단하여 신중하게 곁에 두어야 한다. 자칫하면 곧 후회할 일이 생길
수도 있다.

君子難進易退 小人反是
군 자 난 진 이 퇴 소 인 반 시

과거만큼 훌륭한 스승은 없다

"옛일을 거울삼아 오늘 일을 본다면
풀지 못할 어려운 일이 없다."
_《명심보감》

흔히 역사란 지나간 일을 공부하는 것이라 생각하지만 실상은 가장 미래지
향적인 학문이다. 20세기 초 이탈리아의 철학자 크로체Croce는 "모든 역사
는 '현대사'다."라고 선언했다. 이 말은 현재의 눈을 통해서, 현재의 문제에
비추어 과거를 보는 것이 역사라는 말이다. 철학, 심리학, 언어학, 사회학
등 여러 분야를 섭렵해 과학철학에 큰 업적을 남긴 토머스 쿤Thomas Kuhn은
"모든 획기적인 발견은 그것이 온 과거와 그것이 시작되는 미래의 일부"라
고 주장했다. 그리고 다음과 같이 말했다. "길이 구부러지는 지점에 서 있으
면 그 길이 어디서 왔는지 볼 수 있고, 그다음에 그 길이 어디로 가는지 살
펴볼 수 있다. 미래는 과거에서 온다. 그러나 직선으로 오지는 않는다."

현실의 문제를 해결하고 미래를 알고 싶다면 역사를 알아야 한다. 역사
는 인간의 본성을 기반으로 인류의 영욕과 성쇠를 집약한 학문이다. 지식
은 경험과 합쳐질 때 놀라운 힘을 발휘한다. 이것으로 풀지 못할 현실의 어
려운 문제는 없다. 역사란 모든 인류가 겪은 소중한 경험이다.

推古驗今 所以不惑
추 고 험 금 소 이 불 혹

그릇이 큰 사람은
소소한 일로 다투지 않는다

"크게 안다는 것은 탁 트인 것이고
작게 안다는 것은 좁디좁은 것이다."
_《장자》

큰 지혜를 가진 사람은 너그럽고 넓어서 여유가 있어 보인다. 하지만 지혜가 작은 사람은 작은 일에 집착해 옳고 그름을 따지는 데 시간과 노력을 허비한다. 한마디로 말해 큰 지혜는 실질을 추구하고 작은 지혜는 명분에 집착하는 것이다.

당나라의 조주趙州 선사禪師는 높은 대인大人이 찾아오면 누워서 맞고 그 대인의 부하가 찾아오면 자리에서 내려와 공손하게 맞았다. 의아하게 생각한 제자들이 그 이유를 묻자 선사는 "큰 사람은 트여 있기 때문에 작고 소소한 일에 연연하여 다투지 않는다. 하지만 식견이 좁은 사람은 시시콜콜 따지기를 좋아한다."고 말했다.

삼국지의 영웅 제갈량은 여덟 살 난 아들 제갈첨에게 보낸 편지에서 이렇게 당부했다. "마음이 맑지 않으면 뜻이 밝아질 수 없고, 마음이 안정되지 않으면 뜻을 크게 이룰 수 없다." 원문으로는 '담박명지 영정치원'澹泊明志 寧靜致遠이다. 크게 알고 탁 트일 수 있는 방법은 분명한 뜻과 평안한 마음을 갖는 것이다.

大知閑閑 小知閒閒
대 지 한 한 소 지 간 간

218

월요일
言
말

말에 생긴 흠은 지울 수 없다

"흰 옥구슬의 흠은 갈아서 없앨 수 있지만
말의 흠은 없앨 수 없다."
_《시경》

공자는 남용南容이라는 평범한 제자를 조카사위로 삼았는데 그 이유가 재
미있다. "남용이 '백규'白圭라는 싯귀를 세 번 암송하자 공자가 형의 딸을 시
집보내었다." 백규는 《시경》의 시 〈억〉抑에 실려 있다. 위나라 무공이 스스로
경계하기 위해 지었던 시로, 그는 덕이 뛰어나 나라를 잘 다스렸지만 스스로
교만해지지 않기 위해 곁에 사람을 두고 항상 이를 외우게 했다. 한 나라의
군주가 자신을 경계하기 위해 지은 시였던만큼 새겨야 할 내용이 많이 담
겨 있다. 그중 특히 말의 신중함을 강조했던 것이 바로 백규의 구절이다.

"흰 구슬의 흠은 갈아서 고치면 되지만 말의 잘못은 어찌할 수 없도다. 가
볍게 말하지 말고 함부로 지껄이지 마라. 누구도 혀를 붙잡지 못하니 해버
린 말은 쫓아가 잡을 수 없도다."

말이란 한번 입 밖으로 나오면 수습할 수 없다. 취소할 수도 없고 번복하
기도 어려운 것이 바로 말이다. 스스로 말을 절제하기를 원한다면 날마다
노력했던 남용의 자세를 배워보자. 스승의 조카사위가 되는, 인생의 특별
한 기회를 잡을 수도 있다.

 白圭之玷尙可磨也 斯言之玷不可爲也
백 규 지 점 상 가 마 야 사 언 지 점 불 가 위 야

250 ·

일이 잘될 때 더 경계하라

"성인은 일이 잘 풀려나갈 때 더 경계해야 한다."
_《근사록》

일이 잘되고 번창할 때는 자칫 방심하게 된다. 어려울 때는 작은 일도 경계하고 조심하지만 일이 잘 풀리면 모든 것을 낙관적으로 보기 때문이다. 특히 어려운 과정을 지나 성공하면 사람의 마음은 교만해지고 사치해지기 쉽다. 위기와 재난은 반드시 이런 때를 노린다. 큰 둑이 작은 구멍으로 무너지듯이 조금씩 허물어지다가 급격하게 무너지고 만다.

지도자의 진가는 위기에 빠졌을 때만 드러나는 게 아니다. 일이 잘되어서 모두가 환호할 때 위기의 조짐을 읽고 대비할 수 있어야 진정한 리더다. 위기의 순간 리더가 사람들의 경각심을 자극해 문제를 해결하는 것은 어찌 보면 당연한 일이다. 하지만 승리에 도취하는 순간 위기를 감지하고 장래를 걱정하는 리더는 그보다는 몇 수 위라고 할 수 있다. 모두가 샴페인을 터뜨리며 환호할 때 진정한 지도자는 조직의 미래를 걱정하고 대비한다. 그래서 지도자는 늘 외롭다.

聖人爲戒 必於方盛之時
성인위계 필어방성지시

지식을 받아들이는 방식은 저마다 다르다

"가르침은 장점을 기르고 실패를 바로잡는 것이다."
_《예기》

배우는 사람 중 실패하는 대표적 유형 네 가지가 있다. 학습의 분량이 너무 많아서 혹은 너무 적어서, 또 학습의 내용이 너무 쉬워서 혹은 너무 어려워서 공부를 포기한다. 이런 차이는 배우는 사람의 재능과 의욕의 차이에 기인하는데 가르치는 사람은 이것을 미리 파악하고 있어야 한다. 배우는 사람의 재능을 잘 살펴서 각자의 장점은 키워주고 단점은 보완해주는 것, 그것이 바로 가르침의 목적이자 비결이다. 일률적으로 지식을 머릿속에 주입하는 것은 제대로 된 교육이 될 수 없다. 똑같은 지식을 똑같은 방식으로 전달하면 총명한 사람에게는 지루한 일이 되고, 모자라는 사람에게는 어려운 일이 된다.

  가르침의 비결을 아는 것은 제자를 양육하는 가장 좋은 방법이다. 각자의 장점을 키우고 단점은 바로잡고, 능력과 성향에 맞게 공부시키고, 적절한 칭찬과 꾸짖음으로 격려해준다면 제자들은 성장한다. 이 이치는 사회에 나와 일할 때도 그대로 통한다. 부하들의 능력과 적성을 세심히 살펴 잘할 수 있는 일을 맡기면 모두 신바람이 나서 일할 것이다. 당연히 조직의 성과도 최대로 얻을 수 있다.

教也者 長善而救其失者也
교야자 장선이구기실자야

부모에게 효도하는 집안은
형제의 우애도 짙다

"남들의 수모를 막아주기에는 형제만한 이가 없다."
_《석시현문》

어릴 적 같은 학교에 형이 다니는 것보다 좋은 일이 없었다. 친구나 선배들이 괴롭힐 때 형이 나타나면 든든한 의지처가 되어주었다. 어릴 때는 이처럼 훌륭한 우애를 자랑하더라도 자라서 각각 가정을 꾸리게 되면 멀어지는 경우가 많다.《안씨가훈》에서는 그 이유를 이렇게 말한다. "성장해서 각각 처자식이 생기면, 비록 인품이 중후한 사람이라도 형제간의 우애는 다소 덜어질 수밖에 없다. 형제의 아내들은 형제에 비하면 관계가 소원하기 때문이다."

서로 다른 성격의 사람을 만나 가정을 이루면 변화가 있게 마련이다. 자기 가정을 유지하고 화목한 것이 우선이기 때문에 예전보다 멀어지는 것은 불가피한 일이다. 하지만 비록 현실적인 어려움이 있더라도 형제간의 우애는 멀어진 채로 두어서는 안 된다. 그 첫걸음은 부모에 대한 효도. 부모에게 효도하는 훌륭한 집안일수록 형제 사이의 우애가 돈독하다. 당연히 부모도 형제의 화목한 모습을 보며 행복할 것이다. 근본에 충실하면 모든 길이 열린다.

 外御其侮 莫如兄弟
외 어 기 모 막 여 형 제

행복은 지금 이 순간, 우리 발밑에 있다

"나에게 없는 물건을 바라보고 가리키며
'저것'이라고 하며, 나에게 있는 것을 깨달아
그를 보면서 '이것'이라고 말한다."
_《여유당전서》〈어사재기〉於斯齋記

다산 정약용이 절도사 이민수의 재실에 써준 〈어사재기〉에 있는 글이다. 위의 구절만 보면 무슨 뜻인지 막연하지만 심오한 뜻이 담겨 있다. 글은 이렇게 이어진다.

"'이것'이라는 것은 내가 이미 직접 소유한 것이다. 그러나 내가 소유한 것이 나를 만족시키기에 부족하다면 그 마음은 만족할 수 있는 '저것'을 사모하는데 이것이 천하의 공통 근심거리다. 지구는 둥글고 사방 땅덩어리는 평평하다. 천하에 내가 앉아 있는 곳보다 높은 곳이 없다. 그런데도 사람들은 자꾸만 곤륜산을 오르고 형산과 곽산을 오르면서 높은 것을 구한다. 가버린 것은 좇을 수 없고 장차 올 것은 기약하지 못한다. 천하에 지금 눈앞의 처지만큼 즐거운 것이 없다. 하지만 사람들은 오히려 높은 집과 큰 수레에 목말라 하고 논밭에 애태우며 즐거움을 찾는다. 땀을 뻘뻘 흘리고 가쁜 숨을 내쉬면서 죽을 때까지 미혹을 떨치지 못하고 오로지 '저것'만을 바란다. 하여 '이것'이 누릴 만한 것임을 잊은 지가 오래되었다."

지금 가진 것, 지금 누리는 현실에 만족하며 살 일이다. 행복은 언제나 발밑에 있다.

 物之不在我者 望而指之曰彼 其在我者 覺而覰之曰斯
물 지 부 재 아 자 망 이 지 지 왈 피 기 재 아 자 각 이 조 지 왈 사

우리는 가까운 사람을 닮는다

"군자는 바른 성정을 회복함으로써 뜻을 조화롭게 하고,
좋은 무리를 따라서 그 행실을 이룬다."

_《예기》

'바른 성정을 회복해 뜻을 조화롭게 하는 일'은 마음을 다스리는 것이다. 원래 사람이 하늘에서 받은 성정은 선하고 깨끗하다. 하지만 욕심과 정욕에 의해 점차 그 순수함을 잃는데 군자는 수양을 통해 선한 본성을 회복해야 한다. '좋은 무리를 따라서 그 행실을 이룸'은 몸을 다스리는 것이다. 몸을 다스리기 위해서는 좋은 부류와 사귀고 교류해 함께 바른길로 갈 수 있어야 한다. 《논어》〈이인〉을 보면 "사람의 허물은 각기 그가 어울리는 무리에 따른다. 허물을 보면 그가 인한지를 알 수 있다."라고 실려 있다. '붉은 물감을 가까이하면 붉어지고 검은 먹을 가까이하면 검어진다'라는 뜻을 지닌 근주자적 근묵자흑近朱者赤 近墨者黑도 같은 뜻이다. 마음을 다스리는 일에는 반드시 행동의 절제가 함께해야 한다. 그를 위해 항상 곁에서 접하는 사람들이 중요하다.

올바른 뜻을 가진 사람과 함께하면 자연스럽게 그들의 행실을 닮는다. 하루를 시작하는 아침, 스스로에게 물어보자. 오늘 함께할 사람은 누구인가? 또 나는 그들에게 어떤 사람인가?

君子 反情以和其志 比類以成其行
군자 반 정 이 화 기 지 비 류 이 성 기 행

진짜 뛰어난 사람은 자신이 아니라 남을 높여준다

"최고의 기술은 서툰 것처럼 보인다."
_〈도덕경〉

노자는 함께 예를 논하고자 찾아온 공자에게 "훌륭한 상인은 좋은 상품을 깊이 감춰두고, 훌륭한 군자는 지혜를 감추고 어리석은 체한다."라고 말해준다. 좋은 상인이 소중한 보물을 깊이 감춰두듯 군자 역시 비범한 경지를 쉽게 드러내지 않는다. 설사 드러낸다고 해도 평범한 사람들은 알아챌 수 없다. 마찬가지로 최고의 기술은 마치 서툰 사람처럼 어설퍼 보인다. 하지만 평범한 사람들이 볼 수 없는 기교가 갖추어져 있다.

내면이 뛰어난 사람은 겉모습에 신경 쓰지 않는다. 겸손이 몸에 배어 있기에 어리석은 것처럼 보이기도 한다. 그에 비해 모자란 사람은 열심히 꾸미고 눈길을 끌려고 노력하기에 겉보기에는 번드르르하다. 하지만 이처럼 겉모습만으로 자신을 과시하고 뽐내는 사람은 아무리 지위가 높아도 열등감에 사로잡혀 있는 경우가 많다.

괴테는 "만약 자기 자신을 훌륭하지 않다고 생각하는 사람이 있다면 그는 스스로 생각하는 것보다 훨씬 더 훌륭한 사람이다."라고 말했다. 진짜 뛰어난 사람은 스스로 자신을 높이지 않아도 사람들이 높여준다.

大巧若拙
대 교 약 졸

낮말을 새가 듣고 밤말은 쥐가 듣는다

"군자는 말을 가볍게 하지 마라, 귀는 담에도 붙어 있다."
_《시경》

《예기》에는 "소인은 물에 빠지고 군자는 입에 빠지고 임금은 백성에 빠진다."라는 문장이 있다. 이는 자신이 잘하는 것을 자랑하다 위험에 빠질 수 있다는 말이다. 그중 군자에게는 말을 경계하라고 했다. 많은 지식이 있더라도 그것을 말로 표현하며 자랑하는 것을 조심하라는 뜻이다. 특히 다른 사람에 대해 말하는 것은 더욱 조심해야 한다.

사람들은 의식하지 못하는 사이에 뒤에서 남의 이야기를 하기 쉽다. 비밀로 하자고 약속하지만 어느새 그 말들이 새어나가 퍼진다. "낮말은 새가 듣고 밤말은 쥐가 듣는다."라는 속담이 괜히 있는 것이 아니다. 하지만 이 문제를 해결할 확실한 답이 있다. 아예 남의 말을 하지 않으면 된다. 한나라 경제 때 제후인 유비가 반란을 도모하려 하자 충신 매승은 반대하는 상소를 올렸다. 상소는 명문장으로 유명한데 그 결론은 이렇다. "남들이 듣지 못하게 하려면 애초에 말을 하지 않으면 되고, 남들이 모르게 하고 싶으면 그런 행동을 하지 않으면 됩니다." 비밀은 없다. 만약 비밀을 지키고 싶다면 화근이 되는 말을 하지 않으면 된다.

君子無易由言 耳屬于垣
군자무이유언 이속우원

인재를 알아보는 안목도 리더의 능력이다

> "눈앞에 천리마가 있어도 좋은 감정사가 없으면 없는 것과
> 마찬가지다."
> _《여씨춘추》

좋은 북은 북채가 있어야 울릴 수 있다. 천리마도 좋은 감정사가 있어야 그 진가를 인정받고 제대로 쓰일 수 있다. 천리마는 자신을 알아주는 사람을 만나기 전에는 거칠다. 아무에게나 쉽게 굴복하지 않는다. 이런 이유로 사람들은 천리마를 길들여지지 않은 야생마로 오해하기 쉽다.

　사람도 마찬가지다. 아무리 훌륭한 인재가 곁에 있어도 그의 진가를 알아보는 사람이 없으면 능력을 발휘할 수 없다. 리더가 자신을 알아주지 않거나 능력을 발휘할 기회를 주지 않으면 그 인재는 자신을 알아주는 리더를 찾아 떠나버린다. 떠나는 것 그 자체보다 경쟁 국가나 경쟁 기업으로 가버리는 것이 문제다. 소중하게 활용해야 할 인재가 경쟁 상대에게 가면 두 배, 세 배의 손해가 된다. 쓸 만한 인재가 없다고 한탄하기 전에 내가 알아보지 못한 인재가 곁에 있지는 않은지 돌아보아야 한다.

今有千里之馬於此 非得良工 猶若不取
금 유 천 리 지 마 어 차 비 득 양 공 유 약 불 취

늘 새로운 것을 배워
지식이 고이지 않도록 하라

"배움은 실천하는 단계가 되어야 그치는 것이다."
_《순자》

배움의 목적은 그것을 활용하는 데 있다. 지식을 머리에 쌓아두어서는 진정한 지식이라고 할 수 없는데, 이를 경계하여 순자는 다음과 같이 지식의 단계를 일러준다.

"듣지 않는 것은 듣는 것보다 못하고, 듣는 것은 보는 것에 못 미친다. 보는 것은 아는 것보다 못하고, 아는 것은 그것을 행하는 것보다 못하다."

모든 지식은 삶 속에서 실제로 행함이 있어야 최상의 단계에 이른다. 단순히 안다는 것은 결국 아무것도 모르는 것과 같다. 배워서 자신이 변화하지 못하고 삶에 적용되지 않으면 그 지식은 죽은 지식이나 다름없기 때문이다. 우리의 뇌는 지식을 저장하는 곳과 지식을 받아들여 실천에 옮기는 역할을 하는 곳이 각각 다르다. 만약 실천하지 않고 쌓아만 둔다면 우리는 뇌의 절반만 사용하는 셈이다. "지식은 물과 같아서 흐르지 않으면 썩는다." 이는《송명신언행록》에 있는 말로 역시 실천을 강조했다. 머릿속의 지식은 고이지 않도록 날마다 흘려보내야 한다.

學至於行之而止矣
학 지 어 행 지 이 지 의

사람을 대하는 기본자세는 공정함이다

"군자는 섬기기는 쉽지만 기쁘게 하기는 어렵다.
소인은 섬기기는 어렵지만 기쁘게 하기는 쉽다."
_《논어》

군자는 부하들의 능력에 맞춰 일을 시키고 모든 일을 공평무사하게 처리하므로 밑에서 일하기 쉽다. 하지만 정당하지 않은 일을 싫어하고 공적인 일에는 엄격하므로 기쁘게 만들기는 어렵다. 특히 아부나 비위를 맞추는 행동으로 마음을 얻기는 어렵다. 청탁이나 뇌물 등 편법이나 불법적인 방법으로 출세하려는 사람을 군자는 용납하지 않는다.

반면 소인은 부하에게 일을 시킬 때 그의 능력이나 업무 역량을 살피지 않고 무조건 성과를 내라고 강요한다. 이런 경우 상사의 명령을 따르기 위해서는 부하가 편법과 불법을 동원할 수밖에 없다. 심지어 부하직원을 마치 사적인 비서인양 개인적인 일에 동원하는 경우도 많다. 이런 추세는 학교에서도 마찬가지다. 교수가 자기 학생에게 당연하다는 듯 개인적인 일을 시키곤 한다.

공직자는 물론 큰 기업의 간부, 혹은 대학교수라면 공적인 인물이라 할 수 있다. 따라서 모든 처신은 공명정대해야 한다. 이들의 불공정하고 불의한 처신은 개인적인 해악이 아니라 사회악이 된다.

君子易事而難説也 小人難事而易説也
군 자 이 사 이 난 열 야 소 인 난 사 이 이 열 야

검소함과 인색함을 구분하라

"사치스러우면 공손함을 잃게 되고 검소하면 고루하게
된다. 공손함을 잃기보다는 고루한 것이 낫다."
_《논어》

검소함은 일상의 도리지만 큰 뜻을 품은 사람에게는 더욱 중요하다. 검소
함에는 마음의 겸손함이 포함되기 때문이다. 공자는 검소함에 너무 치중하
면 자칫 놓칠 수도 있는 문제인 고루함에 주목했다. 이에 대해 이 글을 《안
씨가훈》에서는 이렇게 풀어서 설명해준다.

"공자는 '사치하면 불손하고 검소하면 고루하다'고 말했다. 또 말하기를
'만일 주공과 같은 훌륭한 재주를 가졌어도 교만하고, 또 인색하다면 그 나
머지는 더 볼 것이 없다'고 했다. 그러므로 검소한 것은 좋으나 인색해서는
안 된다. 검소함이란 쓸데없는 것을 줄여서 예의 정신에 합치되는 것을 말
한다. 인색하다는 것은 몹시 궁한 사람을 도와주지 않는 것이다. 지금 세태
는 베푸는 데는 사치스럽고 검소한 데는 인색하다. 만약 베풀되 사치스럽
지 않고 검소하되 인색하지 않다면 이상적이다."

베풀되 교만한 마음으로 해서는 안 되고 검소하되 어려운 사람을 돕는
마음까지 아껴서는 안 된다. 나 자신에게는 검소하되 어려운 사람을 돕는
마음은 인색하지 말아야 한다.

奢則不孫 儉則固 與其不孫也 寧固
사 즉 불 손 검 즉 고 여 기 불 손 야 영 고

음식이 내 몸을 만들고
마음이 나를 완성한다

"음식이 담백하면 정신이 상쾌해지고 마음이 맑으면 잠이
평안하다."

_《명심보감》

모든 일은 마음에 달렸다. 어떤 마음가짐을 하느냐에 따라서 힘든 일이 쉬워지기도 하고, 쉬운 일이 어려워지기도 한다. 아무리 힘든 일도 즐겁게 할 수 있는 것은 마음의 힘이다. 마음먹기에 따라 일도, 삶도 달라진다. 마음은 수양을 통해서 단련하지만 그 외에도 마음을 평안하게 갖기 위해 필요한 것이 있다. 바로 음식이다. 마음의 평안을 원한다면 음식을 담백하게 섭취해야 한다. 안타깝게도 요즘 트렌드는 매운 음식이다. 자극적이고 강렬한 것을 추구하는 사람들의 마음을 맵고 짠 음식으로 공략하고 있는 것이다. 하지만 이런 음식들은 신체적인 건강은 물론 정신건강에도 나쁜 영향을 끼친다. 매운 것을 먹으면 강렬한 자극 때문에 정신이 혼미해지고 잠도 평안히 잘 수 없게 된다.

우리 건강을 좌우하는 가장 중요한 두 가지를 들자면 음식과 잠이라고 할 수 있다. 음식은 육신의 건강을 지키고 잠은 정신의 건강을 지켜준다. 그 시작은 음식을 담백하게 먹는 것이다. 그래야 잠도 평안하게 잘 수 있고, 삶 자체도 평온해진다.

食淡精神爽 心清夢寐安
식 담 정 신 상 심 청 몽 매 안

1퍼센트 작은 차이가
놀라운 결과를 만든다

"터럭만큼만 틀려도 천리의 차이가 난다."
_《사기》

영어권에는 '슬라이트 엣지'Slight Edge라는 표현이 있다. 위대한 일을 이룬 사람과 평범한 사람의 차이는 시작 단계에서 이미 존재하는 눈에 보이지도 않을 정도의 미세한 차이라는 말이다. 이 차이가 시간이 지나면서 쌓이고 쌓여 나중에는 까마득하게 벌어지고 만다. 이것을 보면 위대한 일을 이루는 것은 어렵지 않다. 처음 시작할 때부터 남들보다 조금만 더 잘하기 위해 노력하면 되기 때문이다. 이 노력이 쌓이면 평범한 사람도 얼마든지 위대한 일을 이룰 수 있다.

하지만 이 귀한 교훈도 역으로 생각할 수 있어야 한다. 숭양현 현령 장괴애張乖崖가 돈 한 푼을 훔친 창고지기에게 큰 형벌을 내리자 창고지기가 "어찌 가벼운 죄에 큰 벌을 내리느냐?"고 항의했다. 그러자 장괴애는 "비록 하루에 돈 한 푼이라 할지라도 천 날이면 천 푼이 된다. 이는 '노끈으로 나무를 자를 수 있고 낙숫물이 댓돌을 뚫는다'는 말과 같다."라고 하며 그를 처벌했다.

쌓아올림의 힘은 강력하다. 하지만 반드시 옳은 방향으로 나아가야 한다. 좋은 일을 쌓아가면 위대함이 되고 나쁜 일을 쌓아가면 큰 도둑이 된다.

失之毫釐 差以千里
실 지 호 리 차 이 천 리

충고는 좋은 약과 같다

"충언은 듣기 싫지만 행함에는 도움이 되고
좋은 약은 입에 쓰지만 병에는 도움이 된다."
_《사기》

함양 정복을 두고 항우와 유방이 대결을 벌이던 때의 일이다. 그때 유방이 함양에 먼저 입성했는데 당시 아방궁에는 아름다운 궁녀 수천 명이 있었다. 유방은 이에 현혹되어 궁에 눌러살고 싶어했지만 뒤이어 들이닥칠 항우의 위협이 두려웠다. 항우에겐 유방보다 훨씬 더 강력한 군대가 있었기에 일단 그에게 궁을 내어주고 훗날을 도모하는 것이 현명한 일이었다. 충신 번쾌가 이를 간언했지만 유방은 듣지 않았다. 그러자 또 다른 충신 장량이 말했다. "충언은 듣기 싫지만 행함에는 도움이 되고 좋은 약은 입에 쓰지만 병에는 도움이 됩니다. 부디 번쾌의 충언을 들으십시오." 유방은 거듭되는 간언을 결국 받아들이고 아쉬움을 삼키며 그 성을 떠났다. 유방은 항우에 비해 뛰어나지도 용맹하지도 않았다. 하지만 귀에 거슬린다 해도 충신의 간언을 받아들이는 마음이 있었기에 함양을 정복하고 천하 통일을 이룩할 수 있었다.

누군가가 불편한 조언을 한다면 그 말을 겸허히 받아들여라. 훗날 큰일을 이루게 하는 소중한 한마디가 될 수 있다. 타인의 진심 어린 조언을 받아들일 수 있으려면 겸손한 마음과 경청하는 습관이 바탕이 돼야 한다.

忠言逆耳利於行 毒藥苦口利於病
충 언 역 이 리 어 행 독 약 고 구 리 어 병

먼저 주면 반드시 나에게 돌아오는 것이 있다

"성인이 천하를 통치할 수 있는 것은
받는 것에 있지, 취하는 것에 있지 않다."
_《신자》愼子

역사적으로 위대한 일을 이룬 사람들 뒤에는 뛰어난 부하들이 있었다. 오히려 지도자의 능력보다 어떤 부하를 휘하에 두었느냐에 따라서 조직의 성패가 좌우되었다고 해도 과언이 아니다. 또 유능한 부하들을 적재적소에 활용해 그 능력을 최대한 발휘하게 만드는 것도 중요하다. "여러 사람의 지혜를 모으면 천하를 가질 수 있지만 자기에게만 의존하면 제 몸 하나 보존하기 어렵다."는 《회남자》의 말은 인재 등용의 핵심을 날카롭게 보여준다.

조직이 발전하고 승승장구할 때 가장 큰 공로자는 당연히 그 조직을 이끄는 리더다. 굳이 스스로 자랑하고 내세우지 않아도 모두가 인정하는 사실이다. 따라서 리더가 자신의 공을 감추고 부하를 칭찬할 때 오히려 그 공적이 더 빛난다.

부하들의 존경과 세상의 칭찬은 스스로 취하는 것이 아니라 베풂으로써 얻어진다. 베풀면 사람들의 마음을 얻을 수 있고, 사람들의 마음이 그를 따르면 천하가 저절로 그의 것이 된다. 지혜로운 리더는 '베풀수록 더 채워진다'는 진리를 잘 알고 실행하는 사람이다.

 聖人之有天下也 受之也 非取之也
성 인 지 유 천 하 야 수 지 야 비 취 지 야

독서의 완성은 읽은 것을 실천할 때다

"만약 입으로만 읽을 뿐 마음으로 깨닫지 못하고 몸으로
행하지 못한다면, 책은 책대로 나는 나대로일 것이니
무슨 소용이 있겠는가?"
_《격몽요결》

책을 읽을 때는 마음을 집중하고 뜻을 다하여 넓게 살펴보고 깊은 뜻을 이해할 수 있어야 한다. 그리고 배운 것들을 어떻게 삶에 적용하여 실천할지를 생각하지 않으면 안 된다. 단순히 지식을 머릿속에 쌓는 것만으로는 진정한 내 것이 되지 않는다. 율곡 선생은 그 방법으로 책은 반드시 한 권을 숙독해 완전히 내 것으로 삼은 다음 다른 책을 읽으라 권한다.

요즘은 다독多讀과 속독速讀이 독서의 트렌드가 되고 있다. 심지어 '1년에 1백 권 읽기', '3년에 1천 권 읽기'와 같은 독서법도 유행처럼 번지는 중이다. 물론 다독이 전혀 의미가 없는 것은 아니다. 하지만 단지 읽은 책의 숫자를 자랑하는 것은 성장에 도움이 되지 않는다. 한 권의 책을 읽었다면 그 책을 온전히 내 것으로 만들어야 한다. 조선의 독서 천재 정약용이 그 방법을 일러준다. 바로 '초서독서법'이다. 초서독서법은 독서를 하면서 중요한 것을 뽑아 글로 쓰면서 공부하는 것이다. 물론 이렇게 하면 책을 빨리 읽기는 어렵다. 하지만 공부하며 곱씹어 생각하는 이점이 있다. 그리고 일단 숙달되면 어떤 독서법보다 책을 빠르게 읽을 수 있다. 가장 느린 듯하면서 가장 빠른 독서, 최상의 경지다.

 若口讀而心不體 身不行 則書自書 我自我 何益之有
약 구 독 이 심 불 체 신 불 행 즉 서 자 서 아 자 아 하 익 지 유

어떤 상황에서도
사람에 대한 존중은 지켜야 한다

"신발이 아무리 깨끗해도 베개로 삼지 않으며
모자가 아무리 낡았어도 신발 밑창으로 삼지 않는다."
_《신서》

"창랑의 물이 맑으면 나의 갓끈을 씻고, 창랑의 물이 흐리면 나의 발을 씻는다." 초나라 시인 굴원屈原의 시 〈어부사〉漁父辭에 나오는 한 구절이다. 물에도 맑은 물이 있고 흐린 물이 있듯이 세상 역시 깨끗하고 평화로운 시절이 있고 더럽고 혼란한 시절이 있다. 세상이 깨끗하면 갓끈을 씻고 벼슬길로 나아가고, 세상이 더러우면 발이나 씻으며 세월을 보내면 어떻겠느냐고 굴원에게 어부가 권유했다. 하지만 굴원은 어부의 말을 듣지 않고 스스로 강에 몸을 던져 죽고 만다. 비록 잠깐 흔들리기는 했으나 세상에 굴복하느니 죽더라도 깨끗함을 지키겠다는 확고한 마음에서다.

사물에는 모두 그 용도가 있다. 신발은 땅을 밟고 다니며 발을 보호하는 용도고, 모자는 햇빛에 그을리지 않도록 얼굴을 가려주는 용도다. 사람도 마찬가지다. 명예를 죽음보다 더 소중하게 여기는 사람도 있고, 눈앞의 이익에 흔들리는 평범한 사람도 있다. 하지만 어떤 상황에서도 사람에 대한 존중은 반드시 지켜져야 한다. 사람이 처한 상황에 따라 달라져서는 안 된다.

履雖鮮弗以可枕 冠雖弊弗以苴履
이 수 선 불 이 가 침 관 수 폐 불 이 저 이

도끼로 바늘을 만들겠다는 노력과 의지가 있다면

"하늘이 내게 재능을 주었으니 필시 쓸모가 있음이오,
천금을 다 써버리면 다시 돌아오기도 하는 법이다."

_〈장진주〉將進酒

이태백으로 잘 알려진 중국의 유명한 시인 이백李白의 시 〈장진주〉의 한 구절이다. '한 번 마시면 삼백 잔', '다만 원하는 것은 길이 취해 깨지 않는 것' 등 시선詩仙답게 술을 권하는 시지만 그 속에 깊은 인생의 이치가 담겨 있다. 인생은 뜻한 대로 되지 않지만 좌절하거나 포기하지 말고 미래를 준비하자는 뜻이다. 《주역》에 있는 '물극필반'物極必反의 원리처럼 비록 오늘 천금을 다 잃었다고 해도 다시 회복할 날이 온다.

이백 역시 자신의 삶으로 이를 증명하고 있다. 자유와 낭만을 노래하는 시인이지만 그의 재능 역시 치열한 노력과 연마로 이루어졌다. '마부작침' 磨斧作針의 고사가 바로 그것이다. 이백은 상의산에서 공부를 포기하고 내려올 때 '도끼를 갈아서 바늘을 만들겠다'는 노파를 보고 깨달음을 얻었다. 도끼로 바늘을 만들 노력과 의지가 있다면 그 어떤 어려움도 이길 수 있다. 그 어떤 일도 해낼 수 있다. 단지 포기하지 않으면 된다.

하늘이 나에게 재능을 준 데는 반드시 이유가 있다. 그것을 해내는 책임은 나에게 있다.

天生我材必有用 千金散盡還復來
천 생 아 재 필 유 용 천 금 산 진 환 복 래

진정한 어른은
어린아이의 마음을 갖고 있다

"대인이란 어린아이의 마음을 잃지 않은 사람이다."
_《맹자》

《맹자》의 이 구절에서 대인과 어린아이는 두 가지 의미를 가진다. 먼저 대인과 어린아이를 군주와 그가 다스리는 나라의 백성으로 해석하는 것이다. 군주는 백성의 마음을 헤아려서 그의 마음에 맞게 통치해야 한다. 다음은 말 그대로 어른과 어린아이로 해석하는 것이다. 여기서 대인이란 단순히 나이가 많은 사람이 아니라 어른다운 어른이다. 어른이 진짜 어른이 될 수 있는 것은 아이의 거짓 없음, 순수함을 지니고 있기 때문이다. 또한 스스로 아는 바가 없다는 것을 인정하는 겸손한 마음을 잃지 않은 것이다. 단지 나이가 들고, 지식이 많아지고, 이해타산이 빨라지고, 술수에 능해졌다고 해서 어른이 되는 것은 아니다.

또한 아이의 마음은 편견이 없다. 함부로 다른 사람을 비판하지 않으며 나의 이익을 위해 다른 사람들을 이용하지도 않는다. 이처럼 다른 사람을 모두 진심으로 대할 수 있는 것이 바로 어린아이의 마음이다. 나이가 들었다고, 지위나 재산이 많다고, 세상의 명예가 있다고 스스로를 높이고 사람들을 함부로 대한다면 진정한 어른이라고 할 수 없다.

孟子曰 大人者 不失其赤子之心者也
맹자왈 대인자 불실기적자지심자야

본질을 꿰뚫는 통찰력은
질문하는 데서 길러진다

"비슷한 것으로부터 새로운 것을 얻는다."

_《근사록》

유추類推란 한 가지 현상을 보고 다른 현상의 해답을 찾는 것을 말한다. 옛 사람들은 물에 떠 있는 속이 빈 나무를 보고 배를 만들었고, 바람에 날려 굴러가는 쑥 다발을 보고 수레를 만들었다. 인류의 위대한 발견 중의 하나인 글자도 새의 발자국을 본떠서 만든 것이다. 뛰어난 발명과 발견을 한 사람들은 모두 유추에 뛰어났다. 예술가도 마찬가지다. 피카소가 "뛰어난 예술가는 베끼고 위대한 예술가는 훔친다."라고 말한 것도 다른 예술에서 영감을 얻어 위대한 작품을 만드는 유추의 중요성을 표현한 말이다.

유추하는 능력은 통찰력이라고 할 수 있다. '통찰력'은 '창의력'과 비슷한 용어이지만 그 의미가 조금 다르다. '사물을 훤히 꿰뚫어보는 능력'이라고 정의되는데, 이런 능력을 지닌 사람은 남들이 보지 못하는 비밀을 볼 수 있다. 표면이 살짝 가려진, 내면에 있는 진실을 찾아내는 능력이다. 통찰력을 키우는 가장 좋은 방법은 질문이다. 사물을 볼 때 "이것이 무엇일까?"가 아니라 "이것이 무엇이 될까?"라는 물음을 갖는다면 통찰력이 키워질 수 있다.

以類而推
이 류 이 추

말과 음식과 절제하라

"말을 삼가 덕을 기르고 음식을 절제하여 몸을 길러라."
_《근사록》

고전에서는 말을 조심하고 신중히 하라며 거듭 경계한다. 말이 화근이 되면 사소한 다툼은 물론 나라 간의 전쟁을 일으키기도 하기 때문이다. 또 다른 중요한 이유도 있다. 말은 스스로의 수양과 덕에도 큰 영향을 끼친다. 좋은 말은 심성을 온화하고 바르게 하지만, 나쁜 말은 마음을 거칠게 만든다. 말이 덕성에 영향을 끼친다면 몸을 기르는 것은 음식이다. 좋은 음식이 몸의 건강을 지켜준다. 그리고 몸과 마음의 건강은 서로 깊은 연관이 있다. 바른 마음에서 건강한 신체가 자라고, 몸이 건강해야 바른 마음이 깃든다.

요즘은 스피치와 다이어트가 자기계발에서 큰 비중을 차지하고 있다. 근원적인 문제를 해결하지 않고 얕은 기술만 익히려 하다 보니 제대로 된 결과를 내지 못한다. 말을 잘하고 싶다면 먼저 내면을 충실히 채워야 하고, 건강한 몸을 원한다면 균형 있는 식단을 충실히 실천해야 한다. 몸과 마음을 좋은 것으로 채우면 자연스럽게 좋은 것들이 겉으로 드러난다. 바로 훌륭한 인격과 건강한 신체다.

愼言語以養其德 節飮食以養其體
신 언 어 이 양 기 덕 절 음 식 이 양 기 체

뼈 때리는 아픈 말이 나를 살린다

"백 마리 양의 껍질이 한 마리 여우의 겨드랑이털보다
못하다."
_《신서》

진나라 6경 중 한 사람이었던 조간자趙簡子가 직언하는 부하가 없음을 한탄
하며 한 말이다. 그는 신하들이 모두 자신의 말을 따르기만 할 뿐 잘못을 지
적하지 않는 것을 한탄했다. 조간자는 부드럽고 따뜻한 말보다 따끔한 여
우의 겨드랑이털과 같은 직언이 자신에게 더 필요함을 알고 있었던 것이
다. 물론 지도자도 사람인 이상 심정적으로 달콤한 말에 끌리게 마련이다.
따끔한 직언은 당연히 거슬린다. 하지만 대의를 위해 이런 불편함은 감수
해야만 한다. 공직자의 청렴한 처신을 강조했던 다산 정약용도《목민심서》
에서 "아첨을 잘하는 자는 충성스럽지 못하고 간언을 잘하는 자는 배신하
지 않는다."라는 말로 이를 경계했다.

　"망국의 군주에게는 직언을 할 수 없다."는 말이 있다. 직언을 싫어하고
아첨의 말만 반긴다면 나라가 망할 수도 있다는 섬뜩한 경고다. 부드러운
털에 한번 파묻히면 쉽게 벗어나기 어렵다.

百羊之皮 不如一狐之腋
백 양 지 피 불 여 일 호 지 액

사랑할수록 거리를 두고 살펴야 한다

"군자는 자식을 대할 때 사랑하되 얼굴에 나타내지 않고,
일을 시키되 구체적으로 보여주지 않고, 바른길로
인도하되 강요하지 않는다."
_《순자》

오늘날 우리 자녀들은 부모의 과잉보호 때문에 멍들고 있다 해도 과언이
아니다. 아이 기를 세워준답시고 공공장소에서 함부로 해도 내버려둔다. 심
지어는 학교로 찾아가 선생님에게 항의하며 교육에 지나치게 관여하는 부
모들도 있다. 이런 부모 밑에서 자란 아이들은 바르게 사회에 적응하기 어
렵다. 모든 문제를 부모가 해결해주기 바라는 의존적인 사람이 되고 만다.

자녀는 사랑으로 대하되 그것을 지나치게 내색해서는 안 된다. 아끼기만
해서도 안 되고 어떤 일이든 자기가 직접 할 수 있도록 자주성을 길러주어
야 한다. 아이들이 자랄 때 부모의 사랑은 꼭 필요하다. 하지만 엄격한 가르
침이 뒷받침되지 않는 무절제한 사랑은 오히려 아이의 인생을 망칠 수도
있다. 《대학》에는 "사람은 자기 자식의 악함은 알지 못하고 자기 논의 싹이
자란 것은 알지 못한다."라는 글이 있다. 전자는 사랑에 눈이 먼 것이고, 후
자는 욕심에 마음이 가려진 것이다. 사랑할수록 한 걸음 물러서서 응원하
는 절제가 필요하다.

君子之於子 愛之而勿面 使之而勿貌 導之以道而勿彊
군 자 지 어 자 애 지 이 물 면 사 지 이 물 모 도 지 이 도 이 물 강

자신에게 엄격하고 타인에게는 관대하라

"자신에게 엄격하고 남에게 관대하면 원망 살 일이 없다."
_《논어》

뛰어난 사람들은 자신에게 엄격하고 책임감 있게 일을 처리한다. 안심하고 일을 맡길 수 있으며 다른 사람들의 원망을 살 일도 없다. 하지만 책임을 전가하면서 자기 보신만을 꾀하는 사람은 다르다. 임시방편으로 책임을 모면할 수는 있지만 결국 본 모습이 드러나고 만다. 조직에서 부하들이 윗사람에게 가장 큰 불만을 갖는 것이 바로 이점이다. 자신의 잘못은 은근슬쩍 넘기면서 부하들의 잘못은 엄하게 질책하는 상사는 부하의 존경을 받을 수 없다. 몇 번에 걸쳐 이런 일이 거듭되면 당연히 원망하는 마음이 생긴다. 공자는 제자 중궁에게 인仁을 가르치면서 그 해법을 알려줬다.

"집 문을 나선 후에는 큰 손님 대하듯 하고, 백성을 부릴 때는 큰 제사를 받들 듯이 하며, 자기가 바라지 않는 일을 남에게 하지 말아야 한다. 그러면 나라에서도 집안에서도 원망하는 이가 없다." 내가 정한 엄격함의 기준이 있다면 다른 사람에게도 동일한 수준으로 적용해야 한다. 나아가 내가 거느리는 부하들에게는 오히려 엄격함의 기준을 한두 단계 내리는 것이 좋다. 원망이 아닌 존경을 받는 비결이다.

躬自厚而薄責於人 則遠怨矣
궁 자 후 이 박 책 어 인 즉 원 원 의

모래가 걷혀야 빛나는 금이 드러난다

"천 번 만 번 파도에 씻겨 비록 고생스러워도, 모래를
다 불어내니 비로소 금이 나타나네."

_〈낭도사〉浪淘沙

재능 있는 문장가였던 유우석劉禹錫은 당나라의 개혁파에 속하는 사람이었
다. 당시 기득권자였던 환관의 세력에 반대하다가 좌천되는 등 순탄치 않
은 삶을 살았다. 하지만 끝까지 희망과 포부를 잃지 않았는데, 그의 시 〈낭
도사〉에 그런 뜻을 담았다. 낭도사는 '모래를 씻는 물결'이라는 뜻이다. 수
많은 모래를 걷어내야 황금을 찾을 수 있듯이 포기하지 않고 계속 노력한다
면 소중한 결실을 거둘 수 있다는 의지를 상징한다. 시의 앞 문장은 이렇다.
 "참언이 파도처럼 심하다고 하지 마라. 귀양살이 모래처럼 파묻혔다고
말하지 마라." 자신의 억울한 심정을 숨기지 않았지만 어려운 상황에 굴복
하지 않고 미래의 희망을 굳건히 붙잡고 있다. 흔히 삶에서 고난을 겪을 때
는 그 고난이 영원히 계속될 것 같다는 절망에 빠진다. 두려움에 좌절하고
최악의 경우를 생각하면서 포기한다. 하지만 분명한 것은 고난이 영원히
계속되지 않는다는 것이다. 반드시 모래 속에 있던 소중한 금이 드러난다.
내 안에 숨겨진 금 역시 언젠가는 드러난다. 오늘이 바로 그날일 수 있다.

千淘萬漉雖辛苦 吹盡狂沙始到金
천도 만록 수신 고 취진 광 사 시 도 금

一日古典

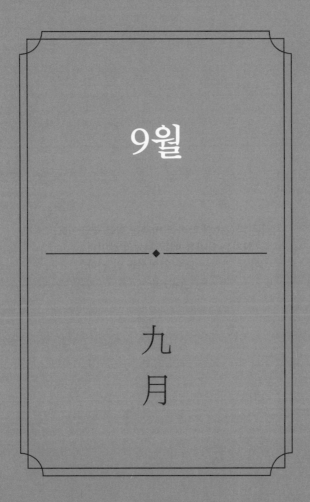

9월

九
月

"지식은 마음속의 악마를 비추는 밝은 구슬이요,
의지는 악마를 베는 지혜의 칼이니
이 두 가지는 모두 없어서는 안 된다."

_《채근담》

이루고자 한다면 지식과 의지가 필수다

"지식은 마음속의 악마를 비추는 밝은 구슬이요,
의지는 악마를 베는 지혜의 칼이니,
이 두 가지는 모두 없어서는 안 된다."
_《채근담》

사람에게는 누구나 욕심이 있다. 본성적으로 원하고 바라는 바가 있기에
삶을 유지할 수 있는 것이다. 하지만 욕심이 지나치면 탐욕이 된다. 욕심을
채우기 위해 지켜야 할 도리를 벗어나거나 한계를 넘어 더 많은 것을 채우
려는 욕구다. 마음속의 악마란 바로 이러한 탐욕을 말한다. 이런 탐욕을 이
기려면 먼저 그것이 무엇인지 알아야 한다는 것이 주지론主知論이고, 그것
을 억제할 의지력이 필요하다는 주장이 주의론主意論이다.

위 예문에서는 개인의 탐욕을 이기려면 이 두 가지가 모두 필요하다고 말
한다. 먼저 지식으로 악마의 정체를 정확히 파악해야 한다. '지피지기 백전
불태'知彼知己 百戰不殆라는 성어처럼 적을 알고 나를 알아야 위험에 빠지지 않
는다. 그다음은 두려워하거나 위축되지 않고 적과 싸우는 담대함이다. 적을
알았다면 악마를 베어 없애야 하는데 그때 필요한 것이 강한 의지다. 인생
의 모든 측면이 그렇듯이 탐욕을 이겨내는 것도 지식과 의지가 동시에 따
라줘야 결실을 맺을 수 있다. 인생의 큰 문제는 언제나 탐욕을 억제하지 못
해 일어난다. 지식과 의지로 탐욕을 제어할 때 우리 삶은 순탄해질 수 있다.

蓋識是一顆照魔的明珠 力是一把斬魔的慧劍 兩不可少也
개 식 시 일 과 조 마 적 명 주　역 시 일 파 참 마 적 혜 검　양 불 가 소 야

세상이 혼탁할수록
나의 처신을 관리한다

"창랑의 물이 맑거든 갓끈을 씻고 흐리거든 발을 씻어라."
_〈고문진보〉

창랑의 물이 맑은 것은 세상이 순조롭게 잘 다스려지는 경우를 비유한다. 이때는 벼슬길에 나서서 뜻을 펼치는 것이 좋다. 창랑이 흐린 것은 세상이 혼란함을 비유한다. 이때는 발을 씻듯이 깨끗이 포기하고 은둔하는 것이 좋다. 초나라에서 시인 굴원이 추방되었을 때 은자였던 한 어부를 만났다. 굴원이 어부에게 "세상이 흐리고 더러워 깨끗한 자신이 추방되었다."라고 말하자 어부는 '상황에 따라 처세할 수 있는 사람이 진정한 성인이다'라는 뜻으로 위 예문의 구절을 답했다.

깨끗하고 아름다운 사람들이 능력을 발휘하고 성공을 거두는 세상이 되면 좋겠지만 우리가 사는 세상은 그렇지 못하다. 부조리와 권모술수가 판을 치고 선한 사람보다 나쁜 사람들이 득세하는 경우도 많다. 그렇다고 훌륭한 사람들이 은둔해 숨어버린다면 세상은 더욱 타락하고 만다. 이루고 싶은 꿈이 있다면 상황을 원망할 것이 아니라 그 꿈을 이루기 위해 노력해야 한다. 상황을 이기지 못하고 굴복당한다면 어떤 일도 이룰 수 없다. 공부는 나를 완성하는 데 그치지 않고 세상을 좋게 만들 수 있어야 한다.

滄浪之水淸兮 可以濯吾纓 滄浪之水濁兮 可以濯吾足
창랑지수청혜 가이탁오영 창랑지수탁혜 가이탁오족

마음에 좋은 것을 채워야
좋은 말이 넘쳐 흐른다

"마음이 안정되면 그 말이 신중하고 여유가 있고,
마음이 안정되지 못하면 그 말이 속되고 급하다."
_《근사록》

말은 마음의 표현이다. 마음에 있는 것이 모두 말이 되어 나온다. 마음이 맑고 깨끗한 사람은 그 말이 아름답지만, 마음이 순수하지 못한 사람은 그 말이 거칠다. 마음이 조급하면 말이 급해진다. 마음이 불안하면 말이 떨리고 흔들린다. 마음에 없는 것이 말로 나올 수 없기 때문이다. 《대학》에는 이러한 통찰을 담은 문구가 나온다. "마음이 거기 없으면 보아도 보이지 않고 들어도 들리지 않고 먹어도 그 맛을 모른다." 그래서 거짓말을 '마음에 없는 말'이라고 둘러서 말하는 것이다.

우리는 흔히 다른 사람이 하는 말을 듣고 그 사람을 평가한다. 말을 듣고 그 사람을 안다는 것이 바로 그것이다. 하지만 그 반대도 마찬가지다. 우리가 하는 말이 우리 자신을 말해주고 사람들은 그것으로 우리를 평가한다. 따라서 항상 아름답고 깨끗한 말을 하기 위해 노력해야 한다. 그러기 위해 가장 먼저 할 일이 있다. 마음을 좋은 것으로 채워야 한다. 마음이 아름다워야 말도 아름답다.

心定者 其言重以舒 不定者 其言輕以疾
심정자 기언중이서 부정자 기언경이질

백 년을 꾸리려면
사람을 기르는 것이 우선이다

"1년의 계획은 곡식을 심는 것만 한 것이 없고, 10년의
계획은 나무를 심는 것만 한 것이 없으며, 일생의 계획은
사람을 키우는 것보다 더 한 것이 없다."

_《관자》

관자는 위 예문을 이렇게 설명한다. "한 번 심어서 한 번 거두는 것은 곡식
이고 한 번 심으면 열 배를 얻는 것이 바로 나무다. 한 번 심어 백 배의 수확
을 얻는 것은 사람이다." 여기서는 백 배라고 했지만 훌륭한 사람의 능력은
백 배의 수확을 훨씬 뛰어넘는다. 천 배가 될지 만 배가 될지 가늠하기도 어
렵다. 실제로 이건희 전 회장은 "한 사람의 천재가 10만 명을 먹여 살린다."
라고 말하기도 했다. 오늘날의 삼성이 세계 일류 기업이 된 것도 사람에 대
한 투자가 결실을 맺은 것이라 할 수 있다. 우리나라가 한국전쟁 직후 세계
최빈국에서 오늘날 세계 10위권의 경제 대국이 된 것도 부모들이 자녀교
육에 모든 것을 바친 덕분이다.

눈앞의 실적에 매달리는 사람은 1년짜리 리더다. 장기 투자를 행하는 리
더는 10년짜리다. 100년을 내다보는 리더는 사람에 투자한다. 나라든 기업
이든 그 어떤 조직이든 사람을 키울 수 있어야 한다. 그래서 교육을 백년대
계百年大計라고도 한다.

一年之計莫如樹穀 十年之計莫如樹木 終身之計莫如樹人
일 년 지 계 막 여 수 곡 십 년 지 계 막 여 수 목 종 신 지 계 막 여 수 인

내가 먼저 좋은 사람이 되면
좋은 사람들이 모여든다

"같은 소리는 서로 호응하고 같은 기운은 서로 찾게 된다."
_《격몽요결》

공부를 열심히 하려고 결심했지만 실패하는 가장 큰 이유는 주위를 정리하지 않았기 때문이다. 주위에 공부하지 않는 친구만 있다면 아무리 공부를 하려고 단단히 결심해도 오래갈 수 없다. 가장 어렵다는 금주, 금연도 마찬가지다. 항상 접하는 주위 친구들과 함께하지 않는다면 그 결심은 오래가기 어렵다. 만약 누군가가 학문을 좋아한다고 말하면서 주위에는 잡스러운 사람뿐이라면 그 사람은 진정으로 학문을 좋아하는 사람이 아니다.

공부를 잘하고 싶다면 가장 먼저 할 일은 주위를 정리하는 일이다. 공부하지 않는 사람은 멀리하고 공부를 좋아하는 사람들로 주위를 채워야 한다. 그래서 "끼리끼리 모인다."는 말이 있고 "같이 있으면 서로 닮는다."는 속담이 있는 것이다. 《논어》에는 좋은 뜻으로 같은 의미의 성어가 있다. 덕불고필유린德不孤必有隣, 즉 "덕은 외롭지 않으니 반드시 이웃이 있다."는 뜻이다. 먼저 내가 덕이 있는 사람, 함께하고 싶은 사람이 되어야 한다. 반드시 주위에 좋은 친구들이 모일 것이다.

同聲相應 同氣相求
동성상응 동기상구

불편한 진실을 말해주는 인재를 두어라

"훌륭한 인재는 부리기는 쉽지 않지만,
자신이 모시는 군주는 훌륭하게 보필한다."
_《묵자》

당 태종은 중국의 최전성기를 이끈 황제다. 그 당시 간의대부諫議大夫로 일하던 위징魏徵은 황제에게 수백 번이 넘는 간언을 했다. 그렇게 함으로써 천하를 통일하고 황제 자리에 오른 태종이 교만에 빠지지 않도록 견제하고 겸손과 올바른 자세로 나라를 평안하게 이끌도록 했다. 위징은 심지어 태종이 이미 명령을 내렸던 사안에 대해서도 개선할 것을 강력하게 간언해 무소불위의 권력을 가진 왕의 전횡을 막았다. 태종은 끊임없이 충언하는 위징이 미워서 "저 노인네를 죽여버리고 싶다."고 외치기도 했다. 하지만 그의 충정을 알기에 끝까지 중용해서 함께 나라의 발전을 도모했다.

훌륭한 신하는 군주의 잘못된 점을 그냥 지나치지 않고 직언을 한다. 그런 신하는 군주도 함부로 할 수 없다. 뚜렷한 주관과 충성으로 군주를 바른 길로 이끌어 백성들의 존경을 받을 수 있도록 해주기 때문이다. 마치 좋은 약이 입에는 쓰지만 건강을 찾게 해주는 것과 같다. 지도자는 바로 이런 인재를 곁에 두어야 한다. 귀에 듣기 좋은 말만 하는 부하만 총애한다면 결국 나라도 망하고 자신도 망한다.

 良才難令 然可以致君見尊
양 재 난 령 연 가 이 치 군 현 존

원하는 것이 있다면 간절히 노력하라

"못가에서 물고기를 보며 부러워하느니
돌아가서 그물을 짜는 게 낫다."
_《회남자》

한고조 유방의 손자 유안劉安이 당대의 학자들과 함께 저술한 《회남자》에 실려 있는 이 글에는 두 가지 의미가 담겨 있다. 첫째, 인생에서 원하는 바가 있다면 그것을 얻기 위한 노력이 뒤따라야 한다는 것이다. 정당한 노력과 절차도 없이 바라기만 한다면 아무것도 이룰 수 없다. 둘째, 원하는 것을 얻기 위해서는 지혜로운 준비가 필요하다는 것이다. 간절히 원하는 마음만 앞서서 '우물에서 숭늉을 구하는 식'으로는 좋은 결과를 얻지 못한다. 물고기를 얻고 싶다면 그물을 준비해야 하듯이 인생의 성공을 원한다면 지식과 능력, 그리고 풍부한 경험을 갖추어야 한다.

좋은 삶, 행복한 미래는 누구나 꿈꾸는 인생의 목적이다. 하지만 이 꿈을 이루어가는 방법은 제각각 다르다. 일확천금을 꿈꾸며 도박에 탐닉할 수도 있고, 하루하루 노력해 꿈을 이루어가는 사람도 있다. 어떤 방법을 택하느냐는 온전히 자기 자신에게 달려 있다. 하지만 무엇을 꿈꾸든 분명한 것은 반드시 실천해야 한다는 것이다.

臨淵羨魚 不如退而結網
임 연 선 어 불 여 퇴 이 결 망

애착이 심하면 영혼이 지치고
욕심이 과하면 만족을 모른다

"만족함을 알면 욕됨이 없고, 멈출 줄 알면 위태롭지
않아서 오래 갈 수 있다."

_《도덕경》

명예와 재물 그리고 내 몸 중에 어떤 것이 더 소중한가? 당연히 내 몸이 더
소중하다고 대답할 것이다. 하지만 사람들은 탐욕에 빠지면 이성을 잃는
경우가 많다. 많은 사람이 끝없이 탐욕을 추구하다가 위험에 빠지고 결국
자신을 망치고 만다. 세계적인 부호 록펠러에게 한 기자가 "지금도 엄청난
부자인데 계속 일을 하니 도대체 얼마나 더 부자가 되고 싶은 겁니까?"라
고 물었다. 그러자 록펠러는 이렇게 답했다. "조금만, 조금만 더!" 이처럼
채워지지 않는 욕심이 있는데 그 누가 행복할까? 행복은 지금 얼마나 가지
고 있느냐가 아니라 지금의 생활에 얼마나 만족하고 있느냐에 달려 있다.
하지만 사람들은 이미 가진 것에 만족하지 못하고 가지면 가질수록 더 가
지려 하기에 행복이 달아난다. 그 이유를 노자는 이렇게 말해준다.

"애착이 심할수록 영혼은 더 많이 지친다. 많이 가질수록 그만큼 잃는 것
도 많아진다."

비록 가진 것이 적어도 만족할 줄 아는 마음, 바쁠수록 잠깐 멈출 줄 아는
여유를 갖는 것. 행복한 삶을 살 수 있는 지혜다.

 知足不辱 知止不殆 可以長久
지족 불욕 지지불 태 가이 장구

가끔은 운동으로 건강한 경쟁을 경험하라

"군자는 다투지 않아야 하지만 만약 다툰다면 반드시
활쏘기를 통해서 해야 한다."
_《예기》

《예기》〈사의〉射義의 전문을 보면 '반구저기이이의'反求諸己而己矣라는 문장
이 있다. 이는 위 예문의 이유를 소상히 말해준다. "활 쏘는 것은 인의 길이
다. 먼저 자신을 바르게 하는 것을 구한다. 몸을 바르게 한 후에야 화살을
쏘며, 맞추지 못했으면 나를 이긴 자를 원망하지 않는다. 돌이켜서 나 자신
에게서 잘못을 구할 따름이다."

군자가 활쏘기로 경쟁하는 것은 먼저 자신을 바르게 하는 데 도움이 된
다. 승패를 막론하고 자신을 돌이켜볼 수 있는 '반구저기'의 정신을 배울
수 있기 때문이다. 공자는 흔히 글만 읽은 탁월한 철학자로 알려져 있지만
활쏘기나 마차 몰기, 그리고 음악을 좋아했던 다재다능한 인물이었다. 그는
군자는 당연히 분쟁을 일으켜서는 안 된다면서도 활쏘기와 같은 정정당당
한 경쟁은 권장했다. 정당한 경쟁을 통해서 덕을 키울 수 있다고 본 것이다.

그 시절 활쏘기는 오늘날의 스포츠라 할 수 있다. 젊은이들은 책만 볼 것
이 아니라 다양한 스포츠를 통해 체력도 길러야 한다. 그리고 경쟁을 통해
승리와 패배의 의미를 되새기고, 인생의 의미도 깨달을 수 있어야 한다.

君子無所爭 必也射乎
군 자 무 소 쟁 필 야 사 호

말과 글은 마음을 반영하고
마음은 말과 글로 표현된다

"말은 마음의 소리요, 글은 마음의 그림이다."
_《법언》法言

서한의 철학자 양웅揚雄이 자신의 책《법언》에서 했던 말이다. 그 문장 뒤로 "말과 글을 통해 군자와 소인의 인격이 드러난다. 말과 글은 그 사람의 마음의 움직임을 드러낸다."가 이어진다. 말과 글은 모두 마음의 표현이며 인격의 실체라는 것이다.

더불어 반드시 염두에 둘 것은 신체와 마음은 상호작용을 한다는 사실이다. 말로 자신의 마음을 드러내지만, 그 말이 또 마음에 영향을 끼친다. 선하고 아름다운 마음을 지닌 사람은 나오는 말도 선하고 아름답다. 역으로 선하고 아름다운 말을 쓰면 마음도 그 말을 닮아 선하고 아름다워진다. 마음속에 품은 뜻이 크고 담대하다면 말도 당당해야 한다. 말이 담대하면 마음도 점차 굳건해진다.

글도 마찬가지다. 다산은 글에 뜻을 둔 청년을 가르치며 이렇게 말했다. "문장이란 무엇일까? 학식이 안으로 쌓여 그 아름다움과 멋이 겉으로 드러나는 것이다. 기름진 음식을 먹으면 몸에 윤기가 흐르고, 술을 마시면 얼굴에 홍조가 피어나는 것과 다름없는데 어찌 갑자기 이룰 수 있겠는가?" 말도 글도 마음의 표현이다. 먼저 마음을 충실하게 채워야 한다.

言心聲也 書心畵也
언심성야 서심화야

의무와 책임을 다한 뒤 즐겨도 늦지 않다

"선비는 당연히 천하의 근심거리를 먼저 걱정하고 천하의
즐거움은 나중에 즐겨야 한다."

_《송명신언행록》

중국 북송시대의 뛰어난 정치가 겸 학자였던 범중엄范仲淹이 한 말로, 서양
귀족들의 도덕적 의무를 뜻하는 '노블레스 오블리주'의 동양적 표현이다.
아니 오히려 훨씬 더 강력한 개념이라고 볼 수 있다. 노블레스 오블리주가
'귀족들이 누리는 지위나 특권에 상응하는 의무를 다해야 한다'는 의미인
데 비해 '선우후락'先憂後樂 정신은 먼저 걱정하고 뒤에 누린다는 점에서 의
무와 책임을 더 앞세운다.

《맹자》에도 지도자의 책무를 말한 성어가 실려 있는데 여민동락與民同樂,
즉 '백성과 함께 즐긴다'는 뜻이다. 왕이 음악이나 사냥을 즐기더라도 백성
들과 함께한다면 백성들의 원망을 듣지 않을 것이라는 이야기다. 물론 왕
이 언제나 백성과 함께 음악을 들어야 한다는 뜻은 아니다. 백성들이 음악
과 삶의 여유를 즐길 수 있도록 경제적 안정과 삶의 풍요로움을 만들어준
다는 의미다. 그럴 때 백성들은 왕이 어떤 즐거움을 누리더라도 함께 기뻐
할 수 있다. 결국 지도자의 궁극적인 책임은 구성원 모두가 잘 살도록 만들
어주는 것이다. 모두가 즐겁고 행복하다면 지도자는 이미 천하의 즐거움을
누릴 자격이 있다.

士當先天下之憂而憂 後天下之樂而樂
사 당 선 천 하 지 우 이 우 후 천 하 지 락 이 락

삶에 적용되지 않으면 죽은 지식이다

"당신이 읽는 책은 옛사람의 찌꺼기에 불과하다."
_《장자》

제나라의 환공이 책을 읽고 있을 때 그 앞 정원에서 바퀴를 만들던 장인이 말을 걸었다. "임금께서 읽고 계신 책은 무엇입니까?" 환공이 "옛 현자들의 말씀이다."라고 하자, 장인은 "옛 현자들은 이미 죽었을 텐데, 그렇다면 임금께서 읽는 책은 옛사람의 찌꺼기에 불과합니다."라고 말했다. 환공이 노하여 그 이유를 묻자 이렇게 답한다. "하찮은 바퀴를 만드는 기술도 영감靈感에 의해서만 제대로 만들 수 있습니다. 하물며 아들에게도 글로는 가르칠 수가 없는 법입니다. 따라서 이미 죽어버린 옛 선인들이 쓴 글 역시 자신이 깨달은 바를 전할 수 없으니 그것은 옛사람의 찌꺼기일 뿐입니다."

장인의 말은 책에 있는 지식은 영적인 교감을 통해 완전히 나의 것이 되어야 한다는 뜻이다. 또 이 과정을 통해 현실에 적용될 수 있어야 하고 실제의 경험을 통해 검증될 수 있어야 찌꺼기가 아닌 살아 있는 지혜가 된다는 말이다. 만약 고전을 읽는다면 그 지식이 삶에 적용될 수 있어야 한다. 단순히 이론만 아는 고전은 쓸모가 없다. "이론이 실천에서 벗어나는 것이 가장 큰 불행이다." 레오나르도 다빈치가 핵심을 말했다.

 君之所讀者 古人之糟魄已夫
군 지 소 독 자 　고 인 지 조 백 이 부

마음을 한데 모으면 강력한 힘이 생긴다

**"천시天時는 지리地利만 못하고
지리는 인화人和에 미치지 못한다."**
_《맹자》

맹자는 성선설을 주창했던 만큼 태생적으로 평화주의자다. 하지만 맹자가 살던 시대는 단 하루도 전쟁이 끊이지 않던 시대였다. 오죽하면 그 시대를 전국시대戰國時代라고 불렀겠는가. 따라서 맹자도 평화를 얻으려면 반드시 강자가 되어야 한다고 생각했다. 하지만 그 방법은 달랐다. 인자무적, 즉 "사랑으로 다스리는 사람은 당할 자가 없다."는 말처럼 맹자는 진정한 강함은 사랑으로 얻을 수 있다고 했다. 위의 예문도 맹자가 말했던 전쟁론인데 역시 독특하다.

천시란 좋은 기회를 기다리는 것으로 계절, 기후, 시간 등 자연의 조건을 선택하는 것이다. 지리란 상대방의 공격은 막고 우리 편은 공격하기 쉬운 지리적인 이점을 택하는 것을 말한다. 인화는 민심을 얻는 것을 말한다. 전쟁에 이기기 위해서는 이 세 가지가 모두 중요하지만 그중에서 인화가 제일 중요하다. 사람들이 한마음이 되어 나라를 지키는 것, 그것이 전쟁에서 이기는 가장 효과적인 길이다. 이는 오늘날 경쟁의 시대에도 통하는 진리다. 하나로 모은 사람의 힘은 강하다. 아낌없이 주는 사랑의 힘도 강하다. 둘이 합치면 가장 강력하다.

天時不如地理 地理不如人和
천시불여지리 지리불여인화

욕심이 과해지면
파멸의 기운이 함께 온다

"사람은 재물 때문에 죽고 새는 먹이 때문에 죽는다."
_《명심보감》

새는 눈앞의 먹이에 급급하다가 다가오는 위험을 감지하지 못한다. 먹이의 유혹에 빠지면서 결국 생명을 잃게 되는데 사람 역시 다르지 않다. 눈앞의 재물을 탐닉하면 인생을 망치게 된다. 높은 지위에 있던 사람이 뇌물과 청탁을 받아 나락에 떨어지는 것을 종종 본다. 이미 많은 부와 명예를 가졌는데도 더 큰 욕심을 부리다가 파멸의 길을 가는 것이다.

제나라 환공이 "부에는 한계가 있는가?"라고 묻자, 명재상 관중이 대답했다. "먼저 물의 경우를 보면 우물은 그 물이 마를 때까지가 한계라고 할 수 있으며, 부의 경우에는 만족할 때가 그 한계입니다. 그러나 사람들이 만족할 줄 모르기 때문에 계속 욕심을 부리고 결국 파멸하고 맙니다." 부의 한계는 가진 것에 만족하는 것이다. 끝없이 돈을 좇는 욕심을 멈추고 돈보다 더 소중한 삶의 의미와 가치를 찾을 때 행복한 삶을 살 수 있다. 돈의 무게는 잴 수 있지만 행복의 무게는 잴 수 없다. 무한대이기 때문이다.

人爲財死 鳥爲食亡
인 위 재 사 조 위 식 망

극단에 치우치지 않는 삶을 지향하라

**"좋은 일을 하더라도 명예를 위해서 하지 말고,
나쁜 일을 하더라도 형벌에 이를 정도로 하지는 마라."**
_《장자》

자신의 이름을 높이기 위한 자선은 더 이상 선한 일이 아니다. 자기 과시와
욕심의 포장된 모습일 뿐이다. 평범한 사람이라면 누구나 이런 마음을 갖
는 것은 당연할 것이다. 좋은 일을 하면서 자기 이름을 드러내고 싶고 칭찬
을 듣고 싶은 마음이 전혀 없는 사람은 드물지도 모른다. 하지만 선행의 목
적이 어려운 사람에 대한 연민 없이 오직 자기 이름을 알리는 데 있다면 그
것은 선행이 아니다.

나쁜 일을 할 때도 형벌을 받을 정도로 해서는 안 된다. 물론 이 말은 법
에 저촉되지 않을 정도의 나쁜 일은 해도 된다는 말이 아니다. 좋은 일이든
나쁜 일이든 본능이 시키는 대로 무작정 할 것이 아니라 적절한 순간 자신
을 제어할 수 있어야 한다는 의미다. 이것이 바로 고전에서 말하는 어려운
중용의 도가 아닌 평범한 사람들이 적용할 수 있는 중용의 도다. 평범한 우
리도 실생활에서 중용의 도를 항상 염두에 두어야 한다. 그것은 매사에 극
단에 치우치지 않고 균형 잡힌 삶을 살아가는 것이다.

爲善无近名 爲惡无近刑
위선무근명 위악무근형

259
일요일
休
쉼

일이 이루어지는 것은
나의 노력에 달렸다

"일을 꾸미는 것은 사람이지만 일을 성공시키는 것은
하늘에 달려 있다."

_《삼국지》三國志

삼국지의 재사 제갈량이 사마의司馬懿의 군대를 화공火攻으로 궤멸시키려는
순간 하늘에서 비가 쏟아지자 탄식하며 내뱉은 말이다. 제갈량과 같은 뛰
어난 지략가도 끊임없이 변화하는 자연현상 앞에서는 무력할 수밖에 없었
다. 위 예문만 보면 모든 일은 하늘에 달려 있기에 사람의 노력은 무익하다
고 느낄 수도 있다. 하지만《삼국지》에는 사람이 어떻게 해야 하는지에 대
한 해답도 함께 나온다. 바로 성어 '수인사대천명'修人事待天命이 그것이다.
"사람으로서 할 수 있는 바를 다한 후에 하늘의 뜻을 기다려야 한다."

　사람이 하늘의 뜻을 기다리려면 먼저 자기 일에 최선을 다해야 한다. 완
벽하게 일을 계획해야 하고 최선을 다해 일에 임해야 한다. 옛날에는 전쟁
에서 자연현상에 대비해야 했다면 오늘날에는 시장 환경과 기술 변화, 트
렌드 등 세상의 움직임을 읽고 대비할 수 있어야 한다. 스스로 노력을 다한
후에 당당하게 하늘의 도움을 구할 자격이 생긴다.

 謀事在人 成事在天
모 사 재 인 성 사 재 천

말은 일의 본질을 나타낸다

"말은 이치를 꾸미는 것이다. 말이 지극한 이치에 이르면
일의 본질이 드러난다."

_《육도》六韜

역사상 가장 극적으로 기회를 잡은 인물로 강태공姜太公을 들 수 있다. 그는
70세가 넘은 나이에 낚시하며 때를 기다리다가 주문왕을 만나 나라의 스
승으로 추대된다. 두 사람이 위수 강가에서 만나는 장면은 《육도》의 맨 앞
부분에 실려 있는데, 그곳에서 강태공은 주문왕에게 천하 통치의 비책을
알려준다. "군자는 군주와 뜻이 맞으면 마음이 화합하고 마음이 화합하면
큰일을 이룰 수 있습니다. 이것이 큰 이치입니다. 말이란 것은 그 이치를 꾸
미는 것입니다. 말이 지극한 이치에 이르면 일의 본질이 드러납니다."

강태공은 말의 본질을 알고 있었다. 어떤 위대한 꿈이 있고 놀라운 능력
이 있어도 그것을 말로 표현할 수 없다면 아무 소용이 없다. 자신이 말하고
싶은 중요한 이치가 있다면 상대방이 알아듣기 쉽게 정리해서 말할 수 있
어야 한다. 이것이 바로 말의 핵심이다. 평범한 일상의 일도 천하를 경영하
는 일도 마찬가지다. 말의 능력이 있어야 자신이 꿈꾸는 일의 본질을 드러
내고 상대방을 설득할 수 있다. 이 이치를 3천 년 전 강태공이 가르쳐준다.

言語應對者 情之飾也 言至情者 事之極也
언 어 응 대 자 정 지 식 야 언 지 정 자 사 지 극 야

새는 높이 날기 전에 몸을 움츠린다

"위대한 사람이 장차 움직이려 할 때는
반드시 어리석은 체한다."
_《육도》

사나운 새는 공격하려 할 때 반드시 낮게 날며 날개를 움츠린다. 맹수 역시 공격하기 전에는 귀를 접고 몸을 엎드린다. 큰일을 꿈꾸는 위대한 사람 역시 쉽게 자신의 재능을 내보이지 않고 몸을 낮춘다. 사소한 일로 이루어야 할 큰 꿈을 그르치지 않기 위해서다.

한신韓信이 저잣거리 한량의 가랑이 밑을 기어간 것은 힘이 없어서가 아니라 사소한 시빗거리로 자신의 미래에 지장을 주지 않기 위해서다. 한신은 훗날 천하 패권의 위업을 이룬 위대한 장수가 된다. 만약 한신이 순간의 분노를 참지 못하고 칼을 뽑았거나 무력으로 그를 제압했다면 한신의 꿈은 그 저잣거리에서 사라졌을지도 모른다.

한신은 왕이 된 후 그 건달을 만나서 말했다. "이 자가 그 당시 나를 욕보일 때 내가 죽일 수 없었겠는가? 죽여도 나에게 아무 득이 될 것이 없었기에 참았고, 그래서 지금의 내가 될 수 있었다." 이것이 바로 한신이 지녔던 진정한 겸손의 모습이며 스스로 낮춤으로써 자신을 높이는 지혜다.

聖人將動 必有愚色
성인장동 필유우색

자신이 가진 재능을 더 뜻깊게 펼쳐 써라

"천리마는 하루에 천 리를 달리지만
쥐를 잡는 것은 살쾡이와 너구리만 못하다."
_《장자》

이태백의 시 〈장진주〉에 "하늘이 나의 재능을 내었으니 반드시 쓰임이 있을 것이다."라는 구절이 있다. 사람들마다 하늘에서 받은 재능이 있으니 꼭 쓸모가 있을 것이라는 이야기다. 겉보기에 얼마나 훌륭한 재능인가보다 그 재능을 얼마나 유용하게 쓸 수 있느냐가 중요하다. 만약 모든 사람이 남 보기에 그럴듯한 일만 하려고 한다면 자신의 진정한 가치를 놓칠 수도 있다. 리더가 사람을 쓸 때도 마찬가지다. 다산 정약용은 〈학유가 떠날 때 노자 삼아 준 가계〉에서 이렇게 말했다.

"옛날의 선왕들은 사람을 임용하는 데 지혜가 있었다. 소경에게는 음악을 살피게 하고, 절름발이에게는 대궐 문을 지키게 하고, 환관들은 궁중을 출입하게 하였다. 곱사, 불구자, 허약자 등의 무리까지도 적당한 임무를 맡겼다."

사람을 기쁘게 하는 일 중 가장 큰 것은 자기 재능을 유용하게 활용하는 것이고 가장 작은 것은 단순히 삶만 영위하는 것이다. 한편 역량에 넘치는 일을 주고, 힘이 부족하다고 꾸짖는 것은 절대 해서는 안 되는 일이다.

騏驥驊騮 一日而馳千里 捕鼠不如狸狌
기 기 화 류 일 일 이 치 천 리 포 서 불 여 리 성

263

목요일
關係
관계

같은 방향을 바라보는 사람을 벗으로 삼아라

"군자는 같은 도道를 가진 사람을 벗으로 삼고
소인은 이익을 같이 하는 자를 벗으로 고른다."

_〈송명신언행록〉

《주역》〈계사전〉繫辭傳에는 "세상은 비슷한 성질을 가진 것들끼리 모이고, 만물은 무리를 지어서 나뉘어 산다. 길흉이 그로 말미암아 생긴다."라는 문장이 실려 있다. 끼리끼리 모이면 좋은 일도 있지만 나쁜 일도 생길 수 있다는 것이다. 힘을 합쳐서 일을 잘 해내면 좋지만 비슷한 것들끼리 휩쓸려 잘 못된 풍토를 만들면 나쁜 일이 생긴다는 뜻이다.

위의 예문은 송나라 때 정치가 구양수歐陽修의 《붕당론》朋黨論에 실린 글이다. 사람에게도 자연과 같은 이치가 통한다. 사람들은 같은 성향을 지닌 사람들끼리 자연스럽게 모이는 경향이 있다. 바른길을 추구하는 사람들끼리 모인다면 좋은 일이다. 하지만 이익을 추구하는 사람끼리 모이면 결과가 좋지 않다. 물론 오늘날 이익을 추구하는 것이 나쁜 것은 아니다. 하지만 오직 이익 추구가 삶의 목적인 사람들끼리 모인다면 어떻게 될까? 이익이 상충하는 사람과 갈등과 다툼이 생길 수밖에 없다. 순자가 말했던 것처럼 '부를 위해 친구를 버리는 사람'과는 멀리하는 것이 좋다.

君子以同道爲朋 小人以同利爲朋
군자 이동 도 위 붕 소 인 이동 리 위 붕

노력과 희생에는
마땅한 보상이 주어져야 한다

"나라는 백성을 근본으로 삼고
백성은 먹는 것을 하늘처럼 여긴다."
_《삼국지》

중국 오나라의 마지막 황제 손호孫皓에게 명재상 육개陸凱가 올렸던 상소문에 있는 문장이다. 상소문 첫머리는 이렇게 시작한다. "신이 듣기로 도가 있는 군주는 백성의 즐거움을 자신의 즐거움으로 삼고, 무도한 군주는 자신을 즐겁게 하는 것을 즐거움으로 삼는다고 합니다. 백성을 즐겁게 하는 자는 자신의 즐거움도 영원하지만, 자신만을 즐겁게 하는 자는 곧 멸망하고 맙니다." 나라는 백성이 없으면 존립할 수 없으므로 백성이 근본이다. 그리고 백성의 즐거움을 위한 첫 번째는 백성이 잘살도록 하는 것이다. '백성이 먹는 것을 하늘로 여긴다'는 말의 의미는 굶어 죽는 사람이 다반사였던 시절, 식량이 삶의 가장 중요한 목표임을 뜻한다. 그래서 예로부터 훌륭한 군주들은 모두 백성들이 경제적 안정을 누리도록 했다.

흔히 조직의 미래를 위해 함께 꿈을 키우고 열심히 노력하자고 말한다. 하지만 희생만을 강요하는 조직은 구성원들에게 신뢰를 줄 수 없다. 노력한 만큼 그에 합당한 보상이 반드시 주어져야 하고 그 보상은 공정해야 한다. 주지 않고 받기만 하는 조직에서 견딜 사람은 없다.

國以民爲本 民以食爲天
국 이 민 위 본 민 이 식 위 천

두려움보다 더 큰 족쇄는 없다

> "빠른 노루는 말도 따라잡지 못하는데, 결국 잡히는 것은
> 노루가 뒤돌아보기 때문이다."
> _《여씨춘추》

말보다 더 빠른 노루가 잡히는 것은 두려움 때문이다. 혹시 잡히지 않을까 염려하는 마음에 뒤를 돌아보다가 자기 능력을 제대로 발휘하지 못한다. 이런 마음의 약점은 위기뿐 아니라 그 어떤 일에서도 사람의 족쇄가 된다. 특히 큰일을 하려면 반드시 마음의 안정과 올바름이 필요하다. 《대학》의 유명한 문장인 '수신제가치국평천하' 앞에 성의誠意와 정심正心이 실려 있는 것이 이를 말해준다. 천하를 평안히 다스리는 큰일을 하기 위해서는 먼저 '정성스러운 마음'과 '올바른 마음'이 반드시 바탕이 되어야 한다.

견고한 마음이 있어야 결단할 수 있다. 마음이 흔들리지 않아야 하는 일에 정성을 다할 수 있다. 하지만 그 어떤 사람도 마음의 중심을 굳건하게 하는 것은 어렵다. 평상시 마음공부가 필요한 이유다. 바쁜 일상에서도 마음의 여유를 누리고 하루하루 자신을 돌아보는 시간을 갖는 것은 마음의 힘을 키우는 길이다. 위기의 순간에 닥쳐서가 아니라 평상시 많이 돌아볼수록 마음은 굳건해진다. 그 시간을 통해 뜻하지 않게 닥친 위기를 극복할 힘이 생긴다.

 使獐疾走 馬弗及至 已而得者 其時顧也
사 장 질 주 마 불 급 지 이 이 득 자 기 시 고 야

부드러움이 강함을 이긴다

"부드러움은 능히 단단함을 이기고
약함은 능히 강함을 이긴다."
_《삼략》

우리는 흔히 약한 자가 강한 상대를 이기면 이변이라고 놀라워한다. 하지만 그 이면을 들여다보면 그럴 만한 이유가 있고 충분한 인과관계가 있음을 알 수 있다. 노자도 물을 이야기하면서 "부드러움이 강함을 이긴다."고 말했다. 한없이 부드러운 물이 단단한 바위를 뚫는다는 것이다. 《회남자》에는 '치폐설존'齒敝舌存이라는 문구가 실려 있다. "늙어서 이는 없어져도 혀는 남는다."는 말로, 단단하고 강한 것이 먼저 없어지고 부드러운 것은 오래 남아 있음을 비유하는 말이다. 강풍에 거목은 쓰러지지만 부드러운 풀은 부러지지 않는 것처럼 자연의 이치가 바로 그런 것이다. 사람 사는 세상도 다르지 않다.

사람들은 언제나 강함을 추구한다. 강하고 단단한 것이 힘이 있다고 믿는다. 하지만 진정한 강자는 자신의 강함을 자랑하지 않는다. 굳이 자랑할 필요를 느끼지 않는다. '자승자강'自勝者强이 이를 말해준다. 진정한 강자는 자신을 믿기에 굳이 자신의 강함을 드러내지 않는다. 자신을 믿지 못하는 사람이 힘을 과시하며 사람들을 위협한다.

柔能制剛 弱能制强
유 능 제 강 약 능 제 강

정보는 양보다 판단이 중요하다

"많은 것을 듣되 의심스러운 것을 빼고 신중하게 말하라."
_《논어》

적극적인 성품의 제자 자장이 출세하는 방법을 묻자 공자가 답했다. "많은 것을 듣되 의심스러운 것을 빼고 그 나머지를 조심스럽게 말하면 허물이 적다. 많은 것을 보되 위태로운 것을 빼고 나머지를 조심스럽게 행하면 후회하는 일이 적다. 말에 허물이 적고 행동에 후회가 적으면 출세는 자연히 이루어진다."

자장은 출세하는 방법을 물었지만, 공자는 먼저 올바르고 신중하게 처신할 것을 이야기한다. 마치 동문서답처럼 들리지만 끝까지 들어보면 공자의 깊은 뜻을 알 수 있다. 공자의 가르침은 크게 세 단계를 거친다. 먼저 다문多聞, 즉 많이 보고 들어 배우고 경험해야 한다. 다음으론 의심스러운 것은 제쳐두는 변별력이 필요하다. 그것을 바탕으로 반드시 진실하고 올바른 것만 신중하게 말하고 행동해야 한다.

오늘날은 수많은 정보가 범람하는 시대다. 그중에는 거짓과 왜곡된 정보도 많기에 진실을 변별해내는 안목이 필요하다. 진실을 기반으로 말하고 행동하는 신중한 자세만이 나를 지킬 수 있다.

多聞闕疑 愼言其餘
다 문 궐 의 신 언 기 여

시간과 기회는 누구에게나 공평하게 주어진다

"하늘은 사사로이 덮는 것이 없고 땅은 사사로이 싣는 것이
없으며 해와 달은 사사로이 비추는 일이 없다."
_《예기》

자연은 누구에게나 공평무사하다. 하늘도 땅도 해와 달도 모두 어느 특정
한 사람만을 위하지 않는다. 지위에 따라, 귀천에 따라, 빈부에 따라 차등을
두는 법이 없이 공평하게 혜택을 준다. 특히 시간은 누구에게나 동일하다.
하루 24시간은 부유한 사람이나 가난한 사람이나 성공한 사람이나 실패한
사람 모두에게 동일하다.

이 말은 우리에게 두 가지 교훈을 준다. 하나는 지도자의 길이다. 지도자
는 사람을 쓰거나 볼 때 공평하게 판단해야 한다. 개인적인 감정을 투영하
거나 겉모습으로 판단해서는 안 되며 신상필벌이 공정해야 하고 사람을 발
탁하는 일은 더욱 그렇다. 또 한 가지 교훈은 누구에게나 기회는 균등하게
온다는 것이다. 단지 언제 어떻게 기회가 올 것인지만 다르다. 어려운 상황
에 처할수록 차분히 기회를 기다릴 수 있어야 한다. 잠잠히 실력을 키워나
간다면 반드시 기회가 온다. 고난이 모든 사람에게 기회가 되는 것은 아니
다. 하지만 미리 준비한 사람에게는 더 큰 도약의 기회가 된다.

天無私覆 地無私載 日月無私照
천 무 사 복 지 무 사 재 일 월 무 사 조

감성과 이성이 조화를 이루는 공부가 필요하다

"음악은 마음을 아름답게 하고,
예의는 행실을 아름답게 한다."
_《예기》

《논어》에는 '흥어시 입어례 성어락'興於詩 立於禮 成於樂이라는 문장이 실려 있다. "시로써 감흥을 일으키고 예로써 바르게 서며 음악으로 완성한다."로 풀이할 수 있다. 학문과 수양에는 시와 예, 그리고 음악이 가장 중요한 요소라는 뜻이다. 과거에 학생을 가르칠 때 가장 중요시한 것은 바로 예와 음악이었다. 왕실은 물론이고 일반 교육기관에서도 이 두 가지를 가장 중요시했다. 음악은 사람의 감성을 일깨워 내적인 소양을 키워주고, 예의는 절도 있는 자세와 외양을 가다듬어준다.

다산도 《목민심서》에서 "오늘날 학교에서는 예와 악이 무너져내려 오직 독서만 가르친다."라고 한탄했다. 오늘날 현실도 마찬가지다. 오직 전문지식, 대학 입시를 위한 공부에만 집중되어 있다. 예전에는 전문지식만 있으면 성공하는 전문가의 시대였으나 오늘날은 다르다. 이성과 감성이 적절히 균형 잡힌 통합형 인재를 지향하는 시대가 되었다. 젊은 인재는 물론 리더들에게도 전문적인 지식과 함께 폭넓은 교양과 풍부한 감성이 필수다.

樂所以修內也 禮所以修外也
악 소 이 수 내 야 예 소 이 수 외 야

세상은 물론 자신마저 속이는
위선자를 경계하라

"간악한 사람은 명예를 중시하는 것처럼 꾸민다.
그의 처신만을 보면 군자와 닮은 점이 있다."
_《격언연벽》

타고난 사기꾼들이 가장 먼저 하는 일, 그리고 잘하는 일은 상대방이 자신을 좋은 사람으로 믿게 하는 것이다. 그래서 많은 사람이 사기꾼한테 속으면서도 '그 사람이 그럴 리가 없다'고 말할 정도 완전히 속아 넘어간다. 세상에서 명성을 얻는 사람 중에도 그런 사람이 있다. 지위나 사회적 위치만 높을 뿐 그가 하는 일은 사기꾼을 능가한다. 공자는 시골의 유지 노릇을 하는 '향원'鄕愿이 대표적이라며 '덕을 해치는 자'라고 꾸짖었다. 맹자의 지적은 더 구체적이고 신랄하다. "그런 사람은 비판하려 해도 딱히 잘못이라고 거론할 점이 없고, 공격하려 해도 공격할 점이 없다. 시류에 편승해 부정한 세상에 영합하는 자다. 평소의 생활은 충직하고 신용이 있는 것처럼 보이며 행동은 청렴결백한 것 같아 다른 사람은 물론 스스로도 옳다고 여긴다. 하지만 그런 사람과는 함께 요순堯舜의 올바른 도에 들어갈 수 없기에 '덕을 해치는 자'라고 했다."

공자는 타인을 속이려드는 사람을 사이비似而非라고 단정하며 자신은 물론 세상을 속이는 위선자라 했다. 살면서 그들에게 속지 않도록 늘 정신을 바짝 차려야 한다.

奸人詐而好名 他行事有確似君子處
간 인 사 이 호 명 타 행 사 유 확 사 군 자 처

스스로 낮추는 이에게
사람들이 모여드는 이유

"교만은 손해를 부르고 겸손은 이익을 받는다."
_《서경》

《명심보감》〈안분〉安分에는 이런 글이 실려 있다. "만족함을 아는 사람은 가난하고 천해도 즐겁고, 만족함을 모르면 부하고 귀해도 근심한다. 만족할 줄 알아 늘 만족하면 종신토록 욕되지 않고, 그칠 줄 알아 늘 그치면 종신토록 부끄러움이 없다." 그리고 이 말에 이어 위의 구절이 결론으로 나온다.

여기서 우리는 겸손과 교만의 실천적인 원리를 알게 된다. 겸손함은 스스로 만족함을 알아 절제하는 것이고, 교만함은 스스로 만족하지 못해 탐욕을 부리는 것이다. 스스로 만족하는 사람은 인생이 즐거울 뿐 아니라 치욕을 당할 일이 없다. 스스로 만족하지 못해 항상 더 많은 것을 구하려는 사람은 근심 속에 살아야 한다. 주어진 상황에 만족하지 못하고 계속 무언가를 더 욕구하기에 마음이 평안하지 않다. 오늘날은 모두가 자기를 높이려고 한다. 또 높아야만 알아주는 세태에서 스스로를 낮추는 것은 결코 쉬운 일이 아니다. 하지만 분명한 것은 교만하면 사람이 떠나고 겸손하면 사람이 모인다는 사실이다. 오늘날 가장 큰 힘은 바로 사람이다.

 滿招損 謙受益
만 초 손 겸 수 익

모든 관계는 나를 아는 것에서 시작된다

"다른 사람을 아는 자는 지혜롭고,
스스로를 아는 자는 명철하다."
_《도덕경》

《도덕경》〈제33장〉에 실려 있는 글로, 이 글의 다음에는 "다른 사람을 이기는 자는 힘이 있고, 스스로를 이기는 자는 진정으로 강한 자다."(승인자유력 자승자강勝人者有力 自勝者强)라고 쓰여 있다. 여기서 명明은 지智보다, 강强은 유력有力보다 더 높은 차원이다. 다른 사람을 아는 것도 지혜롭지만 자신을 아는 것은 그 차원을 넘어 명철함이 있어야 한다. 또한 다른 사람을 이기는 것도 대단하지만, 정말 어려운 것은 자신을 이기는 것이다. 그만큼 자신을 알고 자신을 이기는 것은 최고의 경지다.

우리 삶은 수많은 사람과의 관계로 이루어져 있기에 사람에 대해 아는 일은 정말 중요하다. 사람을 아는 일은 바로 나를 아는 것에서 시작되어야 한다. 그리고 나를 아는 일은 자신을 바로 세우는 것이 가장 먼저 할 일이다. 자신이 바른 곳에 서 있지 않다면 다른 사람을 바르게 볼 수 없기 때문이다. 자신이 비탈진 곳에 서 있으면 상대도 기울어져 보인다. 자신이 진흙탕에 서 있다면 상대 역시 흙투성이로 보일 수밖에 없다. 날마다 자신을 돌아보며 성찰하는 일이 그래서 반드시 필요하다.

知人者智 自知者明
지 인 자 지 자 지 자 명

위기 대응은 미리 하는 것이다

"평안할 때 위기를 생각하라. 생각하면 대비할 수 있고
대비하면 걱정이 없다."

_《춘추좌전》

춘추시대 진나라의 총사령관 사마위강司馬魏絳은 유능한 신하였다. 그는 나라가 인접국과의 분쟁에 휩쓸렸을 때 이를 잘 해결해 진나라의 국격을 높이는 데 큰 공을 세웠다. 그때 도움을 받은 이웃 나라에서 선물을 보내오자 진나라의 왕은 그 절반을 사마위강에게 하사했다. 그러자 사마위강은 선물을 사양하며 '유비무환'을 간언했다. "평안할 때 위기를 생각하면 대비할 수 있고 미리 대비하면 걱정이 없습니다." 유비무환이란 위기에 닥쳤을 때가 아니라 지도자가 나라를 정의롭게 다스릴 때 미리 준비해야 한다는 의미다. 즉 왕이 평상시에 바른 정치를 해야 한다고 돌려서 말한 것이다.

나라가 정의롭게 다스려질 때 백성들은 군주를 신뢰하고 나라의 기강이 바로 선다. 이러한 신뢰를 기반으로 어떤 위험에도 당당히 맞설 수 있는 건강한 나라가 될 수 있다. 만약 지도층이 자신의 특권을 믿고 전횡을 일삼는다면 그 나라는 정의로운 나라가 될 수 없다. 결국 백성의 신뢰를 잃고 외부의 침략에도 쉽게 무너진다. 위기의 대응은 평안한 시기에 해야 한다. 위기가 닥친 후에 대비하면 늦다.

居安思危 思則有備 有備無患
거 안 사 위 사 즉 유 비 유 비 무 환

10월

十
月

"부드러움을 쌓아나가면 견고해지고,
약함을 쌓아나가면 강해진다."

_《회남자》

열린 마음으로 듣고 말하라

"말하는 이는 죄가 없으니 듣는 이가 경계로 삼으면 된다."
_《시경》

현대 경영학의 아버지로 불리는 피터 드러커는 "인간에게 가장 중요한 능력은 자기 표현력이며, 현대의 경영이나 관리는 커뮤니케이션에 의해 좌우된다."고 말했다. 개인은 물론 기업도 커뮤니케이션 능력이 중요하다. 커뮤니케이션을 얼마나 잘하느냐에 따라서 성패가 좌우된다. 실제로 오늘날은 다른 어떤 능력보다도 커뮤니케이션 능력이 뛰어난 개인이나 조직이 성공하는 시대다. 그것을 만드는 것이 리더의 역할이다.

소통을 잘하고 싶다면 말을 잘하는 것 못지않게 상대의 말을 잘 들을 수 있어야 한다. 꼭 상하 관계의 대화에만 해당하는 말이 아니다. 동등한 관계의 대화나 일상적인 대화에서도 상대를 인정하고 말을 경청하는 태도는 중요하다. 그래야 진실한 나눔을 할 수 있다. 경청을 하려면 열린 마음이 필요하다. 상대에 대한 선입견이나 편견이 있다면 마음이 닫혀 그가 말하는 어떤 좋은 말도 받아들이기 어렵다. '당신의 말에 관심이 있다'는 눈빛, '그 말에 공감한다'는 한 번의 끄덕임은 사람의 마음을 열게 한다. 마음을 여는 것이야말로 대화의 시작이자 완성이다.

言者無罪 聞者足戒
언 자 무 죄 문 자 족 계

남들이 보지 못하는 것을 보는 자가 리더가 된다

"아는 것이 남과 다름이 없다면
나라의 스승이 될 수 없다."
_〈육도〉

지도자는 남들이 보지 못하는 것을 보는 통찰력과 미래를 읽고 대비하는 선견력이 있어야 한다. 환난과 위기가 닥치기 전에 표징을 읽고 대비할 수 있어야 나라에 닥칠지도 모를 위기를 잘 막아낼 수 있다. 만약 군대를 지휘하는 장군이라면 적과 용감하게 맞붙어 싸워 이기는 것에 그쳐서는 안 된다. 적이 전혀 예상도 할 수 없는 방법으로 허를 찔러 아군의 피해를 최소화해야 한다. 어떤 분야에서 일하는 사람이라도 남들과 똑같이 한다면 결코 남보다 앞설 수 없다.

능력이 있고 운이 좋아 한 나라의 높은 자리에 올라가는 것은 누구라도 할 수 있다. 하지만 높은 지위에 있다고 해서 모두 훌륭한 지도자는 아니다. 남들이 보지 못하는 것을 보고, 보통 사람보다 특별한 강점을 갖고 있어야 나라를 이끄는 진정한 지도자라고 할 수 있다. 사람들은 모두 남보다 앞서려 하고 높은 자리에 오르려 한다. 만약 이런 꿈이 있다면 먼저 자신을 돌아볼 수 있어야 한다. 내가 남들보다 뛰어난 점은 무엇인가? 나는 무엇으로 따르는 사람들을 책임질 수 있는가?

智與衆同 非國師也
지여중동 비국사야

공부는 외우는 것이 아니라
생각하는 것이다

"단순히 외워서 아는 학문으로는
남의 스승이 되기에 부족하다."
_《예기》

우리는 흔히 외우기를 잘하는 사람을 영리하다고 생각한다. 주입식 교육환경에서는 암기가 가장 좋은 결과를 만들기 때문이다. 하지만 단순히 외워서 하는 공부는 완전한 자신의 것이라고 할 수 없다. 머릿속에 남아 있기는 하지만 응용할 수도, 실천할 수도 없다. 따라서 그 어떤 학문이든 '생각'이라는 과정이 필요하다. 자신이 배운 것을 무조건 받아들이는 것이 아니라 생각을 통해 검토하고, 비판하고, 새롭게 받아들일 수 있어야 한다. 《맹자》에는 "《서경》을 맹신하는 것은 《서경》이 없는 것만 못하다."라는 문장이 있다. 《서경》은 그 당시 가장 권위 있는 책으로 많은 학자가 이 책을 인용했다. 하지만 맹자는 설사 《서경》에 나온 글이라 해도 그것을 맹신해서는 진정한 공부가 될 수 없다고 말한다. 비판적이고 주관적인 공부를 강조했던 것이다.

후진을 가르쳐 양성하는 것은 학문의 발전을 위한 가장 중요한 책무다. 단순히 옛날에 배운 지식을 답습해서는 스승의 자격이 없으며 반드시 새것을 아는 창의성이 있어야 한다. 가르침은 단순한 지식의 전수가 아니다. 함께 새길을 만들어가는 것이어야 한다.

記問之學 不足以爲人師
기문지학 부족이위인사

눈앞의 천리마도
진가를 알아봐줘야 달린다

"지혜로운 사람은 자신의 단점을 사용하지 않고
우둔한 사람의 장점을 사용한다."

_《귀곡자》鬼谷子

아무리 뛰어난 사람이라고 해도 실수를 할 수 있으며 부족한 점이 있게 마련이다. 또한 아무리 부족하고 미련한 사람이라도 남들이 하지 못하는 자신만의 장점이 있게 마련이다. 그렇기 때문에 정말 지혜롭고 뛰어난 사람은 모든 것을 잘하는 사람이 아니라 자신과 남들의 장단점을 잘 볼 수 있는 사람이다. 그리고 그 장단점을 잘 활용할 수 있는 사람이다.

이를 위해서 반드시 넘어야 할 장애물이 있다. 바로 편견과 선입견이다. 섣부른 자존심으로 자신을 무조건 높여서도 안 되고, 우둔한 사람이라고 해서 편견을 갖고 무조건 무시해서도 안 된다. 그리고 무능하다 혹은 유능하다는 선입견으로 미리 사람을 재단하지 않는다.

"눈앞에 천리마가 있어도 좋은 감정사가 없으면 알아보지 못한다."라고 《여씨춘추》에 실려 있다. 내 주변에 천리마와 같은 인재를 버려두고 있는 것은 아닌지 언제나 살펴볼 일이다.

 智者不用其所短 而用愚人之所長
지자불용기소단 이용우인지소장

고난의 순간이
인생의 진정한 자산을 키울 때다

**"곤욕이 근심거리가 아니라 곤욕을 괴로워하는 것이
근심이다. 영화가 즐거운 것이 아니라 그 영화를
잊어버리는 것이 진정한 즐거움이다."**

_〈격언연벽〉

인생을 살면서 누구나 고난의 시간을 겪게 마련이다. 인생의 성공은 이 고
난의 시간을 어떻게 보내느냐에 달려 있다. 고난의 무게에 눌려 무너지는
사람은 실패하고 고난을 성장의 기회로 삼아 극복하는 사람은 성공한다.
큰 성공을 거두었을 때도 마찬가지다. 성공의 달콤함에 젖어 교만해지면
무너지고 만다.

다산 정약용은 30대 후반까지 성공을 거듭하다가 급전직하해 귀양을 떠
난다. 〈자찬묘지명〉에서 다산은 그 심경을 이렇게 밝혔다. "어릴 때는 학문
에 뜻을 두었으나, 20년 동안이나 세속의 길에 빠져 다시 선왕의 훌륭한 정
치가 있는 줄 알지 못했는데 이제야 여가를 얻게 되었다." 귀양이라는 큰
고난을 학문 완성의 기회로 삼은 다산은 그의 방대한 학문적 업적과 지혜
를 응축한《여유당전서》를 남긴다. 고난과 영화는 그 자체로는 중요하지
않다. 고난에 빠졌을 때나 영화를 누릴 때 상황에 지배당하지 않으면서 그
상황을 누릴 줄 아는 삶이 지혜롭다. 예기치 않게 맞이한 고난의 시간이야
말로 자신의 정체성을 깨닫고 삶의 소명을 이룰 기회다.

困辱非憂 取困辱爲憂 榮利非樂 忘榮利爲樂
곤욕비우 취곤욕위우 영리비락 망영리위락

잠잠히 기다리다 때가 오면
파도처럼 덮쳐라

**"일의 쉽고 어려움은 일의 크기에 달려 있는 것이 아니라
때를 아는 데 달려 있다."**
《여씨춘추》

강태공이 위수에서 낚시질을 하며 세월을 보낸 것은 때를 기다린 것이다. 오자서가 농사를 지으면서 7년을 보낸 것 역시 때를 기다린 것이다. 아무리 지혜로운 사람도 때를 만나지 못하면 일을 이룰 수 없다. 그래서 그들은 조급해하지 않고 잠잠히 때를 기다린다. 《여씨춘추》에서는 때의 중요성을 이렇게 말한다. "성인이 때를 만나는 것은 마치 밝은 날 걸어가는 사람이 그림자와 떨어질 수 없는 것과 같다." 하지만 조급한 사람은 때를 기다리지 못한다. 조급한 마음에 때가 아닌 데도 나서면 아무 일도 이루지 못하고 실패한다.

때를 기다리는 일은 오히려 속도 경쟁의 시대인 오늘날 더욱 중요하다. 첨단 IT 기술은 누가 먼저 개발하느냐에 따라 그 승패가 결정되지만, 아무리 좋은 제품도 시대의 상황에 맞지 않으면 실패하고 만다. 실제로 너무 늦어서가 아니라 너무 빨라서 실패하는 경우도 많다. 한 번 놓쳐버린 기회는 두 번 다시 오지 않는 법이다. 잠잠히 기다리다가 때가 되었다고 느껴지면 과감하게 결단해야 한다. 지나치게 앞서지도 뒤처지지도 말아야 한다.

 事之難易 不在小大 務在知時
사 지 난 이 부 재 소 대 무 재 지 시

물이 모이면 둑도 무너뜨린다

"부드러움을 쌓아나가면 견고해지고,
약함을 쌓아나가면 강해진다."

_《회남자》

이는 노자의 '약지승강 유지승강' 弱之勝強 柔之勝剛 을 논증한 말이다. 풀어보면 "약함이 강함을 이기고 부드러움이 견고함을 이긴다."는 뜻이다. 그 핵심은 바로 '쌓아나감'이다. 약함도 부드러움도 모이고 쌓이면 그 힘이 강력해진다. 바윗돌에 구멍을 뚫는 낙숫물을 보면 그 힘을 알 수 있다. 비록 낙숫물 자체는 힘이 없지만, 시간이 흐르고 그 힘이 쌓이게 되면 단단한 바윗돌도 견딜 수 없게 된다.

물은 그 자체로는 손으로 쥘 수도 없을 정도로 한없이 부드럽다. 하지만 그 물이 모여 쌓이면 그 힘은 누구도 가늠할 수 없다. 둑에서 쏟아지는 물이나 홍수가 났을 때 모든 것을 무너뜨리는 물의 힘을 보면 그 강력함을 알 수 있다. 이 이치는 사람에게도 적용할 수 있다. 설사 지금 약하다고 해도 꾸준히 자신의 힘을 길러나가면 강해질 수 있다. 지금 강하다고 교만한 사람보다 자신의 약함을 알고 꾸준히 노력하는 사람이 최후의 승자가 된다.

積於柔則剛 積於弱則強
적 어 유 즉 강 적 어 약 즉 강

말로 마음을 알고 마음으로 말을 안다

**"그의 말을 들어보고, 그의 눈동자를 관찰한다면
사람들이 어떻게 자신을 숨기겠는가?"**
_《맹자》

맹자는 그 사람이 하는 말을 잘 들으면 그 사람의 속마음을 알 수 있다고
했다. 맹자가 가르쳐주는 사람의 마음을 읽는 법이다. '그의 말을 듣는다'
는 것은 편견과 선입견이 없이 듣는 것이다. 편견과 선입견은 마음에 가려
진 것이 있어서 말을 왜곡시킨다. 아무리 좋은 의견도 싫은 사람이 말하면
받아들이기 어려운 것이 바로 그 때문이다. 맹자는 또한 말을 통해 그 사람
의 마음을 볼 수 있다고 했다. 상대방의 말이 잘못되었거나 왜곡된 점이 있
어 잘 이해하지 못했다면 그 사람의 마음에서 미루어 볼 수 있다. 말로 마음
을 알고, 마음으로 말을 아는 것. 그것이 바로 맹자가 자신의 강점이라고 했
던 '지언'知言이다. 다시 말해 말을 아는 능력이다. 그런 후 마음을 알고 싶
다면 사람들의 눈동자의 움직임을 보라고 맹자는 말한다. 대인관계에서 가
장 어려울 때가 바로 상대방의 마음을 제대로 알 수 없을 때다. '저 사람의
속마음만 알 수 있다면…' 누구나 한두 번쯤은 해봤을 고민이다. 사람의 마
음을 거울처럼 들여다보는 비법은 없다. 평소 인문 고전으로 사람에 대한
이해와 통찰력 높이는 것이 도움이 된다. 그리고 사람을 찬찬히 관찰하는
습관을 기른다면 그의 마음에 한 걸음 더 다가설 수 있을 것이다.

聽其言也 觀其眸子 人焉廋哉
청 기 언 야 관 기 모 자 인 언 수 재

다른 사람의 마음을
깊이 있게 받아들인다

"우물이 아직 완성되지 않았다면 장수는 목이 마르다고
하지 않는다."
_《삼략》

존경하는 장수가 목이 마르다고 하면 충성스러운 부하들은 수단과 방법을
가리지 않고 물을 구해온다. 존경하는 장수의 바람을 들어주기 위해 부하
들은 기꺼이 목숨을 건다. 하지만 장수는 어떤가? 부하들의 희생이 필연적
으로 따를 것을 알기 때문에 장수는 함부로 목이 마르다고 할 수 없다. 자신
의 욕심으로 부하들이 희생하는 것을 바라지 않기 때문이다.

《성경》에도 이와 비슷한 이야기가 실려 있다. 옛 이스라엘의 유명한 다
윗왕이 여부스에서 블레셋 군대에 포위당했을 때다. 그는 갈증에 시달리다
고향 베들레헴의 우물물을 그리워했다. 이를 들은 그의 부하 세 사람은 목
숨을 걸고 베들레헴의 우물물을 길어오지만 다윗은 그 물을 마시지 않고
땅에 부어버린다. 부하들이 생명을 걸고 길어온 그 물이 너무 소중하기 때
문에 차마 마실 수 없었던 것이다.

리더의 이런 모습은 부하들을 감동시키고 기꺼이 목숨을 걸고 충성하게
만든다. 이런 리더와 리더의 말 한마디를 헛되이 듣지 않는 부하가 함께한다
면 그들은 반드시 일을 이룬다. 결국 다윗은 위기를 극복하고 꿈을 이루었다.

軍井未達 將不言渴
군 정 미 달 장 불 언 갈

한낱 개미도 배움을 추구한다

"개미 새끼도 때때로 배운다."
_《예기》

개미는 집을 짓는 데는 선수들이다. 자기 몸보다 훨씬 큰 흙덩이를 파내고 버려서 땅속 깊숙이 집을 만든다. 언제 닥칠지 모르는 적들의 공격에 대비하는 것이다. 그런데 이들도 나면서부터 집 짓는 법을 알지는 않는다. 어릴 적 어미 개미들이 하는 것을 보고 배워서 아는 것이다. 이 배움을 게을리하면 개미는 거친 자연 속에서 살아갈 수 없다. 사람은 어떤가? 개미보다 훨씬 복잡하고 경쟁이 치열한 사회에서 살고 있다. 이기지 않으면 도태되고 배우지 않으면 살아남을 수 없다. 배움은 치열한 삶을 살아가는 데 반드시 필요한 무기다. 하지만 충분히 배울 수 있음에도 배움을 멀리하는 사람도 많다. 이것은 험난한 전쟁터에 무기 없이 나가는 것과 같다. 무기가 없어서가 아니라 게을러서 무기를 두고 가는 것이다.

배우기를 게을리하는 것은 아무런 기술 없이 높은 곳을 오르는 것과 같다. 기술이 없으면 오르지 못하고, 오르지 못하면 결국 삶의 목적을 이루지 못한다. 어쩌면 애당초 삶의 목적이 없는 것인지도 모른다. 결국 그 삶은 허망해진다.

蛾子時術之
아 자 시 술 지

이익만을 탐하는 관계는
오래 가지 않는다

"까마귀는 잘 모여서 사이좋게 보이지만
서로 아낄 줄은 모른다."

_《관자》

다산은 맏아들 학연에게 이렇게 가르쳤다. "수신修身은 효우孝友가 근본이
니 여기에 본분을 다하지 않는다면 아무리 학식이 높고 글재주가 좋아도
이는 흙담에다 색칠하는 것이다. 내 몸을 이미 엄정하게 닦았다면 그 벗도
자연히 단정한 사람일 것이다. 동류는 함께 모이므로 특별한 힘을 기울이
지 않아도 된다. 무릇 천륜에 야박한 사람은 가까이해서도 안 되고 믿어서
도 안 되며, 온 정성을 다해 나를 섬기더라도 절대 가까이하지 마라. 왜냐하
면 끝내 은혜를 배반하고 의리를 망각해 아침에는 따뜻하다가도 저녁에는
냉정해지기 때문이다."

동물들은 본능적으로 같은 종류끼리 모인다. 옆에서 보면 정겹고 사이가
좋은 것처럼 보이지만 속을 들여다 보면 그렇지 않다. 눈앞의 먹이를 차지
하기 위해 피나게 싸우기도 한다. 사람도 자기 이익만을 구하는 사람은 그
런 행태를 보인다. 다정한 것처럼 지나다가도 어느 순간 동물들보다 더 심
한 암투를 벌인다.

사람의 사귐은 진실함이 바탕이 되어야 한다. 마치 새떼가 모이 앞에 모
였다가 뿔뿔이 흩어지는 것 같은 만남은 아무 소용이 없다.

烏鳥之狡 雖善不親
오 조 지 교 수 선 불 친

부의 유무를 떠나
마음의 중심을 잃지 않는다

"부귀를 가졌어도 부패하지 않고 가난하고 힘들어도
포부를 버리지 않고 권위와 무력에도 굴복하지 않는다."
_〈맹자〉

맹자가 대장부大丈夫의 자격에 대해 말한 문장이다. 그 앞 단락은 이렇다.
"천하의 넓은 곳에 거하고, 천하의 바른 자리에 서며, 천하의 큰 도를 행한
다. 뜻을 얻으면 사람들과 함께하고, 뜻을 얻지 못하면 홀로 그 도를 행하리
라."

천하의 넓은 곳, 바른 자리에 선다는 것은 자신의 몸을 두는 것, 즉 처신
處身을 바르게 하는 것이다. 맹자는 상황에 따라 쉽게 흔들리지 않고 자신을
든든히 지키는 사람이 대장부라고 말한다. 그리고 욕심과 방탕의 유혹에서
스스로 절제해야 하고 가난할 때도 스스로 포기하지 말아야 한다. 마지막
으로 맹자는 권력과 무력 앞에서 굴복하지 않는 진정한 용기를 가진 사람
이 되어야 한다고 말한다.

맹자의 말을 종합해보면 이렇다. 대장부라면 어떤 상황에서도 스스로 절
제할 수 있고 어떤 유혹에도 흔들리지 않는 부동심不動心을 가져야 한다. 진
정한 대장부란 어떤 상황에도 자기 마음을 굳게, 그리고 바르게 지키는 사
람이다. 쉽지 않겠지만 오늘 하루만이라도 실천해볼 일이다.

富貴不能淫 貧賤不能移 威武不能屈
부귀불능음 빈천불능이 위무불능굴

눈앞의 이익에 취하면 시야가 좁아진다

"사소한 이익을 버리지 않으면 큰 이익을 얻을 수 없고,
작은 충성에 연연하면 큰 충성을 할 수 없다."
_《여씨춘추》

'소탐대실'이라는 말이 있다. 작은 욕심에 사로잡히면 얻을 수 있는 큰 이익을 오히려 잃을 수도 있다는 말이다. 눈앞의 이익에 급급하면 시야가 좁아지게 마련이다. 시야를 넓게 했을 때 보이는 엄청난 기회를 보지 못하고 지나쳐버리기도 한다. 충성심도 마찬가지다. 지금 당장 군주의 마음을 사로잡기 위해 달콤한 말과 행동을 거듭한다면 잠시 동안은 군주의 마음에 들 수 있을지 모르지만 언젠가는 그 가벼움이 드러나고 만다. 군주를 도와 큰일을 이룰 수 있는 사람은 눈앞에서 아양을 떠는 사람이 아니라 사심 없이 당당하게 군주를 대하는 신하다. 그리고 듣기 싫은 말도 과감하게 할 수 있어야 한다. 초한전쟁의 명참모 장량은 아방궁의 화려함에 취해 간언을 듣지 않는 유방에게 "좋은 약은 입에는 쓰나 병에는 이롭고, 충언은 귀에는 거슬리나 행동에는 도움이 됩니다."라고 간언하여 마음을 돌리게 했다.

　리더는 이런 마음을 볼 수 있어야 한다. 큰 이익을 볼 폭넓은 시야를 갖추고, 큰일을 함께 이룰 부하를 알아볼 수 있을 때 성공하는 리더가 될 수 있다.

不去小利則大利不得 不去小忠則大忠不至
불 거 소 리 즉 대 리 부 득　불 거 소 충 즉 대 충 부 지

분노의 감정은 순간이지만 폐해는 영원하다

"한때의 분함을 참으면 백날의 근심을 면한다."
_《명심보감》

화가 나면 누구나 그 감정을 참기 어렵다. 심지어 옛날 선비들조차 사람의 감정 중에서 분노가 가장 다스리기 어렵다고 토로했다. 북송의 유학자 정호程顥도 "사람의 감정 중에서 쉽게 일어나 다스리기 어려운 것 중에 분노가 특히 심하다."라고 했다. 성리학의 창시자 주자 역시 "나의 기질상의 병통은 대부분 분노와 원망을 다스리지 못하는 데 있다."고 하며 분노와 원망을 다스리는 데 어려움이 있다고 했다.

공자는 《논어》에서 분을 다스리기 힘들 때 필요한 해법을 제시한다. 바로 분사난忿思難이다. "화가 났을 때는 그 뒤에 있을 어려움을 생각하라."는 뜻이다. 분노는 순간적인 감정이다. 하지만 그것을 참지 않고 발산했을 때 피해는 두고두고 남는다. 심지어 그 감정을 마음껏 발산해도 통쾌함보다는 후회만 남게 된다.

화가 날 때는 잠깐 행동을 멈추어야 한다. 그리고 생각을 해야 한다. 한 걸음 물러서서 자기의 감정과 자신을 분리하면 분노에 사로잡힌 자신의 모습에 부끄러움을 느낀다. 그러면 스스로 자제하게 된다.

忍一時之忿 免百日之憂
인 일 시 지 분 면 백 일 지 우

상대의 말에 귀를 기울이면
따뜻한 보답이 돌아온다

"마음이 없으면 보아도 보이지 않고, 들어도 들리지 않고,
먹어도 그 맛을 모른다."
_《대학》

이 문장은 원래 《대학》의 핵심 요절인 '수신제가치국평천하'에서 수신의
전 단계인 정심正心, 즉 '바른 마음'에 대해 말한 것이다. 수신하려면 먼저
바른 마음이 필요한데 그것을 위해서는 반드시 마음을 다해야 한다는 뜻이
다. 만약 마음이 없다면 어떤 일이 벌어져도 무슨 말을 들어도 그것을 인식
하지 못한다. 수양뿐 아니라 그 어떤 일도 마찬가지다.

여기서 우리는 사람의 말을 어떻게 들어야 할지에 대한 소중한 깨우침을
얻을 수 있다. 청이득심聽以得心이라는 성어가 말하듯이 상대의 말을 들어야
그 마음을 얻을 수 있다. 하지만 조건이 있다. 온몸과 마음을 다해서 들어야
한다. 경청이 '기울일 경'傾과 '들을 청'聽으로 이루어진 것처럼 몸을 기울
이고 귀를 기울이는 겸손한 자세를 취해야 한다. 경청에는 상대방을 인정
하고 존중한다는 메시지가 담겨 있다. "당신이 소중한 만큼 당신이 하는 말
도 소중하다." 그것을 말없이 보여줄 수 있는 것이 바로 경청의 자세다. 당
연히 상대에게서 따뜻한 배려가 돌아온다. 상대를 높임으로써 함께 높아지
는 지혜, 바로 경청이 주는 혜택이다.

心不在焉 視而不見 聽而不聞 食而不知其味
심 부 재 언 시 이 불 견 청 이 불 문 식 이 부 지 기 미

반성이 필요하되 자책은 하지 마라

"잘못을 반성하는 일이 없어서는 안 되지만,
지나치게 오래 마음에 품어서도 안 된다."
_《근사록》

공자는 "잘못을 고치지 못하는 것이 내 근심이다."라고 했다. 누구라도 완벽한 사람이 없기에 잘못을 저지른다. 하지만 잘못 자체보다 잘못을 되풀이하지 않는 데 집중하라는 가르침이다. 잘못을 저질렀을 때 자신을 반성하는 일은 꼭 필요하다. 앞으로 같은 실책을 반복하지 않고, 실수를 통해 더 큰 발전을 얻기 위해서 당연히 거쳐야 하는 과정이다. 그런데 잘못했을 때 땅이 꺼질 듯 괴로워하는 사람이 있다. 반성을 넘어 자책이 되고 이것이 심해지면 자포자기하게 된다. 이런 사람은 단 한 번의 잘못으로도 재기할 수 없는 상황에 빠져버리고, 다시 도전할 의욕마저 잃어버린다.

반성은 새로운 출발을 위한 원동력이 되어야 한다. 딛고 도약할 받침대가 되어야 한다. 성장을 위한 밑거름이 되어야 한다. 실패는 누구나 경험하는 일이다. 성공하는 사람은 실패를 결과가 아닌 하나의 과정으로 생각한다.

罪己責躬不可無 然亦不當長留在心胸爲悔
죄 기 책 궁 불 가 무   연 역 부 당 장 류 재 심 흉 위 회

가르침을 대하는 세 가지 자세

"지혜로운 사람은 가르치지 않아도 이루고, 우둔한 사람은
가르쳐도 소용이 없으며, 평범한 사람은 가르치지 않으면
알지 못한다."
_《안씨가훈》

위 예문에서 말하는 세 종류의 사람은 가르침을 따르는 태도로 구분한 것
이다. 먼저 지혜로운 사람은 굳이 가르치지 않아도 자신이 알아서 일을 완
성한다. 그다음 우둔한 사람은 아무리 가르쳐도 따르지 않고 자기 마음대
로 한다. 곡학아세曲學阿世, 즉 학문을 굽혀 세상을 어지럽히는 사람이 바로
이들이다. 마지막으로 평범한 사람은 비록 크게 지혜롭지는 못해도 배우면
반드시 따르는 사람이다. 우리 대부분이 이에 속한다.

공자는 "선한 사람이 백성들을 7년 동안 가르친다면 전쟁에 나아가게 할
수 있다."고 했다. 이어서 들려 주는 "백성을 가르치지 않고서 전쟁에 나가
게 하는 것은 그들을 버리는 것이다."도 같은 가르침이다. 사람에게 일을 맡
길 때는 먼저 교육을 통해 합당한 자격을 갖추게 해야 한다. 일을 할 수 있
는 능력과 일에 대한 소명의식을 가지면 일을 할 준비가 된 것이다. 그다음
은 자신이 꿈꾸는 이상을 향해 나가면 된다. 교육은 마치 활을 쏘기 위해 화
살을 뒤로 당기는 것과 같다. 힘껏 당길수록 멀리 나간다.

上智不教而成 下愚離教無益 中庸之人不教不知也
상지불교이성 하우이교무익 중용지인불교부지야

마흔에도 관계가 삐걱댄다면
인생을 돌아보라

**"나이 마흔에도 다른 사람의 미움을 받는다면
끝난 것이다."**
_《논어》

"누구든 나이 마흔이 넘으면 자기 얼굴에 책임을 져야 한다." 미국 대통령 링컨이 했던 말이다. 공자는 "마흔에는 미혹되지 않아야 한다."고 말했다. 둘을 합쳐보면 인생의 절반이 되었을 때는 감정과 욕심에 흔들리지 않을 정도로 내면이 굳건해야 하고, 당연히 외면에도 그것이 드러나야 한다는 것이다. 위의 구절은 마흔이 되어서 이루어야 할 또 하나의 자격을 이야기한다. 보통 마흔이 되면 젊음의 혈기가 사라지고 인생을 성찰할 수 있게 된다. 따라서 다른 사람과의 관계도 제대로 형성되어야 한다.

만약 마흔에도 다른 사람의 미움을 받는다면 그는 자기 관리에 실패한 것이므로 남은 인생 역시 가망이 없다고 공자는 강력하게 질책한다. 물론 마흔의 나이에 성공할 수도 있고 실패할 수도 있다. 하지만 마흔이 되도록 다른 사람과의 관계가 나쁘다는 것은 별개의 문제다. 사람과의 관계는 성공 여부를 떠나 인생을 얼마나 진실하게 살아왔는지를 말해준다. 설사 높은 지위에 오르거나 큰 부를 쌓지는 못했어도 사람들의 존경을 받는 사람이라면 마흔의 나이를 헛살지 않은 사람이다.

 年四十而見惡焉 其終也已
연사십이견오언 기종야이

가난해도 부자의 태도로 산다

"가난하고 천하게 살아도 걱정하지 않는다.
부귀를 얻지 못해 조바심내지도 않는다."

_〈오류선생전〉五柳先生傳

《열녀전》列女傳에는 노나라의 선비 검루黔婁 의 이야기가 나온다. 검루가 죽자 증자가 문상을 가서 그의 아내에게 시호(선비가 죽은 다음에 받는 이름)를 어떻게 지을지 물었다. 검루의 아내가 '강'康(편안함)을 원하자 증자가 물었다. "선생께서는 평생을 빈곤하게 살며 영화를 누리지 못했는데 어찌 강으로 지으시려 합니까?" 그러자 그의 아내가 말했다. "남편은 평생 벼슬을 하지 않았고 임금이 내린 곡식도 마다했습니다. 가난하고 천하게 살아도 근심하지 않았고 부귀를 얻지 못해도 조바심내지 않았습니다. 평생 인과 의를 구하며 살았으니 '강'이라고 짓는 게 마땅하지 않겠습니까?"

시인 도연명陶淵明은 검루의 인품에 감동해 자신의 시 〈오류선생전〉에서 이를 인용했다. "검루가 평생 빈천함을 근심하지 않고 부귀에 급급하지 않았다고 하니 오류선생이 바로 그 사람의 짝이다." 오류선생은 바로 도연명 자신이다. 자신의 삶에서 이루고 싶은 것이 있다면 귀감이 되는 사람을 찾아 그를 닮으려 애써야 한다. 부와 가난에 대한 삶의 태도는 더욱 그렇다. 어렵기에 더욱 노력이 필요하다.

不戚戚於貧賤 不汲汲於富貴
불 척 척 어 빈 천 불 급 급 어 부 귀

살면서 항상 생각해야 할 아홉 가지

"군자는 항상 생각해야 하는 것 아홉 가지가 있다."
_《논어》

공자는 배움에서 생각의 중요성을 강조하며 이렇게 말했다. "배우기만 하고 스스로 생각하지 않으면 어리석어지고, 생각만 하고 배우지 않으면 위태로워진다." 생각은 배움에만 필요한 것이 아니라 삶의 모든 순간에 반드시 필요하다. 이에 대해 《논어》〈계씨〉季氏에 담긴 말이 있다.

"볼 때는 밝게 볼 것을 생각하고, 들을 때는 똑똑하게 들을 것을 생각하고, 얼굴빛은 온화하게 할 것을 생각하고, 말을 할 때는 진실하게 할 것을 생각하고, 일을 할 때는 공경스럽게 할 것을 생각하고, 의심이 날 때는 질문할 것을 생각하고, 화가 날 때는 그 후에 있을 어려움을 생각하고, 이득이 되는 것을 보면 그것이 의로운지를 생각한다."

생각을 하기 위해서는 반드시 잠깐 멈추어야 한다. 잠시 멈추면 조급함과 초조함에서 벗어날 수 있고, 차분하게 내가 원하는 것을 추구할 수 있다. 특히 감정과 욕심에 마음이 흔들릴 때 생각은 더욱 중요하다. 화가 날 때나 재물을 앞에 두었을 때 옳은 길을 생각할 수 있다면 잘못된 길로 가지 않는다.

욕심 앞에서는 눈이 멀고 화가 날 때는 자신을 잃는다. 나의 중심을 굳건히 하는 힘, 바로 생각이다.

君子有九思
군 자 유 구 사

작은 일을 방치하면 큰일로 번진다

"참고 또 참고 경계하고 또 경계하라. 참지 않고 경계하지
않으면 작은 일이 크게 된다."
_《명심보감》

참음과 근신의 중요성을 거듭 강조하는 글이다. 무릇 모든 큰일은 처음에
는 작고 사소한 일에서 시작된다. 《도덕경》에 실려 있는 유명한 성어 '천하
난사 필작어이'天下難事 必作於易, 즉 "세상에서 가장 어려운 일도 그 시작은 쉬
운 일이다."라는 말이 이를 잘 설명해준다. 철학적 함의가 깊은 이 말을 《명
심보감》에서는 우리 삶에 적용하기 쉽도록 풀어준다. 처음의 작은 일을 참
고 견디면 그 일은 사소한 일에 그친다. 하지만 참지 못하면 사소한 일이 엄
청난 일로 번져간다. 이 이치는 인간관계에서도 마찬가지다. 작은 일을 참
을 수 있어야 한다. 큰 갈등을 빚어서 관계를 망치는 일도 사소한 말다툼에
서 시작하는 경우가 많다. 애초에 그냥 지나칠 수도 있던 일이 회복하기 어
려운 큰 갈등이 되고 만다.

큰 둑이 무너지는 일도 처음에는 작은 개미구멍에서 시작되는 법이다.
사람의 일도 마찬가지다. 예로부터 큰일을 이룬 사람은 사소한 자존심 때
문에 자신의 미래를 망치는 일을 항상 경계했다. 작은 일에 인내할 수 있을
때 큰 꿈을 이룰 수 있다. 꿈이 크면 문제가 작아진다.

得忍且忍 得戒且戒 不忍不戒 小事成大
득 인 차 인 득 계 차 계 불 인 불 계 소 사 성 대

함부로 남의 스승이 되려 하지 마라

"사람들의 병폐는 남의 스승이 되기를 좋아하는 데 있다."
_《맹자》

《도덕경》에는 "아는 사람은 말하지 않고 말하는 사람은 알지 못한다."라는 구절이 실려 있다. 《장자》에도 같은 문장이 있다. "아는 사람은 말하지 않고 말하는 사람은 알지 못한다. 그 때문에 성인은 말하지 않음으로써 가르침을 베푼다." 성인은 말이 아닌 행동으로 가르친다는 뜻이다. 《맹자》에서는 그 반대의 경우를 말한다. 사람들은 자신을 드러내기 위해 말을 한다. 남보다 좀 더 안다고 자랑하고, 교만하게 자신을 높이고, 세상을 어지럽힌다. 맹자는 이들의 가벼운 입을 두고 "사람들이 쉽게 말을 내뱉는 것은 책임감이 없기 때문이다."라고 경고했다.

사람들과의 일상적인 만남에서조차 섣부른 지식을 과시하며 함부로 남을 가르치려는 사람이 있다. 다른 사람과의 관계에서 우월감을 얻고 군림하려는 교만이다. 자신의 부족함을 노력이 아닌 과시로 채우려는 허영심이다. 진정한 지식은 과시하는 것이 아니라 삶에서 실천하는 것이다. 존경을 받으려면 입보다 귀를 열고 다른 사람의 말에서 배움을 얻는 자세를 지녀야 한다.

人之患在好爲人師
인지환재호위인사

296

화요일
態度
태도

경박함과 게으름 모두 경계해야 한다

"경솔한 것은 고치고 게으름은 경계해야 한다."
_《근사록》

같이 일하기 가장 힘든 사람은 경솔한 사람과 게으른 사람이다. 경솔한 사람은 신중하지 못해 미처 때가 되기도 전에 시작해서 일을 망쳐버린다. 게으른 사람은 움직여야 할 때 행동하지 않는다. 결국 미적대다가 때를 놓쳐버리고 만다. 경솔한 사람은 조급한 것이고, 게으른 사람은 미루기 바쁘다. 둘 다 때를 모르는 사람이다.

　자신에게 경솔함과 게으름이 있다면 발전을 이룰 수가 없다. 주위 사람과 화합할 수 없고, 사람들 사이에 평판도 좋을 수가 없다. 공부도 마찬가지고 일에서도 마찬가지다. 경솔함을 고치는 약은 신중함이다. 일을 시작하기 전에 한 번 더 생각하는 습관을 지녀야 한다. 게으름을 고치는 약은 결단력과 꾸준함이다. 일을 시작할 때는 단호하게 하고, 일이 힘들 때마다 다시 한번 자신에게 힘을 불어넣어야 한다. 때를 아는 것은 중용의 덕목이다. 지나치지도, 모자라지도 않게 균형을 잡는 노력을 지속한다면 경솔함과 게으름은 고칠 수 있다.

矯輕警惰
교 경 경 타

아무리 좋은 옥도
갈고 다듬어야 빛이 난다

"사람에게 학문은 옥돌을 갈고 다듬는 것과 같다."
_《순자》

요즘도 흔히 쓰는 '그릇이 크다'는 말은 사람의 됨됨이가 훌륭하고 포용심이 있음을 비유하는 말이다. 고전에서도 사람의 됨됨이를 그릇에 비유하는 경우가 많다. 공자도 제자 자공을 귀한 옥그릇에 비유하는 등 군자로서 지향해야 할 바를 그릇에 비유해 말해주었다. 하지만 그 어떤 뛰어난 자질을 타고났다 해도 처음부터 훌륭한 인물이 되는 것이 아니다. 아름다운 보석을 만들기 위해 거친 옥돌을 갈고 다듬듯이 사람도 잘 연마해야 한다. 이것을 가능하게 해주는 것이 바로 학문이다. 공자의 제자인 자로와 자공은 본디 시골 사람이었으나 공자를 만나 뛰어난 학자로 거듭날 수 있었다는 사실이 그것을 잘 말해준다.

자공은《논어》에서 학문과 수양을 닦는 것을 '절차탁마'에 비유해서 공자의 칭찬을 받았다. 자르고, 갈고, 쪼고, 다듬어서 보석을 만들 듯이 사람 역시 세심하고 절실한 노력으로 연마해야 한다. 자신이 되고 싶은 이상적인 사람이 되고 싶다면 반드시 합당한 노력이 뒷받침되어야 한다. 노력하지 않고 얻는 것을 불로소득이라고 한다. 공부에는 불로소득이 없다.

人之於文學也 猶玉之於琢磨也
인지 어 문 학 야 유 옥 지 어 탁 마 야

사람을 의심하는 것도 습관이다

"현명한 사람에게 일을 맡기되 두 마음을 품지 마라."
_《서경》

삼성 이병철 전 회장의 어록에 "사람이 의심스럽거든 쓰지 말고, 썼으면 의심하지 말고 맡겨라."는 말이 있다. 애초에 믿을 수 있는 사람을 찾아서 일을 맡기고, 일단 일을 맡겼다면 주위의 이런저런 이야기에 흔들리지 말고 확실하게 믿으라는 말이다. 하지만 사람을 제대로 보는 것은 결코 쉬운 일이 아니다. '절부지의'竊鈇之疑라는 고사가 있다. 이웃집 아이가 도끼를 훔쳤다고 의심을 할 때는 그 아이의 모든 행동이 의심스럽게 보였지만 아이가 훔치지 않았다는 사실이 밝혀진 후에는 아이의 모든 행동이 정상으로 보였다는 내용이다.

특히 조직을 이끄는 리더에게는 사람을 보는 통찰력이 있어야 한다. 현명한 사람을 선별할 수 있어야 하고 일단 일을 맡겼으면 굳건하게 지켜볼 수 있는 뚝심이 있어야 한다. 만약 의심하는 마음이 들면 두 사람 모두에게 문제가 생긴다. 의심하는 사람은 불안한 마음을 떨치기 어렵고, 의심받는 사람은 사기가 떨어져 제대로 일하기 어렵다. 의심도 습관이다. 의심하는 나를 벗어나지 못하면 평생 의심 속에 살아야 한다.

任賢勿貳
임 현 물 이

부자가 되는 첫걸음은 검소함이다

"검소에서 사치로 들어가기는 쉽고,
사치에서 검소해지기는 어렵다."

_〈훈검시강〉訓儉示康

《자치통감》의 저자 사마광이 아들 사마강司馬康에게 근검절약의 정신을 훈계하기 위해 쓴 〈훈검시강〉에 실린 구절이다. 글에는 이런 내용이 담겨 있다.

"덕이 있는 사람은 모두 검소함에서 유래한다. 무릇 검소하면 욕심이 적은 법이다. 군자가 욕심이 적으면 외물外物에 부림을 당하지 않기 때문에 바른 도로 행할 수 있다. 소인이 욕심이 적다면 근신하고 절약할 수 있어 죄를 짓지 않으며 집안을 번창하게 할 수 있다. 반대로 사치하면 욕심이 많아지는데 군자가 욕심이 많으면 부귀를 탐해 도에서 어긋나게 되고 재앙을 부른다. 소인이 욕심이 많으면 많은 것을 구하여 함부로 낭비하기에 패가망신하기 쉽다."

가난하든 부자든, 군자든 소인이든 패가망신하지 않고 부를 이루는 비결은 검소함이다. 따라서 고전의 현자들은 자기 자신은 물론 자녀를 가르치면서 항상 검소함을 강조했다. 검소함이란 마음의 겸손을 포함한다. 또 상대에 대한 배려도 담겨 있다. 하지만 부를 추구하려는 욕심과 부를 즐기려는 쾌감은 이기기 어렵다. 한번 빠지면 헤어나오기가 쉽지 않기에 항상 자신을 돌아볼 수 있어야 한다. 부에 관한 바른 가치관이 정립되어야 한다. 자신에게는 검소하게, 도움이 필요한 사람에게는 아낌없이. 검소함의 진정한 가치다.

由儉入奢易 由奢入儉難
유 검 입 사 이 유 사 입 검 난

윤택한 몸과 마음을 위해
반드시 휴식하라

"부는 집을 윤택하게 하고 덕은 몸을 윤택하게 한다.
마음이 넓고 몸은 편안하다."
_《대학》

부는 집안을 윤택하게 하고 안락한 삶을 보장한다. 하지만 아무리 부유하다고 해도 마음의 윤택함에 비할 수 없다. 하지만 둘 중 하나를 반드시 선택해야 하는 게 아니라면 평범한 사람에게는 둘 다 가지는 것이 최선이다. 부유하게 살면서 마음이 넓고 몸이 편안한 것보다 더 좋은 것은 없을 테니까. 하지만 반드시 조건이 있다. 《대학》의 문장 다음에 이어지는 글이 그 조건을 말해준다. "그러므로 군자는 반드시 그 뜻을 성실하게 한다."(고군자필성기의故君子必誠其意) 그 뜻을 성실하게 한다는 것은 몸과 마음의 수양에 최선을 다하는 것이다. 생각을 바르게 하고, 자기가 하는 일에 최선을 다하며, 자신을 돌아보며 성찰하는 것을 게을리하지 않는 것이다.

올바른 뜻을 품고 부유하고 바르게 살기 위해 최선을 다하는 것. 둘을 양립하기는 물론 쉽지 않다. 그렇다고 불가능한 일은 아니다. 어렵겠지만 그 열매는 달다. 윤택한 집안과 안락한 삶, 바로 행복한 삶이다.

富潤屋 德潤身 心廣 體胖
부윤옥 덕윤신 심광 체반

악이 끼어들지 못하도록
선한 생각을 채워라

"하루라도 선을 생각하지 않으면 여러 가지 악이 스스로
일어난다."
_《명심보감》

《삼국지》의 영웅 유비가 자신의 큰 뜻을 이루지 못하고 임종하면서 아들
유선에게 유언을 남겼다. "악이 작다는 이유로 행해서는 안 되며 선이 작다
는 이유로 행하지 않아서도 안 된다." 일상의 생활에서 선과 악을 구분하는
일은 아무리 작은 것이라도 빈틈을 두어서는 안 되며, 타협을 해서도 안 된
다는 당부다. 그 이유를 위의 예문이 말해준다.

흔히 '마음을 비우라'는 말을 한다. 복잡한 세상에서 뜨거운 머리를 식히
고 싶은 사람들의 욕망을 자극하는 말이다. 하지만 단순히 마음을 비워두
는 데 그쳐서는 안 된다. 마음을 비워두면 어느새 악한 생각들이 나도 모르
게 마음을 차지한다. 빈 곳은 채워지게 마련이고, 착하고 좋은 생각보다 나
쁜 생각이 항상 빠르기 때문이다. 마음은 단순히 비워둘 것이 아니라 선한
생각으로 채워야 한다. 선함과 악함의 틈새는 지극히 미세하다. 잠깐 방심
하면 어느새 악에게 마음을 뺏기고 만다.

一日不念善 諸惡皆自起
일 일 불 념 선 제 악 개 자 기

아는 척 말하면 언젠가 증명해야 한다

"아는 것을 안다 하고 모르는 것을 모른다 하는 것.
이것이 아는 것이다."

_《논어》

사람들은 누구라도 자신을 과시하고 싶은 마음이 있다. 비록 가진 것이 없고, 아는 것이 없어도 그것을 인정하고 싶지 않다. 하지만 잠깐의 자존심을 세우기 위해 '아는 체' 혹은 '있는 체'를 하면 진실이 밝혀질 때 더욱 치명적인 상처를 입게 된다. 만약 지식이 모자라고 가진 것이 부족하다면 솔직히 인정하고 받아들이는 자세가 필요하다. 그리고 그때 느끼는 열등감을 내 부족함을 채우기 위한 동력으로 삼으면 된다.

대화에서도 마찬가지다. 대화 중 모르는 주제가 나오면 누구라도 당황하게 마련이다. 무지를 드러낼 것 같아 불안하고 대화에 적극적으로 참여하지 못해 소외감을 느낄 수도 있다. 나 때문에 대화가 끊기는 것이 아닌가 걱정하기도 한다. 하지만 모르는 것은 잘못이 아니다. 이때는 "내가 잘 모르는 내용이야." 하고 솔직하게 말하는 것이 좋다. 특히 상사의 질문을 받았을 때는 더욱 그렇다. 당장의 곤란을 피하려고 얼버무리거나 아는 척 거짓말을 하면 더 치명적인 결과를 불러올 수도 있다. 언젠가는 자신이 말한 것을 증명해야 할 때가 반드시 온다.

知之爲知之 不知爲不知 是知也
지지 위 지지 부지 위 부지 시 지 야

꿈은 본성을 이긴다

"선비는 하루아침의 편안함만을 말해서는 안 된다."
_《관자》

편안함을 추구하는 것은 사람의 본성이다. 아무리 수양의 경지가 높은 사람이라고 해도 본성을 거스르기는 어렵다. 하지만 본성을 이겨내야 할 때가 있다. 바로 지켜야 할 명命이 있을 때다. 《맹자》에는 이런 구절이 나온다.

"입이 좋은 맛을 구하고, 눈이 아름다운 색을 구하고, 귀가 아름다운 소리를 구하고, 코가 향기를 구하고, 몸이 편안함을 구하고 좋아하는 것은 본성이다. 하지만 거기에는 명이 있기 때문에 군자는 본성이라고 하지 않는다."

여기서 말하는 명이란 군자로서 지켜야 할 바른 도덕성과 하늘에서 부여받은 선한 마음이다. 우리 평범한 사람들은 본성을 거스르기 힘든 것이 사실이다. 하지만 우리에게도 본성을 거스를 수 있는 강력한 무기가 있다. 바로 꿈이다. 무언가를 간절히 원할 때 우리는 본성을 이겨낼 수 있다. 오프라 윈프리는 "지금 꿈을 좇고 있는 여러분은 가장 강력한 사람이다."라고 말했다. 간절한 꿈이 있다면 하루를 대하는 태도가 달라진다. 하루가 달라지면서 인생이 변하게 된다. 큰 꿈이 있다면 작은 변화는 저절로 따라오게 마련이다.

士莫敢言一朝之便
사 막 감 언 일 조 지 편

정확하게 알아야 실천할 수 있다

"밝게 알지 않으면 행동할 수 없고 행동하지 않으면 밝게
아는 것이 소용없다."

_《근사록》

《논어》의 첫 문장은 학이시습지 불역열호學而時習 之不亦說乎다. 여기서 학은
'배움'이고 습은 '익힘'으로 삶에서 실천하는 것을 의미한다. 배웠다면 반
드시 실천할 수 있어야 그 배움이 진정한 자신의 것이 될 수 있다. 하지만
반드시 올바른 절차를 따라야 한다.

먼저 정확하게 알지 못하면 실천하고 싶어도 할 수가 없다. 또 어디로 가
야 할지 올바른 방향을 알 수 없다. 방향이 잘못되면 아무리 노력해도 제대
로 된 결과가 나올 수 없고 헛수고만 하게 된다. 또한 아무리 학식이 풍부하
고 똑똑한 사람이라 해도 실천이 따르지 않으면 그 지식은 아무 곳에도 쓰
이지 않는다. 머릿속에만 있고 실천하지 않는 지식은 죽은 지식이나 다름
없다. 지식은 정확하게 알아야 하고, 알았다면 바로 실천할 수 있어야 한다.
이 두 가지 중 하나라도 없어서는 안 된다. 지식과 실천은 결코 떼놓을 수
없다. 아침에 배우고, 낮에 실천하고, 밤에 돌이켜 성찰한다면 최선이다.

非明則動無所之 非動則明無所用
비 명 즉 동 무 소 지 비 동 즉 명 무 소 용

一
日
古
典

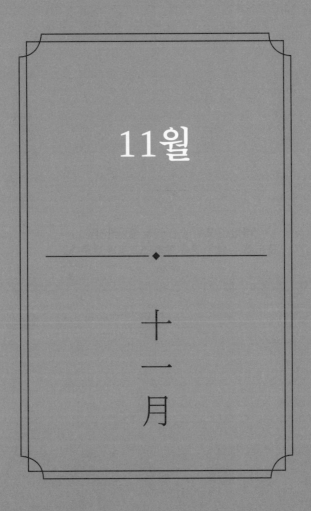

11월

十
一
月

"사람은 모두 높은 곳을 좋아하지만
물은 홀로 낮은 곳을 향해 스스로를 낮춘다."

_《관자》

나를 진정으로 생각하는 사람을
벗으로 삼아라

"군자는 얼굴빛으로 사람을 사귀지 않는다."
_《예기》

깊은 정이 없으면서 겉모양으로 친함을 가장하는 것은 진정한 사귐이 아니다. 당연히 그 사귐에 신의가 있을 수가 없다. 공자는 이런 사귐을 두고 벽을 뚫고 담을 넘는 도둑과 같다고 했다. 사람을 사귀면서 자신의 이익만을 추구하는 것이 도둑의 마음과 다르지 않다는 것이다. 사람을 진정으로 사귀는 사람은 받기보다는 주려고 하고 얻기보다는 베풀려고 한다. 불행은 나누고 행복은 진정으로 기뻐하면서 함께한다.

요즘은 sns를 통해 수많은 친구가 만들어지는 시대다. 하지만 진실한 만남은 찾아보기 어렵다. 《명심보감》에 있는 "얼굴을 마주하고 말하지만, 마음은 천 개의 산이 가로막혀 있다."라는 말이 정곡을 찌른다. 심지어 범죄에 이용하기 위해 접근하는 사례도 쉽게 접할 수 있다. 이럴 때일수록 '의심스러운 것'과 '위험한 것'을 분별할 수 있는 지혜가 절실히 필요하다.

친구는 지기知己라고 한다. 나를 나보다 더 잘 아는 존재다. 인생의 큰 힘이 되는 친구, 귀하게 여기고 잘 사귀어야 한다.

君子不以色親人
군 자 불 이 색 친 인

306

금요일

富
부

영원한 가난은 없다
때가 오기를 준비하라

"가난과 천함을 원망하는 것은 때를 모르기 때문이다."

_《등석자》鄧析子

지금 처해 있는 가난과 천함이 두려운 것은 그것이 영원히 계속될 것 같은 생각이 들기 때문이다. 계속되는 고난과 실패에 시달리다 보면 희망을 잃고 다시 일어설 힘조차 잃는다. 하지만 영원히 계속되는 고난은 없다. 맹자는 "하늘이 장차 그 사람에게 큰일을 맡기려 할 때는 반드시 먼저 그 마음을 지치게 하고, 몸을 괴롭게 하고 생활을 빈곤하게 해 하는 일마다 어렵게 만든다."라고 말한다. 고난을 통해 참을성을 키워 큰 사람이 된다는 것이다. 고난을 두려워하지 않고 때를 기다리는 사람에게는 큰 기회가 주어진다.

때를 안다는 것은 중용의 덕목이다. 《중용》에는 "군자는 중용을 따르나 소인은 중용에 어긋난다. 군자의 중용은 때에 맞게 행동함이요, 소인이 중용에서 어긋나는 것은 그 언행에 거리낌이 없기 때문이다."라는 글이 실려 있다. 정상에 오르면 내려와야 할 때가 있듯이 고난도 마찬가지다. 고난을 견뎌내면 치고 올라갈 기회가 생긴다. 단 자신이 먼저 포기하면 기회는 사라지고 만다.

怨貧賤者 不知時也
원빈천자 부지시야

힘이 강한 상대를 꺾고 싶다면
교만하게 만들어라

"장차 부수려거든 반드시 높이 쌓아주고
장차 무너뜨리려거든 반드시 높이 올려주라."
_《여씨춘추》

제나라가 연나라의 사신을 죽이자 연나라 왕은 크게 분노하여 제나라를 공격하려 했다. 그때 신하 범요가 지금은 연나라의 힘이 부족하므로 공격해서는 안 된다고 간언한다. 그리고 오히려 제나라에 사죄 사절을 보내어 '부족한 신하를 보낸 자신의 잘못'이라고 용서를 구하게 했다. 제나라 왕은 크게 교만해졌고 결국 국정을 방만하게 운영했다. 곧 제나라의 국력은 쇠퇴했다. 그러는 동안 연나라는 힘을 길렀고 훗날 제나라를 응징할 수 있다.

《주역》에는 '항룡유회'亢龍有悔 라는 성어가 있다. 천하를 호령하는 용과 같은 인물도 가장 높은 자리에 올라 스스로 겸손하지 않으면 반드시 추락하고 만다는 가르침이다. 이 말은 지도자 스스로도 새겨야 하지만 고사에서처럼 전략적으로 활용할 수도 있다. 만약 힘이 강한 상대를 꺾고 싶다면 가장 먼저 할 일은 그를 교만하게 만드는 것이다. 어떤 자리에 있든 교만은 쇠락의 첫걸음이다.

將欲毀之 必重累之 將欲踣之 必高擧之
장욕훼지 필중루지 장욕북지 필고거지

모든 문제의 근원은
자기 자신에게서 찾아야 한다

"자기 집 두레박줄이 짧은 것을 한탄하지 않고 남의 집
우물이 깊은 것을 탓한다."

_〈명심보감〉

"군자는 모든 책임을 자기에게서 찾고 소인은 모든 책임을 남에게 돌린다."
공자의 말이다. 원문은 '군자구저기 소인구저인'君子求諸己 小人求諸人으로, 군
자와 소인의 중요한 차이를 나타낸 말이다. 일이 잘못되면 반드시 그 원인
과 이유를 찾아서 고쳐야 한다. 하지만 그 이유를 자신이 아닌 다른 데서만
찾는다면 결코 문제의 근본을 찾을 수 없다. 우리는 문제가 생겼을 때 먼저
자신을 돌아보기보다는 남이나 환경을 탓하는 데 열중한다. 자신의 잘못이
라고 인정하기에는 자존심이 상하고 심정적으로 용납하기가 힘들기 때문
이다. 《성경》에서도 '내 눈의 들보를 보지 못하고 남의 눈의 티끌을 탓한
다'고 지적했다. 그만큼 자신을 돌아보는 일은 힘들다.

성공하는 사람과 아닌 사람의 차이는 바로 이것이다. 일이 잘못되었을
때 자신의 문제와 단점을 정확하게 보고 고쳐나가는 사람은 성공한다. 계
속 남의 탓만 하고 심지어 하늘을 원망하는 사람은 항상 제자리다.

不恨自家汲繩短 只恨他家苦井深
불 한 자 가 급 승 단　지 한 타 가 고 정 심

거칠어도 진실한 말이 가치가 있다

"진실한 말은 꾸밈이 없고 꾸미는 말은 진실이 없다."
_《도덕경》

말은 우리 생각과 사상을 표현해주는 가장 소중한 도구다. 생각하는 바를 행동이나 몸짓 등 비언어적으로도 표현할 수 있지만 내 뜻을 분명하게 전달하기 위해서는 반드시 말을 통해야 한다. 내면의 충실함과 지식의 탄탄함도 말을 통해서 드러난다. 또한 말은 한 사람의 능력을 판단하는 중요한 지표다. 예나 지금이나 말 잘하는 사람이 성공하기 쉽고, 말로 멋지게 표현하는 사람이 사람들의 마음을 사로잡는다.

말을 잘하는 것 만큼이나 다른 사람의 말을 잘 듣고 판단하는 일도 중요하다. 내 눈앞에서 하는 말이 과연 진실한 말인지, 아니면 겉으로만 달콤한 말인지를 판단할 수 있어야 한다. 본디 사람은 달콤한 말과 행동에 끌리게 마련이다. 듣기 거북한 말을 피하고 싶은 것은 본능이라고 할 수 있다. 우리는 말의 홍수 속에서 살아가고 있다. 이런 시대일수록 진실한 말과 거짓된 말을 분간할 수 있어야 한다.

만약 내 앞에 서 있는 사람을 쉽게 파악하기 어렵다면 그의 말이 내 귀에 얼마나 달콤한지로 판단하라.

信言不美 美言不信
신 언 불 미 미 언 불 신

평소에는 잔잔하되
결정적 순간에는 세차게

"사람은 모두 높은 곳을 좋아하지만 물은 홀로 낮은 곳을
향해 스스로를 낮춘다."
_《관자》

물은 부드럽다. 세상에서 가장 약하고 부드러운 것이 물이라고 해도 과언
이 아니다. 하지만 물에는 강력한 힘이 있다. 물은 낮은 곳을 향해 끊임없이
흘러가는 겸손한 모습을 보인다. 하지만 그 물이 모여 큰 강이 만들어지고
엄청난 대해大海를 이룬다. 평소에는 낮고 겸손한 모습이지만 어느 순간 그
힘을 가늠할 수도 없을 정도로 크고 위대해진다.

지도자들은 물의 모습을 닮아야 한다. 겸손하고 잔잔한 모습을 보이다가
결정적인 순간에는 큰 소리로 포효할 수 있어야 한다. 낮은 곳으로 향하는
물이 대양을 이루듯 스스로를 낮추면 세상의 인재를 모을 수 있다. 이런 사
람들은 결정적인 순간 큰 잠재력을 발휘해 결국 사람들의 존경을 얻는다.

물에는 또 다른 성격이 있다. 낙숫물이 오랜 시간 한곳으로 떨어지면 주
춧돌이라도 뚫을 수 있다. 이는 평범한 우리가 배워야 할 물의 습성이다. 당
장 큰일을 이루지는 못하지만 하나의 목표를 정해 노력을 집중하면 위대한
일을 이룰 수 있다.

人皆赴高 己獨赴下卑也
인 개 부 고 기 독 부 하 비 야

배움은 내 가치를 높이는
최상의 방법이다

"배우는 것은 곧 몸의 보배요, 배운 사람은 곧 세상의
보배다."

_《명심보감》

주 문공朱文公이 남긴 이 문장은 우리에게 배움의 가치를 일러준다. 그는
"가난한 사람이 부지런히 배우면 가난을 극복해 일어설 수 있고, 부자 역시
배워야 그 이름을 빛낼 수 있다."고 덧붙인다. 부자든 가난하든 어떤 형편에
처하든 어려움에서 벗어나고, 삶의 의미를 찾으려면 공부해야 한다. 배우
는 것은 자신의 가치를 높여가는 일이다. 배움을 통해 하루하루 성장하다
보면 세상을 바꾸는 훌륭한 일도 해낼 수 있다. 설사 위대한 사람이 아니라
평범한 사람도 얼마든지 가능하다. 그 대표적인 것이 후배를 가르치는 일
이다. 내 지식이 후배에게 흘러가는 것, 그것이 바로 세상을 변화시키는 첫
걸음이 될 수 있다.

공부하지 않아도 돈을 벌 수 있고 성공할 수 있다고 생각하는 사람도 있
다. 물론 불가능한 일은 아니지만 험난한 길을 가야 한다. 성공을 향해 갈
수 있는 가장 쉬운 길은 바로 공부다. "지식에 대한 투자가 가장 이윤이 높
다." 벤저민 프랭클린이 한 말이다. 세상에 선한 영향을 끼치고 싶다면 먼저
나를 충실히 가꾸어야 한다. 그 유일한 방법 역시 공부다.

學者乃身之寶 學者乃世之珍
학 자 내 신 지 보   학 자 내 세 지 진

남을 이해하려면
먼저 나를 똑바로 알아야 한다

"남을 알려면 먼저 자신을 알아야 하고, 나 자신을 알아야
비로소 남을 알 수 있다."
_《귀곡자》

소크라테스는 "너 자신을 알라."라고 하며 아테네의 지식인들을 찾아다녔
다. 스스로 지식을 자랑하는 사람들이 실상은 아는 것이 없음을 대화를 나
누며 깨우쳐주었던 것이다. 그리고 소크라테스 역시 자신은 아무것도 아는
것이 없음을 인정했다. 다만 자신은 아는 것이 없음을 아는 반면, 그들은 아
는 것이 없는데도 모든 것을 알고 있다고 착각하는 것에서 차이가 있다고
했다. 바로 '무지의 지'의 통찰이다.

　동양의 철학자 귀곡자는 위의 예문에서 바로 그 이유를 밝혀준다. 다른
사람을 알기 위해서는 반드시 나 자신을 알아야 한다. 마음이 밝지 못하고
뭔가에 가려져 있으면 나 자신을 정확히 알기 어렵다. 자존심, 자만심, 이기
심, 자기연민, 교만 등으로 흐려진 마음으로는 내 마음은 물론 다른 사람을
아는 것 역시 불가능하다.

　'저 사람의 마음을 알 수만 있다면…' 많이 해본 생각일 것이다. 이처럼
누구나 다른 사람의 마음이 알고 싶다. 하지만 나 자신을 아는 것이 먼저다.
내 마음을 가리는 것들을 거둬내면 그때부터 다른 사람의 본모습이 보이기
시작한다.

 知之始己 自知而後知人也
지지시기 자지이후지인야

눈앞의 결과에 일희일비하지 마라

"화는 복이 의지하는 바이고 복은 화가 잠복하는 곳이다."
_《도덕경》

중국 고전 《회남자》에 실려 있는 '새옹지마' 塞翁之馬 라는 고사가 있다.

"옛날 중국의 국경 지방에 한 노인이 살고 있었는데, 이 노인의 말이 도망치자 주변 사람들이 위로의 말을 건넸다. 하지만 노인은 '괜찮습니다. 이 일이 복이 될지 누가 압니까?'라고 말했다. 몇 달 뒤 도망쳤던 그 말이 암말한 필을 거느리고 돌아오자, 주변 사람들이 모두 축하했다. 하지만 노인은 '이게 화가 될지 누가 압니까?'라며 전혀 기쁜 내색을 하지 않았다. 며칠 후 노인의 아들이 말을 타다가 낙마해 다리가 부러졌다. 노인은 이때에도 '이게 복이 될지도 모릅니다'라고 말했다. 얼마 후 변방에 오랑캐가 쳐들어와 젊은이들이 군대에 가야 했지만 노인의 아들은 부러진 다리 덕에 징집되지 않아 목숨을 건질 수 있었다."

사실 지나치게 우연이 반복되다 보니 현실성이 떨어지는 것도 사실이다. 하지만 고사에 담겨 있는 의미는 깊다. 삶은 단편이 아니라 장편이기에 눈앞의 어려움에 좌절해서도 당장의 행운에 교만해서도 안 된다. 꼭 운명이 아니라 사람의 의지로도 삶은 바뀔 수 있다. 누구도 예상치 못했던 순간에 삶은 바뀐다.

禍兮福之所倚 福兮禍之所伏
화 혜 복 지 소 의 복 혜 화 지 소 복

원칙은 유연함을 동반할 때 힘을 갖는다

"한 자도 짧을 때가 있고 한 치도 길 때가 있다."

_《초사》楚辭 〈복거〉卜居

공자는 자신의 생각을 '군자불기'君子不器라는 말로 표현했다. '군자불기'란 직역하면 '군자는 그릇이 아니다'가 되는데, 그 뜻은 '군자란 그릇처럼 한 가지 용도로만 쓰이는 사람이 아니라 다양한 식견을 갖춘 폭넓은 사람'이라는 것이다. 또한 군자라면 자신을 한 가지 틀로 제한하지 않고 상황에 따라 적절히 변화시킬 수 있어야 한다는 뜻으로도 새길 수 있다. 위의 구절 "한 자도 짧을 때가 있고 한 치도 길 때가 있다."는 이러한 공자의 철학을 잘 나타낸다. 우리는 흔히 '한 자는 길고 한 치는 짧다'는 생각에 사로잡혀 있다. 물론 맞는 말이지만 그것이 고정관념이 되면 우리 생각은 지극히 편협해질 수밖에 없다. 고지식하고 융통성이 없는 사람이 되는 것이다.

원칙은 중요하다. 반드시 지켜야 한다. 하지만 무조건 원칙에 집착할 경우 소통이 단절되고, 급변하는 상황에 제대로 대처하지 못할 수도 있다. 상황에 따라 적절하고 유연하게 처신을 할 수 있는 지혜가 필요하다. 그릇은 한 가지 모양밖에 담지 못하지만 물은 그릇에 따라 적절하게 변한다. 우리의 사고思考도 그래야 한다.

尺有所短 寸有所長
척유소단 촌유소장

시간이 없어서가 아니라
마음이 없어서 안 한다

"사랑이 깊지 않은 것이다.
진정 그리워한다면 어찌 집을 멀다 하는가?"
_《논어》

공자는 《시경》의 아름다운 시 "산 앵두나무꽃이 바람에 흔들리는구나. 어찌 그대가 그립지 않을까만은 그대 머무는 곳이 너무나 머네."를 인용하면서 제자를 가르쳤다. 시에서 말하듯이 정말 사랑한다면 아무리 집이 멀어도 한달음에 달려가게 마련이다. 아무리 거리가 멀어도 형편이 어려워도 그리움은 참을 수 없다. 이는 우리가 많이 경험해본 일이다. 이 시는 연인 간의 사랑에 빗대었지만 배움도 마찬가지고 일도 마찬가지다. 진정으로 이루고자 하는 꿈이 있다면, 그 마음이 참을 수 없이 절실하다면, 어떤 난관도 극복할 수 있다. 그 어떤 어려움도 더 이상 문제가 되지 않는다. 그리고 이루고 싶은 꿈을 결국 이루고 만다.

시간이 없다, 능력이 부족하다, 여건이 나쁘다 하는 것은 모두 핑계에 불과하다. 자신의 나태함을 다른 말로 표현한 것뿐이다.

未之思也 夫何遠之有
미 지 사 야 부 하 원 지 유

질문은 길을 찾는 이정표다

"아랫사람에게 묻는 것을 부끄러워하지 마라."
_《논어》

윗사람이라고 해서 아랫사람보다 무조건 많이 알아야 하는 것은 아니다. 지식보다 더 중요한 덕목이 많이 있기 때문이다. 지혜, 용기, 결단력, 신뢰, 관용 등이 바로 그것이다. 사실 부하직원들이 더 많은 지식과 정보를 갖고 있는 경우가 많다. 새롭게 등장한 지식으로 무장하고 있기 때문이다. 특히 요즘과 같은 첨단 정보화 시대에는 더욱 그렇다.

리더는 부하들이 가진 지식과 재능을 최대한 발휘할 수 있도록 여건을 만들어주고, 그들과 함께 발전을 도모할 수 있어야 한다. 그것을 위해 부하에게 모르는 것을 묻는 것은 부끄러운 일이 아니다. 겸손하고 솔직하게 질문하는 상사의 태도는 상사 자신은 물론 조직에도 좋은 영향을 끼친다. 부하들 역시 상사를 본받아 질문하는 것에 대한 부담감을 덜 수 있다. 모르는 것을 묻고 답하면서 지식을 공유하는 데 열린 조직이 될 수 있다. 하지만 그것보다 더 소중한 질문의 가치가 있다. "요즘 좀 어때?" "어려운 일은 없어?" "내가 좀 도와줄까?" 웃음으로 답할 수 있는 이런 질문은 마음을 하나로 만든다. 질문은 의사소통의 중요한 수단이다. 동시에 관심과 배려의 표현이다.

不恥下問
불 치 하 문

리더는 신중하되
명확한 의사결정을 해야 한다

"현명한 군주는 일을 결단하는 사람이다."

_《관자》

병법서 《오자》吳子에는 "전쟁에서 망설이는 것이 가장 큰 잘못이다."라는 말이 실려 있다. 군대를 이끄는 장수가 중요한 순간 결단을 내리지 못하고 망설인다면 그 군대는 이길 수 없다. 특히 속도가 좌우하는 현대의 전쟁에서 지휘관의 빠르고 정확한 결단은 승리에 필수적이다.

　이것은 전쟁뿐 아니라 나라를 다스릴 때도 기업을 운영할 때도 마찬가지다. 크든 작든 한 조직을 이끄는 리더에게는 과감한 결단력이 필요하다. 위기 상황이나 중요한 결정을 해야 할 때는 과감한 결단으로 부하를 이끌어야 한다. 평소에는 겸손하고 잔잔한 모습을 보이더라도 위기에 임해서는 부하들을 하나로 모으는 힘을 발휘해야 한다. 마치 배의 선장이 폭풍을 만났을 때 리드하는 것과 같다. 어리석은 리더는 반대로 한다. 작은 일은 꼼꼼하게 챙기고 사사건건 간섭하면서 결단이 필요한 순간에는 우유부단해진다. 이런 조직은 리더가 없는 것과 같다.

明君者 事斷者也
명 군 자　사 단 자 야

318
수요일
學
공부

덕이 없는 사람의 지식은
자신을 해치는 칼이 된다

"배움이 스스로에게 해가 된다면 배우지 않은 것만
못하다."
_《안씨가훈》

학식이 높아질수록 겸손해지는 사람이 있는가 하면, 반대로 교만해지는 사
람도 있다. 바로 인격과 됨됨이의 차이 때문이다. 배움과 함께 덕이 쌓인 사
람은 배움이 깊어질수록 겸손해진다. 인격과 덕은 쌓지 않고 지식만 머릿
속에 가득 채운 사람은 점점 교만해진다. 다른 사람을 경시하는 것은 물론
이고 윗사람까지 함부로 대하는 경우가 많다. 한마디로 안하무인이 되는데
이런 사람들은 배움이 자신에게 이로움이 된 것이 아니라 오히려 해가 된
것이다. 때로는 주변 사람들과 자신이 속한 사회, 나아가 온 세상에 해를 끼
치는 사람이 되기도 한다.

사마광의 《자치통감》에서는 "나라를 어지럽힌 신하와 집안을 망하게 한
자식은 재주는 넘치지만 덕이 부족하다."라고 했다. 그리고 "이로써 거꾸러
진 자가 많다."라고 결론을 내린다. 지식과 함께 덕도 쌓아나가야 한다. 덕
으로 뒷받침하지 않는 지식은 오히려 없는 것이 낫다. 지식은 양날의 검과
같아서 세상에 유익하기도 하고 해를 끼치기도 한다.

 如此以學自損 不如無學也
여 차 이 학 자 손 불 여 무 학 야

다른 사람에게는 부드럽게,
나에게는 엄격하게

"다른 이에게는 봄바람같이, 나에게는 가을 서리같이."
_《채근담》

사람은 누구나 다른 사람의 잘못은 잘 보지만 자기의 잘못은 잘 깨닫지 못한다. "자기 눈에 들보는 보지 못하면서 남의 눈에 티끌은 잘 본다."라는 말이 바로 그러한 상황을 일컫는다. 하지만 사람들의 약점은 이에 그치지 않는다. 설사 자기 잘못을 알았다고 해도 인정하지 않으려 한다. 당연히 고치기도 싫어한다. 설사 잘못을 깨닫고 고치려 하다가도 남이 지적하는 것은 더욱 참지 못한다. 오히려 화를 내면서 대화를 그치거나 그 자리를 떠나버리기도 한다. 자존심 때문이다.

《명심보감》에는 "남을 책망하는 마음으로 자신을 책망하고, 자신을 용서하는 마음으로 남을 용서하라."라는 문장이 있다.《채근담》에 담긴 위 예문은 자신에게 더욱 엄격해지라고 말한다. 나에게는 최대한 엄격하게 하되 다른 사람에게는 대폭 기준을 낮춰 배려와 용서를 하라는 것이다. 이처럼 옛 선비들은 자신을 더욱 엄격하게 수양했다. 다른 사람을 배려하기 위해서는 먼저 자기중심이 바르게 서 있어야 하기 때문이다. 자신에게 엄격하지 않고 다른 사람에게 부드럽다면 그냥 무른 사람이 될 수도 있다. 엄정하면서도 따뜻한 사람, 우리가 추구하는 사람의 모습이다.

待人春風 持己秋霜
대 인 춘 풍 지 기 추 상

부의 유산이 아닌
선행의 유산을 물려주어라

"자손을 위해 부귀를 꾀하는 자는 열 중 아홉은 실패한다.
남을 위해 선행을 베푸는 자의 후손이 혜택을 받는다."
_《명심보감》

불법 상속, 편법 상속을 통해 자식에게 부를 대물림하려는 사회 지도층의 모습을 우리는 너무나 자주 본다. 하지만 그 결과는 항상 좋지 않다. 자식들 간에 소송이 일어나고 형제간의 우애는 온데간데없어진다. 세상에서 망신을 당하고, 결국 그 부를 지키기도 힘들어진다. 특히 요즘은 자녀들의 학벌과 직업을 위해 부모의 지위를 불법적으로 사용하는 경우도 많다.

자식에게 무엇을 물려주는지를 보면 가치관의 차이가 드러난다. 부와 권력을 대물림하기보다는 올바른 정신과 지혜를 물려주는 것이 훨씬 값지다. 유대인들은 부보다는 지혜와 기부의 정신을 물려주는 전통이 있다. 그들이 세상에서 가장 영향력 있는 민족이 된 것을 보면 위 예문이 말하는 바를 잘 알 수 있다. 자신이 가진 것으로 나눔과 배려를 행하는 사람은 가장 소중한 것을 얻는다. 삶의 의미와 가치가 높아지고 그 삶이 빛난다. 그런 삶을 보고 자란 자녀도 역시 아름다운 삶을 이어간다.

爲子孫作富貴計者 十敗其九 爲人作善方便者 其後受惠
위 자 손 작 부 귀 계 자 십 패 기 구 위 인 작 선 방 편 자 기 후 수 혜

매번 같은 잘못을
반복하는 사람들의 특징

"어리석은 자는 후회가 많고 부족한 사람은 스스로 현명한
줄 안다. 물에 빠진 자는 물길을 살피지 않았고
길을 잃은 자는 길을 묻지 않았다."

_《안자춘추》

사막을 지날 때 목이 마른 후에 우물을 파기 시작하면 물이 나오기 전에 쓰러지고 만다. 물에 빠지기 전에 물길을 미리 살폈다면 물에 빠지는 사고는 일어나지 않는다. 마찬가지로 미리 이정표를 잘 살폈다면, 지나가는 사람에게 길을 물어보았다면 길을 잃고 헤매는 생고생은 하지 않았을 것이다. 실패한 사람들의 말을 들어보면 '그때 이렇게 했더라면…'이라는 후회를 하는 경우가 많다. 자신의 부족함을 반성하기보다는 운이 나빴다고 생각하거나 주위 환경을 탓한다. 이처럼 지난 일을 돌아보며 후회만 하는 사람은 재기하기 어렵다. 무엇보다도 다음에도 똑같은 문제로 잘못을 거듭한다.

큰일이 닥치기 전에, 문제가 생기기 전에 먼저 대비하고 철저하게 계획을 세워야 한다. 문제가 있는데도 대비하지 않은 것은 자신을 과신한 교만 때문이다. 매번 문제가 생긴 다음에야 후회하는 사람은 자신을 돌아볼 줄 모르는 우둔한 사람이다. 교만하면서도 우둔한 사람은 매번 같은 잘못을 거듭하면서 후회만 반복한다.

愚者多悔 不肖者自賢 溺者不問墮 迷者不問路
우 자 다 회 불 초 자 자 현 익 자 불 문 타 미 자 불 문 로

해야 할 일보다
하지 말아야 할 일부터 찾아내라

"사람은 하지 않는 일이 있은 다음 할 일이 있다."
_《맹자》

공자와 맹자로 대표되는 유가는 '유위'有爲의 철학, 즉 세상의 혼란과 도덕적 파산을 회복하기 위해서는 반드시 올바른 인간성이 기본이 되어야 한다고 주장했다. 학문과 수양에 정진해야 하고, 그것을 기반으로 세상을 다스려야 더 좋은 세상을 만들 수 있다는 뜻이다. 하지만 무언가를 제대로 이루기 위해서는 먼저 하지 말아야 할 것을 하지 않는 것이 전제가 되어야 한다. 유가에서도 이를 강조했다. 만약 학문에 정진하려면 학문에 방해되는 것을 피할 수 있어야 한다. 예를 지키고 싶다면 예가 아닌 것을 명확히 알고 피해야 잘못을 범하지 않을 수 있다.

이루고 싶은 일이 있다면 반드시 최선을 다해 그 일에 전념해야 한다. 하지만 그 전에 지켜야 할 것이 있다. 가장 먼저 이루고자 하는 일이 올바른 일인지를 생각해야 한다. 만약 아니다 싶으면 반드시 배제해야 한다. 그리고 그 일을 이루기 위해 바르지 못한 수단과 방법을 써서는 안 된다. 바르지 못한 방법으로 바르지 못한 목표를 이룬다면 그 결과는 불 보듯 뻔할 뿐이다. 곧 무너지고 만다.

人有不爲也 而後可以有爲
인 유 불 위 야 이 후 가 이 유 위

323

월요일
言
말

점차 상대의 마음을 여는 질문의 기술

"질문을 잘하는 사람은 마치 단단한 나무를 다듬듯이
먼저 쉬운 것을 하고 어려운 것은 나중에 한다."
_《예기》

질문은 의사소통에서 가장 긴요한 수단이다. 좋은 질문은 단지 모르는 것을 아는 데 그치지 않고 마음의 벽을 허물어준다. 특히 상대에 대한 관심과 호감의 표시로 받아들여진다면 상대 역시 나에게 관심을 갖게 된다. 서로 호감을 주고받으며 공감대를 넓힐 수 있다. 하지만 질문을 잘하기는 쉽지 않다. 좋은 관계로 발전할 수 있는 사이가 나쁜 질문 때문에 깨지기도 한다. 우리 삶에서 질문의 기술이 필요한 이유다.

홀륭한 목공은 나무를 다듬을 때 먼저 부드러운 부분을 잘 다듬은 다음 딱딱한 마디 부분은 맨 나중에 다듬는다. 깎기 어려운 마디부터 시작하면 금세 지치고 질려서 일을 계속하기 어려워질 수도 있기 때문이다. 질문을 잘하는 법도 이와 같다. 먼저 쉬운 것부터 물어 분위기를 조성한 다음 점차 어려운 질문으로 넓혀가야 한다. 쉬운 것부터 묻는 것은 상대가 부담을 느끼지 않는 질문, 쉽게 대답할 수 있는 질문을 먼저 던지는 것이다. 상대가 좋아하고, 잘 알고 있으며, 쉽게 대답할 수 있는 주제로 대화를 시작하면 이야기가 쉽게 풀리고 점차 신뢰가 쌓이게 된다. 말 잘하는 사람의 감춰진 비밀병기는 바로 질문의 기술이다.

善問者 如攻堅木 先其易者 後其節目
선문자 여공견목 선기이자 후기절목

좋은 인생을 위해 멀리해야 할 세 가지

"둔하면 일이 뒤처지고, 재물에 인색하면 친한 사람을
잃고, 소인을 신임하면 인재를 잃는다."
_《관자》

《논어》에는 "군자는 어눌하게 말하고 민첩하게 행동한다."(군자욕눌어언이
민어행君子欲訥於言而敏於行)는 문장이 실려 있다. 말보다 행동을 앞세우라는
뜻으로 실천을 강조하는 말이다. 하지만 이 말에는 또 다른 귀한 뜻이 있다.
행동을 민첩하게 하지 않으면 일의 성과를 낼 수 없다는 것이다. '둔하면 일
이 뒤처진다'가 바로 그 뜻이다. 그다음 재물에 인색하면 좋은 사람을 곁에
두지 못한다. 제대로 된 보상은 하지 않고 일만 시키면 곁에 있을 사람은 없
다. 이는 친구뿐 아니라 부하도, 나아가 다스리는 백성도 마찬가지다. 또한
인재를 쓰는 일도 지도자의 가장 중요한 일이다. 현명한 사람을 발탁하면
그를 따르는 많은 사람이 함께 모인다. 하지만 소인을 쓰면 뛰어난 사람들
이 떠난다. 소인이 질투와 견제로 인재를 모두 쫓아버리기 때문이다.

이는 군주뿐 아니라 누구에게다 해당하는 말이다. 게으름, 인색함, 사람
을 제대로 보는 눈이 없음, 이 세 가지는 좋은 인생을 위해 반드시 피해야
할 것이다.

緩者後於事 厷吝於財者失所親 信小人者失士
완자후어사 굉린어재자실소친 신소인자실사

유식한 바보는 전문지식만 있고
세상 이치를 모른다

**"박사가 당나귀를 사려고 계약서 세 장을 적었는데,
그 계약서에 당나귀란 글자가 없다."**
_《안씨가훈》

소위 지식인의 어리석음을 이야기하는 업하鄴下 의 속담이다. 박사는 한 분
야에서 뛰어난 전문가를 말한다. 그런데 전문가 중에는 그 분야에서는 뛰
어나지만 다른 분야에는 지식도 상식도 없는 사람이 있다. 특히 세상을 살
아가는 데 필요한 상식이 없는 사람은 세상을 온전히 살기 힘들다.

박사는 당나귀 거래를 하면서 멋진 문장과 아름다운 글로 계약서를 훌륭
하게 만들었다. 하지만 정작 가장 중요한 핵심인 당나귀를 거래한다는 말
을 빠뜨렸다. 당나귀의 특징, 유래, 장사의 도의 등을 나열하지만 정작 핵심
은 없는 것이다. 참으로 안타까운 사람이다. 폭넓은 인문 교양으로 자신의
전문성을 뒷받침하지 않으면 이처럼 알맹이 빠진 사람이 될 수도 있다. 얼
마나 많은 지식을 머릿속에 담았는지가 아니라, 가진 지식을 제대로 활용
하는 능력이 중요하다. "책을 읽기만 하고 생각하지 않는다면 당나귀가 책
을 잔뜩 싣고 가는 것과 다르지 않다." 탈무드의 속담이 말해준다. 많은 지
식이 오히려 고생길을 연다.

博士買驢 書卷三紙 未有驢字
박사매려 서권삼지 미유려자

싫은 사람이라 해도
적으로 만들 필요는 없다

"은혜와 정의를 널리 베풀어라. 사람이 살다 보면 어디서건
반드시 만난다. 원수를 만들지 말라.
좁은 길에서 만나면 피할 곳이 없다."
_《명심보감》

사람과의 관계는 내 마음대로 할 수는 없는 법이다. 마음이 통하는 좋은 사람이 있는가 하면 마음에 안 들거나 관계가 나쁜 사람도 생겨난다. 물론 관계가 좋지 않다고 해서 상대가 무조건 나쁜 사람인 것은 아니다. 옳고 그름이 아니라 좋고 싫음의 문제일 뿐이다. 따라서 설사 관계가 좋지 않다고 해도 상대에게 크게 상처를 주거나 해를 끼쳐서는 안 된다. 불교에서 말하는 '인과응보'가 현실에서 반드시 들어맞지는 않지만, 그럼에도 악이 아니라 선을 베푸는 것이 옳은 일이다.

"뿌린 대로 거둔다."는 말이 있다. 모든 일은 자기가 한 대로 되돌려 받는다는 뜻이다. 이 말은 대인관계에서 더욱 확실해진다. 나쁜 일을 하고 사람들에게 해를 끼친 사람은 언젠가는 반드시 되갚음을 받는 법이다. 그래서 혹시 자신이 피해를 끼친 사람을 만나게 될까 봐 염려하는 불행한 삶을 산다. 이것이 바로 인과응보다. 항상 은혜를 베풀고 사람들에게 선한 영향을 끼친 사람들은 선행에 대한 보답을 받는다. 물론 보답을 바라서가 아니다. 내 삶이 평안해지는 비결이다.

 恩義廣施 人生何處不相逢 讐怨莫結 路逢狹處難回避
은 의 광 시 인 생 하 처 불 상 봉 수 원 막 결 노 봉 협 처 난 회 피

방법을 알고 노력하면
누구라도 작은 부자는 된다

"큰 부자는 하늘이 낳지만
작은 부자는 부지런함이 낳는다."
_《명심보감》

큰 부자는 아무나 될 수 없다. 노력도 필요하지만 하늘의 도움도 필요하기 때문이다. 자신은 단지 운이 좋아서 부를 이룰 수 있었다고 말하는 거부도 있다. 그렇다고 해서 하늘이 불공평하다고 한탄할 필요는 없다. 누구나 부자가 될 수 있는 길은 열려 있기 때문이다. 부지런하기만 하면 비록 큰 부자는 아니지만, 누구나 작은 부자는 될 수 있다.

《사기》에 실려 있는 부자가 되는 원칙 중 그 첫 번째는 '무재작력'無財作力이다. 가진 것이 없으면 몸을 써서라도 노력해야 한다는 뜻이다. 이때 필요한 자질이 바로 부지런함이다. 설사 가진 것이 없고 가난하더라도 열심히 노력한다면 누구나 작은 부자는 될 수 있다. 그리고 차근차근 단계를 밟아가면 된다. 누가 알겠는가? 전혀 예상치 못한 하늘의 도움으로 큰 부자가 될지도 모를 일이다. 만약 큰 부자가 되었다면 그다음은 하늘이 왜 나에게 부를 허락했는지를 생각할 수 있어야 한다. 부는 나눌수록 늘어나고 베풀수록 더 크게 돌아오는 법이다.

大富由天 小富由勤
대부유천 소부유근

기회란 누구나 잡을 수 있지만
아무나 잡을 수는 없다

"빨래는 한낮에 말려야 하고, 칼을 잡았으면 반드시
베어야 하고, 도끼를 잡았으면 반드시 잘라야 한다."
_《육도》

이탈리아의 토리노 박물관에는 기회의 신 카이로스의 석상이 있다. 카이로스는 '찰나의 시간'을 뜻하는데 그 석상 밑에는 다음과 같은 말이 새겨져있다. "내 앞머리가 긴 이유는 사람들이 쉽게 붙잡게 하기 위함이고 뒷머리가 대머리인 이유는 한번 지나치면 붙잡지 못하게 하기 위함이다. 내 이름은 카이로스, 기회의 신이다." 기회란 누구나 잡을 수 있지만 아무나 잡을수는 없다. 반드시 잘 준비하고 대비한 사람만이 남다른 기회를 잡는다.

위 예문은 강태공이 주 문왕에게 나라를 지키기 위한 계책으로 일러준말이다. 모든 일에는 때가 있기에 기회를 잡았을 때 결단해야 한다. 군대의 지휘관도 마찬가지고 한 나라를 다스리는 국가 지도자도 마찬가지다. 하지만 주어진 기회가 왔을 때 놓치지 않고 잡으려면 반드시 치밀한 준비가 있어야 한다. 강태공이 바늘이 없는 낚시대를 드리운 것은 세월을 낚은 것이아니라 기회를 기다린 것이다. 그리고 위수강가에 주문왕이 나타났을 때자기가 준비했던 국가 운영의 계책을 모두 말해주고 나라의 스승으로 발탁되었다.

 日中必彗 操刀必割 執斧必伐
일중필혜 조도필할 집부필벌

학문의 진정한 목적은
오만함과 욕심에서 벗어나는 것

**"오만함을 자라게 해서는 안 되고
욕심을 따라서도 안 된다."**
_《예기》_

오만함傲은 공경함의 반대말로 자기 수양이 덜 되었을 때 나오는 모습을 가리킨다. 사람들이 지위가 높아지면 자만하게 되는 경우가 많다. 학문의 경지가 조금 올라도 마찬가지다. 이때 반드시 스스로 경계하여 마음을 다스리지 않으면 오만함이 자라게 된다. 《채근담》에는 "세상을 뒤덮는 공로도 뽐낼 '긍'矜자 하나를 당하지 못하고, 하늘에 가득 찬 허물도 뉘우칠 '회'悔자 하나를 당하지 못한다."라고 쓰여 있다. 학문과 수양의 진정한 목적은 오만함에서 벗어나 자신을 낮출 수 있는 경지에 도달하는 것이다.

욕심을 다스리지 못하는 것도 마찬가지다. 모든 욕심은 무언가를 얻고자 할 때 생겨난다. 재물도 권력도 학문도 마찬가지다. 물론 학문에 정진하고 인격을 함양하여 더 높은 경지에 오르려는 욕심은 필요하다. 자기 분수에 넘치는 욕심, 의롭지 못한 욕심이 문제다. 스스로 자족할 줄 모르면 더 많은 것을 얻기 위해 탐욕을 부리고, 도리에 어긋나는 행동을 하게 된다. 이런 사람들에게 행복은 찾아오지 않는다. 자족할 줄 모르는 마음은 결코 행복할 수 없다.

傲不可長 欲不可從
오 불 가 장 욕 불 가 종

같은 질문에도
사람에 따라 답이 달라진다

"좋은 말을 들으면 곧 실천해야 합니까?"
_《논어》

자로가 공자에게 물었다. "좋은 말을 들으면 곧 실천해야 합니까?" 공자는
"부모 형제가 있는데 어찌 듣는 대로 바로 행하겠는가?"라고 답했다. 얼마
후 염유가 같은 질문을 하자 공자는 "들으면 곧 행해야 한다."라고 답했다.
이를 들은 공서화가 물었다. "왜 자로와 염유의 같은 질문에 다른 대답을
하십니까?" 공자가 말했다. "염유는 소극적인 성격이라 적극적으로 나서도
록 한 것이고, 자로는 지나치게 적극적이어서 물러서도록 한 것이다."

공자는 지식을 실천하는 문제에 관해 제자들에게 각각 다른 답을 주고
있다. 같은 질문이지만 다혈질이고 저돌적인 자로에게는 신중한 처신을,
소극적이고 계산적인 염유에게는 적극적인 실천을 말해준 것이다. 배움은
모든 상황에서 똑같이 통하는 것이 아니라 각자의 상황과 성품에 맞게 주
어져야 한다. 이처럼 질문은 하나라도 그 해답은 사람에 따라 다르다. 이것
이 가능하려면 상대방에 대한 이해가 필요하다. 성품은 물론 기본적인 배
경과 호불호好不好도 알아야 한다. 무엇보다도 상대의 마음을 읽고 맞출 수
있는 공감 능력이 필요하다.

聞斯行諸
문 사 행 저

세대가 조화를 이루면
더 좋은 결과를 얻는다

"사람은 오직 옛사람을 구하고, 그릇은 옛것이 아니라
새것을 구하라."
_《서경》

첨단 시대가 되면서 새로운 기술이 봇물 터지듯 나오고 있다. 그래서 현대
의 기술 경쟁은 속도전이라 한다. 남보다 먼저 새로운 것, 새로운 기술을 선
점해야 승리할 수 있어서다. 바로 '그릇은 새것을 구하라'는 말이 가진 의
미다. 하지만 사람은 다르다. 오래된 사람의 가치가 더욱 소중하다. 사람이
오래되었다는 것은 오랜 시간 교류를 이어온 것을 뜻한다. 변함없이 신의
를 지키는 사이에서만 가능한 일이다.

개인 간의 교제뿐 아니라 조직에서도 마찬가지다. 노장의 경험과 경륜이
반드시 필요하다. 물론 변화를 위해 새로운 사람도 필요하다. 하지만 과거
를 모두 부정하고 새로움만을 추구해서는 조직이 무너진다. 새사람과 옛사
람이 조화를 이루어야 조직이 균형 있게 발전한다.

요즘은 두 가지 이상의 요소가 서로 합쳐져서 좋은 결과를 만드는 하이
브리드의 시대다. 선배들의 경험과 경륜 그리고 후배들의 참신성과 창의력
이 합쳐질 때 조직은 엄청난 힘을 발휘한다. 마치 신인과 노장이 잘 어우러
진 스포츠팀이 강력한 힘을 발휘하는 것과 같다. 이것을 만드는 것이 바로
리더의 역할이다.

人惟求舊 器非求舊惟新
인유구구 기비구구유신

마음이 있으면 공부할 시간은
얼마든지 생긴다

"공부할 틈이 없다고 말하는 사람은 시간이 생긴다 한들
공부하지 않는다."

_《회남자》

아무리 여건이 좋아도 공부하지 않는 사람이 있고, 어려운 환경 속에서도 공부를 멈추지 않는 사람도 있다. 공부는 시간이 많은 사람이 하는 게 아니라 배움에 대한 마음이 절실한 사람이 한다. 미래의 자신에 대한 열망이 자신을 공부로 이끄는 것이다. 하지만 마음이 없으면 아무리 시간이 많아도, 아무리 누가 다그쳐도 하지 않는다. 일도 마찬가지다. '바쁘다, 바쁘다'를 입에 달고 있는 사람은 실제로 일이 많아서 시간이 부족하기보다는, 일하기 싫은 사람일 경우가 많다. 일하기 싫어서 미루다 보니 시간에 쫓기는 것이다. 일을 잘하는 사람은 장단기 계획을 세워 가장 효율적인 방법으로 일하기 때문에 시간에 쫓기지 않고 여유 있게 일할 수 있다.

《대학》〈전7장〉에 실려 있는 글이 핵심을 찌른다. "마음이 없으면 보아도 보이지 않고, 들어도 들리지 않고, 먹어도 그 맛을 알지 못한다." 무슨 일을 하든지 올바른 뜻과 바른 마음을 갖는 것이 근본이 된다. 마음이 바로 서야 길이 열린다. 공부도 일도 마찬가지다.

謂學不暇者 雖暇亦不能學矣
위 학 불 가 자　수 가 역 불 능 학 의

약점까지 품어줘야
사람을 다스릴 수 있다

"더러운 땅에서 초목이 잘 자라고
맑은 물에는 물고기가 살지 못한다."
_《채근담》

"청렴은 수령의 근본으로 모든 선善의 근원이요, 모든 덕德의 뿌리다. 청렴하지 않고서 수령 노릇을 할 수 있는 자는 없다." 다산 정약용이 《목민심서》에서 했던 말이다. 선비, 특히 백성을 다스리는 위치에 있는 사람에게 청렴함이란 반드시 필요한 덕목이다. 한편 백성은 학문이나 수양이 부족하다. 알면서 안 하는 것은 잘못이지만 몰라서 못 하는 경우도 많다. 따라서 위정자에게 요구하는 청렴의 기준을 백성에게 일괄적으로 적용할 수는 없다. 백성을 다스릴 때는 그들의 수준에 합당한 기준을 적용해야 한다. 그리고 반드시 먼저 생활의 기반을 보장해주어야 한다. 순박한 백성들은 삶의 기반이 있으면 착하게 살지만 생활이 보장되지 않으면 죄를 짓기 때문이다.

그래서 다산은 청렴함에는 반드시 '사랑'이 있어야 한다고 말한다. 위정자의 지나친 청렴함은 탐관오리보다 백성을 더 힘들게 할 수도 있다고 염려한다. 청렴함, 꼭 필요한 덕목이지만 그보다 앞서야 하는 것은 사람의 약점을 포용하는 따뜻함, 바로 사랑이다.

地之穢者多生物 水之清者常無魚
지 지 예 자 다 생 물 수 지 청 자 상 무 어

일상의 작은 순간에
인생의 가치가 숨어 있다

> "저 벼슬을 잃은 자, 재산을 잃은 자는 모두 달관한 사람의
> 눈으로 보면 밤 한 톨을 잃은 아이와 같다."
>
> _《여유당전서》_

다산 정약용이 저녁 무렵 숲속을 거닐다가 우연히 한 어린아이를 보았다.
그 아이가 자지러지는 소리로 울어대며 참새 뛰듯 수없이 뛰었다. 마치 여
러 개의 송곳에 배를 찔린 듯, 방망이로 가슴을 얻어맞은 듯, 참담하고 절박
하기가 금방 죽을 듯한 모습이었다. 그 연유를 물어보니 그 아이가 나무 밑
에서 밤 한 톨을 주웠는데 어떤 사람이 그것을 빼앗아갔다는 것이다. 다산
은 자신의 소회를 이렇게 밝힌다. "아아! 천하에 저 아이처럼 울지 않을 사
람이 몇이나 있겠는가? 저 벼슬을 잃고 세력을 잃은 자나 재물을 손해 보고
돈을 잃은 자나 달관한 자의 눈으로 보면 모두 밤 한 톨을 잃은 아이와 같
은 부류다."

　이렇게 보면 우리는 한 톨의 밤을 찾는 아이처럼 살고 있는지도 모른다.
하지만 우리는 다산과 같은 달관한 사람이 아니기에 권세와 재물을 초월해
서 살 수는 없다. 단지 삶의 순간순간 한 톨의 밤을 좇기 위해 더 소중한 것
을 잊고 사는 것은 아닌지 돌아보면 좋겠다. 가족, 친구, 행복, 사랑. 누구에
게도 빼앗길 수 없는 소중한 가치다.

彼先官墜勢者 損財消貨者 自達觀而臨之 皆一栗之類也
피 선 관 추 세 자　손 재 소 화 자　자 달 관 이 임 지　개 일 률 지 류 야

12월

十二月

"말하지 말라, 오늘 공부하지 않아도 내일이 있다고."
_《고문진보》

시작은 결코 반이 아니다

"100리를 가려는 자는 90리를 반으로 여긴다."
_《전국책》戰國策

우리가 잘 아는 "천 리 길도 한 걸음부터."라는 속담이 있다. 또 "시작이 반
이다."라는 말도 있다. 하기 어려운 일도 일단 시작하기만 하면 절반은 해낸
것과 마찬가지라는 뜻으로, 일을 과감하게 시작하지 못하고 망설이는 사람
에게 큰 힘이 되는 말이다. 그 어떤 큰일도 그 시작은 미약하다. 일이 작다
고 시작하지도 않거나, 일이 너무 엄청나서 아예 포기하는 것은 모두 위대
한 일의 싹을 자르는 행위일 수 있다.

　하지만 일단 일을 시작했다면 위 예문의 말을 염두에 두어야 한다. 완전
히 일을 마무리할 때까지 긴장을 늦추지 말고 최선을 다해야 한다. 《논어》
에는 "산을 쌓다가 한 삼태기의 흙이 부족한 순간에 멈추는 것도 내가 멈추
는 것이다."라고 실려 있다. 그 어떤 큰일도 마지막 한 걸음을 내딛기 전까
지는 완성된 것이 아니라는 뜻이다. 목표를 이루기 위해서는 끝까지 초심
을 잃어서는 안 된다. 일이 너무 힘들어서 포기했는데, 그 순간이 바로 마지
막 한 걸음이 모자란 순간일 수도 있다.

行百里者半九十
행 백 리 자 반 구 십

자신의 시야를 더 넓힐 일이다

"대롱을 통해 하늘을 살피고 송곳 하나로 땅을 재려고 하니
이 얼마나 보잘것없는 일인가?"
_《장자》

사람은 누구나 자신의 시야로 세상을 본다. 이 시야를 만드는 것은 그 사람의 지식과 경험, 즉 식견이다. 식견이 풍부하면 균형 잡힌 시각으로 세상을 볼 수 있다. 모자라면 왜곡된 시각으로 세상을 보게 되므로 엉뚱한 일을 하게 되고 사람들의 비웃음을 받는다. '당랑거철' 螳螂拒轍 이라는 고사가 있다. '사마귀가 수레를 막아선다'라는 뜻으로 《회남자》, 《한시외전》韓詩外傳 등의 고전에 실려 있다. 제나라의 장공이 하루는 수레를 타고 사냥터로 가고 있었다. 그때 사마귀 한 마리가 앞발을 도끼처럼 치켜들고 수레를 향해 덤벼들었다. 장공은 "저놈이 사람이었으면 분명히 호걸이 되었을 것이다. 그 용기가 가상하니 피해서 가도록 하자."라고 했다. 《회남자》의 내용이다. 하지만 《장자》에서는 전혀 다른 해석을 보여준다. "사마귀가 앞다리를 벌리고 수레에 대들면서도 감당하지 못한다는 사실을 알지 못한다. 자기 능력을 과신하기 때문이다. 이런 것은 경계해야 할 일이다." 《장자》의 해석이 훨씬 현실적이다. 균형 잡힌 시각으로 편견 없이 세상을 보고 올바른 판단을 하려면 폭넓은 경험과 지식이 필요하다. 그리고 자신을 알아야 한다. 사람의 성장에 가장 문제가 되는 것은 모르는 것이 아니라 '내가 안다'라는 착각이다.

 用管窺天 用錐指地也 不亦小乎
용 관 규 천 용 추 지 지 야 불 역 소 호

충고, 배려와 진심이 담겨 있어야 한다

"충고, 정성은 남음이 있고 말은 부족해야 한다."
_《근사록》

"세상에서 가장 쉬운 일은 남에게 충고하는 일이고, 가장 어려운 일은 자기 스스로를 아는 일이다." 그리스 철학자 탈레스가 했던 말이다. '가장 쉬운 일'과 '가장 어려운 일,' 전혀 차원이 다른 것처럼 보이지만 둘 사이에는 깊은 연관이 있다. 남에게 충고를 하려면 반드시 자신을 돌아볼 수 있어야 하기 때문이다. 자신이 부족한데 다른 사람의 잘못만 지적한다면 진실한 충고가 될 수 없다. 따라서 탈레스의 말은 이렇게 해석할 수 있다. "자기 자신을 아는 사람은 함부로 남에게 충고하지 않는다." 자신의 부족함을 알기에 남을 판단하고 충고하는 일을 절제하는 것이다. 하지만 절친한 관계에서는 상대가 잘못되고 있는데도 모른 척하는 것은 바람직하지 않다. 예문의 말은 충고의 구체적인 방법을 일러준다. 먼저 충고란 믿음을 기반으로 해야 한다. 서로 믿지 못한다면 그 어떤 충고를 할 수도, 받아들일 수도 없다. 그다음 반드시 넘치도록 정성을 담아서 말해야 한다. 그래야 나의 진실한 마음이 상대에게 전해질 수 있다. 하지만 말은 최대한 아껴야 한다. 말로 전달할 수 있는 마음은 한계가 있기 때문이다. 진심은 말이 아닌 마음으로 전달된다.

 責善之道 要使誠有餘而言不足
책 선 지 도 요 사 성 유 여 이 언 부 족

338
화요일
態度
태도

먼저 자기 몸을 다스려야
남을 다스릴 수 있다

"이부자리와 의복 외에 책을 한 수레 싣고 갈 수 있다면
이것이 곧 청렴한 선비의 행장이다."
_《목민심서》

다산이 처음 지방의 관리로 발령받고 부임할 때의 행장을 말하는 대목이다.
자신이 쓸 살림 도구와 함께 갖고 가야 할 것은 한 수레의 책이다. 책은 학
생들의 공부 도구이기도 하지만 통치자들의 가장 필수적인 도구이기도 하
다. 책을 통해 자신의 능력을 키워나가고, 마음을 수양하고, 다양한 통치상
황에서 올바른 판단을 내릴 수 있다.

　다산은 당시 지방관들이 인애로 백성을 다스리지 않고 폭정을 일삼는 것
을 마음 아파하면서《목민심서》를 저술했는데 그 서문에 이렇게 썼다. "군
자의 학문은 수신이 그 반이요, 나머지 반은 백성을 다스리는 것이다." 백성
을 잘 다스릴 꿈이 있었지만 다산은 마흔 즈음에 귀양을 떠난 이후 끝내 꿈
을 이루지 못했다. 그 아픔을 이렇게 표현했다. "심서心書라고 한 것은 무슨
까닭인가? 백성을 다스릴 마음은 있으나 몸소 실행할 수 없기에 이렇게 이
름 붙인 것이다." 역사에는 가정이 없다. 하지만 다산이 귀양을 가지 않고
정조와 함께 꿈을 펼쳤으면 어땠을까 하는 아쉬움이 남는다.

衾枕袍繭之外 能載書一車 清士之裝也
금 침 포 견 지 외 능 재 서 일 거 　청 사 지 장 야

380 ·

기본이 탄탄하면 쉬이 무너지지 않는다

"가죽이 없는데 털을 어디에 심을 것인가?"

_《춘추좌전》

털은 가죽이 없으면 자랄 수가 없다. 이미 가죽을 벗겨버렸다면 더 이상 털은 자랄 수 없고, 그곳에 털을 심을 수는 더더욱 없다. 이 말은 근본이 없으면 그 어떤 일도 도모하기가 힘들다는 뜻이다. 또 인간관계도 이미 한 번 틀어졌다면 아무리 노력해도 그 관계를 회복하기 어렵다는 의미다. 공부도, 일도, 관계도 모두 기초가 튼튼해야 발전의 길로 나아갈 수 있다.

우리는 근본을 보지 않고 지엽적인 현상에 매달리는 경향이 있다. 가죽이 아니라 털의 아름다움만 보는 것이다. 가죽, 즉 근본이 지켜야 할 핵심이고 바라보아야 할 중심이다. 조급한 마음에 서두르다 거쳐야 할 단계를 건너뛰면 어느 순간 무너지고 만다. 일을 망치는 가장 큰 이유는 일을 빨리 이루려는 조급함 때문이다. 남들보다 앞서가고 싶은 초조함이 일을 망친다. 털의 아름다움에만 눈을 돌릴 것이 아니라, 먼저 가죽이 탄탄한지 확인해 보아야 한다.

皮之不存 毛將安傅
피지부존 모장안부

가장 익숙한 것이 가장 위험한 것이다

"소인은 물에 빠지고 군자는 입에 빠지고
대인은 사람에 빠진다."
_《예기》

위 예문에서 소인은 백성과 같은 보통 사람을 말하고 군자는 소위 배움이
있는 지도층 인사, 그리고 대인은 왕과 제후, 즉 오늘날의 대통령과 같은 최
고지도자를 말한다. 이들에게 가장 가까운 것을 들라고 하면 소인은 농사
를 짓는 물, 군자는 자신의 지식을 뽐내는 입, 그리고 대인은 다스리는 백성
과 신하, 즉 사람이다. 그리고 빠지는 것은 '실패'라고 볼 수 있다.

이들이 각각 실패하는 이유는 바로 자신에게 가장 가까운 것, 즉 익숙한
것 때문이다. 사람들은 누구나 자신이 익숙한 것, 잘한다고 생각하는 것 때
문에 실패한다. 만약 처음 하는 일, 미숙한 일이라면 신중할 수밖에 없고 잘
하기 위해 노력한다. 하지만 매일 접하는 일이라면 타성에 젖는다. 그리고
방심한다. 방심과 타성은 실패를 겪게 되는 가장 큰 잘못이다.《예기》에서
는 글의 마지막을 이렇게 마무리한다. "그러므로 군자는 신중해야 마땅하
다."(고군자불가이불신야故君子不可以不慎也)

날마다 접하는 평범한 일상에 신중할 일이다. 평범한 일상이 쌓여 인생
이 된다.

 小人溺於水 君子溺於口 大人溺於民
소인익어수 군자익어구 대인익어민

삶을 바꾸는 데
시간만큼 훌륭한 자원은 없다

"한 자 크기의 구슬이 보배가 아니라
한 치의 시간을 다툴 일이다."
_《명심보감》

부가 지배하는 세상이 되었다. 부가 모든 가치의 척도가 되었고 세상 사람들 모두 오직 부자가 되기 위해 앞뒤 가리지 않고 뛰고 있다. 하지만 부가 아무리 좋다고 해도 돈을 자신의 목숨과 바꿀 사람은 없다. 지금 가지고 있는 부는 언제든지 없어질 수 있다. 하지만 지금 어렵고 힘들어도 시간만 있다면 얼마든지 성공을 잡을 기회가 있다. 그래서 세상을 공평하지 않다고 말하는 사람은 틀렸다. 지금 빈부의 차이는 있을지 몰라도 시간은 누구에게나 공평하기 때문이다.

그 어떤 부자도, 제아무리 큰 권세를 잡은 사람도, 탁월한 지식과 지혜를 가진 사람도 하루 24시간 이상을 가진 사람은 없다. 지금 큰 고난에 처한 사람에게도 기회를 잡을 시간은 공평하게 주어진다. 영국의 지도자였던 디즈레일리는 "시간을 지배하는 자는 모든 것을 지배한다."라고 말했다. 동양의 고전 《사기》에서는 "부자가 되려면 시간을 이용하라."고 했다. 그리스의 철학자 탈레스는 좀 더 철학적으로 말했다. "가장 현명한 것은 시간이니, 모든 것을 결국 명백하게 밝히기 때문이다."

尺璧非寶 寸陰是競
척 벽 비 보 촌 음 시 경

과하게 주어진 행운은
어떻게 불행을 불러오나

"사람에게는 세 가지 불행이 있다. 첫째는 어린 나이에
출세하는 것, 둘째는 부모 형제의 권세로 높은 자리에 오르는 것,
셋째는 뛰어난 재능으로 문장을 떨치는 것이다."
_〈소학〉

지금의 관점에서 보면 불행이라고 하는 세 가지 모두 행운이라고 생각된
다. 셋 중 하나만이라도 가졌으면 좋겠다는 것이 평범한 우리들의 본심일
것이다. 하지만 이 모두가 큰 불행이라는 것에는 타당한 이유가 있다. 먼저
어린 나이에 출세하는 것은 차근차근 관직에 오르는 것이 아니라 벼락출세
를 하는 것이다. 운이 좋다고 볼 수도 있겠지만 경험이 부족해 그 자리에
합당한 덕과 경륜이 부족하다. 조그만 위기가 닥쳐도 제대로 대응할 수 없
고 자기 몸 하나도 간수하기 어렵다. 또 한 가지 부모 형제의 덕으로 출세
한 사람은 자신의 자리에 필요한 능력조차 갖지 못한 사람일 경우가 많다.
자신의 존위가 모두 부모 형제에게 달렸기에 그 앞날을 알지 못한다. 마지
막으로 재능과 문장이 뛰어난 사람은 교만한 사람이 될 가능성이 높다. 사
람의 소중함을 알지 못하고 독단적인 판단과 결정으로 큰 문제를 일으킬
수 있다.

나이에 걸맞지 않게 출세한 사람들은 더욱 겸손하고 몸가짐을 바르게 해
야 한다. 그래야 불행한 일을 겪지 않는다.

人有三不幸 少年登高科 一不幸 席父兄弟之勢爲美官 二不幸 有高才能文章 三不幸也
인유삼불행 소년등고과 일불행 석부형제지세위미관 이불행 유고재능문장 삼불행야

여백을 통해 비로소 채워진다

"세상은 그 넓고 장대함이 가늠할 길이 없을 정도이지만,
정작 사람에게 필요한 것은 발로 내딛는 땅으로 충분하다."
_〈장자〉

방이 쓸모가 있는 것은 방을 둘러싸고 있는 벽 때문이 아니라 그 안에 빈 공간이 있기 때문이다. 바퀴의 살이 비어 있는 것, 오늘날로 치면 타이어의 안이 비어 있기에 타이어는 그 용도를 다할 수 있다. 노자와 장자의 철학에서 중요한 위치를 차지하고 있는 무용지용無用之用의 이치다. 장자의 라이벌 혜자가 장자의 주장은 현실에 맞지 않아서 쓸모가 없다고 하자 장자가 위의 예문과 같이 대답했다. 사람이 걸음을 걷는 데 쓰이는 땅은 발자국 만큼만 있으면 충분하다. 하지만 그 나머지 땅이 쓰이지 않는다고 해서 그것이 쓸모가 없다고 말할 수는 없다는 것이다.

　사람들은 자신에게 필요한 것, 소용 있는 것에만 집착한다. 무언가 결실이 있고 이익이 되어야만 가치가 있다고 생각한다. 이런 사람은 자신의 삶도 그렇게 살아간다. 일에 중독된 사람들의 생각이다. 무언가를 이루기 위한 목표가 있다면 워라밸이 있어야 한다. 일을 잘하기 위해서도 휴식이 필요하다. 행복한 삶, 지혜로운 삶의 비결이다.

天地非不廣且大也 人之所用容足耳
천 지 비 불 광 차 대 야　인 지 소 용 용 족 이

교묘하게 꾸며낸 말은 신뢰를 무너뜨린다

"말이란 풍파와 같고 행동에는 득과 실이 있다."
_《장자》

초나라의 섭공 자고가 제나라에 사신으로 떠날 것을 명 받았을 때 공자의
조언을 구했다. 공자는 이렇게 답했다. "신하로서 군주를 잘 보필하는 것이
당연한 의리이므로, 자신의 안위를 걱정하지 말고 최선을 다해 사신의 일
을 잘 감당하도록 노력해야 한다. 말을 함부로 바꾸지 말고, 일을 억지로 이
루려 하면 안 된다. 정도를 지나치면 넘치게 되고 화를 초래하는 법이다."
그리고 그 이유를 예문과 같이 말해주었다. 모든 말과 행동에는 감정을 자
극하고 분노를 일으키는 요소들이 있으니 반드시 조심해야 한다는 뜻이다.
중요한 일을 맡으면 누구나 그 일을 잘하고 싶고 성과를 거두고 싶다. 미
사여구로 상대의 마음을 얻고 싶은 욕심도 생긴다. 하지만 교묘한 말과 꾸
며낸 말로 상대를 설득하려 들면 가식적인 모습이 읽히게 된다. 또 핵심을
짚지 못하는 말은 상대를 지루하게 만든다. 이 모든 것은 상대의 신뢰를 잃
게 만들고 심하면 상대방의 분노를 사게 만든다. 결국 맡은 임무에도 실패
하고 만다. 무엇보다도 뼈아픈 것은 나에 대한 상대의 신뢰가 무너지는 것
이다.

言者風波也 行者實喪也
언자풍파야 행자실상야

옳은 길을 가려면 견제와 비판은 필수다

"나무는 먹줄을 따르면 반듯해지고
군주는 간하는 말을 들으면 거룩해진다."
_《서경》

제자 자공이 인을 실천하는 방법을 묻자 공자는 "장인이 일을 잘하려면 반드시 먼저 연장을 잘 손질한다."라고 가르쳤다. 이처럼 고전에서는 선비들의 학문과 수양을 기술자의 작업에 비유하는 경우가 많았다. 효율적인 작업을 위해 미리 준비하고 빈틈없이 작업하는 모습을 귀감으로 삼은 것이다.

아무리 유능한 목수라 해도 나무를 다듬을 때는 먹줄을 쓴다. 대충 눈대중으로 하는 것이 아니라 기준선을 따라야 바르게 다듬을 수 있기 때문이다. 자신의 경험만 믿고 먹줄을 쓰지 않으면 반듯한 나무를 만들 수 없는 법이다. 마찬가지로 아무리 훌륭한 군주라고 해도 신하들의 간언을 듣지 않으면 바른 정치를 펼 수 없다. 옆에서 견제하고 비판하는 사람이 있어야 균형 잡힌 정치를 할 수 있기 때문이다. 신하의 간언은 귀에 거슬리게 마련이다. 하지만 그것을 이겨내는 큰 마음이 경지에 이르도록 한다.

惟木從繩則正 后從諫則聖
유 목 종 승 칙 정 후 종 간 즉 성

미루지 말고 오늘 공부하라

"말하지 말라, 오늘 공부하지 않아도 내일이 있다고."
_《고문진보》

공부를 못하는 사람이 가장 많이 하는 핑계는 무엇일까? 짐작하겠지만 "내일부터 하자!"다. 아마 아이들이 부모님과 선생님을 가장 속 터지게 만드는 것도 이 말일 것이다. 하지만 어른이 되어서도 다를 바 없다. 일단 미루고 나면 여유가 생기고 마음이 편안해진다. 하지 않겠다는 것이 아니라 단지 하루만 미루겠다는 것이니 마음에 부담도 없다. 문제는 마음에 부담이 없어지는 만큼 일을 이루어야 한다는 의욕도 사라지기 쉽다는 점이다.

이 글을 쓴 주자는 사람들이 공부를 미루는 것을 경계했다. 우리가 잘 아는 "소년은 늙기 쉽고 학문은 이루기 어려우니 짧은 시간이라도 가볍게 여길 수 없다."(소년이로학난성 일촌광음불가경少年易老學難成 一寸光陰不可輕)는 말로 안타까운 마음을 표하기도 했다. 나이가 들수록 시간의 흐름은 더 빠르게 느껴진다고 한다. 자연히 세월의 빠름을 한탄하게 된다. 한번 흘러간 시간은 돌이킬 수 없다. '내일 하자'가 거듭되면 내일이 영원히 오지 않을 수도 있다.

勿謂今日不學而有來日
물 위 금 일 불 학 이 유 내 일

인재를 얻으려면 질문하고 설득시켜라

"집 짓는 사람이 길가는 사람과 의논하니
끝내 이루어지는 일이 없다."
_《시경》

산업화 시대에는 '노하우'Know-how, 즉 누가 기술을 가지고 있느냐가 가장
중요한 가치였다. 하지만 지금과 같은 전문화 시대에는 누가 최고의 기술
을 가지고 있는지를 아는 '노후'Know-who 가 가장 중요한 가치다. 어떤 일을
하더라도 마찬가지다. 내가 잘 모르는 분야라면 다른 사람에게 물어야 한
다. 하지만 조건이 있다. 반드시 그 일을 잘하는 사람을 찾아야 한다.

집을 짓는 방법이 궁금한데 길 가는 사람을 붙잡고 의견을 물은들 제대
로 된 답이 나올 리 없다. 무조건 많은 사람의 의견을 묻는다고 해서 답이
나오는 것도 아니다. 그 일에 대해 가장 정확하게 알고 있는 사람의 의견이
필요하다. 지도자에게는 먼저 사람을 보는 능력이 있어야 하고, 적임자를
찾으면 그를 설득해 일을 시킬 수 있어야 한다. 만약 적임자가 거절한다면
삼고초려를 할 수 있는 끈기도 필요하다.

사람을 아는 명철함, 적임자를 찾는 폭넓은 인간관계, 그를 설득할 수 있
는 능력, 오늘날 지도자의 핵심 덕목이다.

如彼築室于道謀 是用不潰于成
여 피 축 실 우 도 모 시 용 불 궤 우 성

아끼고 사랑할수록
더 냉철하게 봐야 한다

"사람은 자기 자식의 악함은 알지 못하고 자기 논의 싹이
자란 것은 알지 못한다."
_《대학》

사람들은 누구나 자신이 사랑하는 사람에게는 편파적인 마음을 갖는다. 그래서 '사랑에 눈이 먼다'라는 말이 있고, 고슴도치도 자기 자식은 예쁘게 보이는 법이다. 다른 사람이 모두 비난하는 자식이라고 해도 부모의 눈에는 나쁘게 보이지 않는다. 이처럼 사랑하는 마음이 평정심을 잃게 하는 것처럼 탐욕과 질투하는 마음 역시 공정한 마음을 잃게 만든다.

위 예문에서 전자는 사랑에 눈이 먼 것이고, 후자는 욕심에 마음이 가려진 것이다. 자녀를 맹목적으로 사랑해서도 안 되지만 자녀에게 지나친 자기 욕심을 대입시켜서도 안 된다. 자녀의 성공을 바라는 마음도 마찬가지다. 오직 성공과 출세에 삶의 목적을 두면 자녀의 삶을 잘못된 길로 이끌 수도 있다. 진정한 성공이란 높은 지위나 부가 아니라 자기 삶의 의미와 목적을 이루어가는 것이다. 그렇게 할 때 성공은 자연히 따라오며 당연히 삶의 목적인 행복 또한 누리게 된다.

人莫知其子之惡 莫知其苗之碩
인 막 지 기 자 지 악 막 지 기 묘 지 석

349

토요일
心
마음

사람은 그 자체로 사랑이다

"사랑은 사람이다. 둘을 합하면 그것이 바로 도다."
_《맹자》

테레사 수녀는 《마더 테레사의 단순한 길》이라는 책에서 "오늘날 서구의 가장 큰 질병은 폐결핵이나 나병이 아니다. 사랑받지 못하고 배려에서 제외되고 무시당하는 것이 가장 큰 질병이다. 신체적 질병은 의약품으로 치료할 수 있다. 그러나 외로움, 절망, 희망 없음을 치료하는 약은 사랑뿐이다."라고 말했다. 물질적인 풍요의 저변에 가려져 있는 인간의 정서적 아픔을 질병으로 보고 그 처방으로 '사랑'을 제시한 것이다.

이미 2,300년 전의 철학자 맹자는 그보다 한 걸음 더 나아간다. 맹자는 사람의 존재 이유, 삶의 의미, 더 나아가 사람 그 자체를 사랑으로 보았다. 그리고 그 당시 많은 학자들이 최고의 가치로 추구했던 도道란 사람이 학문과 수양을 넘어 사랑과 하나가 될 때 완성된다고 했다. 그리고 사랑을 알고 나눌 줄 아는 사람이 가장 강력한 사람이라고 보았다. '인자무적'이 바로 그것이다. 오늘날도 마찬가지다. 사람이 사람인 이유는 사랑이 있기 때문이다.

 仁也者人也 合而言之道也
인 야 자 인 야 합 이 언 지 도 야

원하는 것에 집중하는 몰입의 기술

"정신을 분산하지 않고 한 곳에 집중하면 입신의 경지에
다다를 수 있다."
_《장자》

공자가 초나라에서 매미를 마치 줍는 것처럼 손쉽게 잡는 곱사등이에게 그
비법을 물었다. 그는 방울을 포개어 떨어뜨리지 않는 연습과 오직 매미의
날개만 생각함으로써 그 기술을 익힐 수 있었다고 답했다. 공자는 이 말을
듣고 "오직 정신을 분산하지 않고 집중하면 누구나 훌륭한 기술을 익힐 수
있다."고 제자들에게 말해준다. 맹자도 바둑의 고수 혁추奕秋의 이야기를
빌어 마음을 다할 때 뜻을 이룰 수 있다고 제자들에게 말해주었다. 혁추가
제자 둘에게 바둑을 가르치는데, 한 사람은 마음과 뜻을 다하여 혁추의 말
에 집중하고 한 사람은 그의 말을 듣고 있으나 마음속에 딴생각만 가득했
다. 화살을 쏘아 날아오는 기러기와 고니를 잡아야겠다는 생각이다. 결국
두 사람 가운데 전심專心을 다한 사람만이 뜻을 이룰 수 있었다. 정신을 집
중한다는 것은 '몰입'을 말하는데《채근담》에도 같은 개념을 우리에게 가
르쳐준다. "일을 실행하는 사람은 몸을 그 안에 두어 마땅히 이해의 생각을
잊어야 한다." 고전은 이처럼 몰입의 핵심적인 이론을 정확하게 가르쳐준
다. 우리는 마음을 다해 실행함으로써 뜻을 이룰 수 있다.

用志不分 乃凝於神
용 지 불 분 내 응 어 신

철학과 영혼 없는 말은 소음일 뿐이다

"무릇 말은 소리가 아니다. 말에는 뜻이 있다."

_《장자》

오늘날의 세태를 보면 많은 사람이 여러 이유로 자신의 말을 왜곡한다. 존 재감을 드러내기 위해, 윗사람에게 아부하기 위해, 혹은 속한 조직의 방향에 맞추기 위해 자기 생각과는 전혀 다른 말을 한다. 공자는 이런 추세를 경계하여 "말은 뜻을 전달하면 그만이다."라고 했다. 도가의 철학자 장자는 더 신랄하다. 이런 사람이 말하는 것은 '말'이 아니라 입에서 나오는 '소리'와 같다고 했다. "무릇 말은 소리가 아니다. 말에는 나타내고자 하는 뜻이 있다. 그런데 그 말이 나타내고자 하는 바가 오락가락한다면 그 말은 말인가, 말이 아닌가? 새의 울음소리와 과연 무엇으로 구별할 수 있을까?" 당시 가장 영향력 있는 학파인 유가와 묵가 모두 자기 편의 말이면 옳다고 하고, 상대편의 말은 무조건 반대를 하는 세태를 비판한 것이다. 장자는 이런 것들을 모두 '말'이 아닌 '소리'라고 했다. 자신이 판단이나 생각도 없이 무조건 따르는 것은 새소리와 다를 바가 없다. 오늘 나는 말을 할 것인가, 새소리를 낼 것인가?

夫言非吹也 言者有言
부언비취야 언자유언

진정한 힘은 외유내강의 모습을 지닌다

"강대한 것은 낮은 곳으로 임하고 부드럽고 약한 것이 높은
곳으로 임한다."
_《도덕경》

세상에서 가장 부드러운 것 하나를 꼽으라면 물을 들 수 있다. 너무 부드러워서 손에 담을 수조차 없다. 하지만 물은 그것이 모였을 때 엄청난 힘을 발휘한다. 졸졸 떨어지는 낙숫물은 주춧돌을 뚫고, 강가에 있는 큰 바위도 오랜 세월 물에 깎여 동글동글해진다. 그리고 물이 한군데로 모여 흐르면 그 힘은 상상할 수 없을 정도로 커진다. 매년 반복되는 홍수의 피해를 보면 물의 위력을 짐작할 수 있다. 사람의 힘으로 최대한 대비하려고 하지만 물의 힘이 더 강하다는 것을 매번 실감한다.

겉보기에 강해 보인다고 진정으로 강한 것이 아니다. 부드럽고 약하게 보이는 것 속에 진정한 강함이 들어 있다. 거대한 나무는 폭풍에 꺾이지만 부드러운 갈대 나무는 흔들릴 뿐 꺾이지 않는다. 또한 생명이 없는 것은 딱딱하지만 생명이 있는 것은 부드럽다. 가장 부드러운 것이 가장 생명력이 왕성하다. 사람도 마찬가지다. 진정 강한 사람은 외유내강의 모습을 지닌다. 스스로 낮은 곳에 처하는 겸손한 사람이 진정으로 강한 사람이다.

強大處下 柔弱處上
강 대 처 하 유 약 처 상

낮에 읽었다면 밤에 생각하라

"낮에 읽은 것은 반드시 밤에 생각해 풀어본다."
_〈퇴계〉

공자는 "공부만 하고 생각하지 않으면 어리석어지고 생각만 하고 공부하지 않으면 위태롭게 된다."라는 유명한 말을 했다. 즉, 공부와 생각이 조화를 이루어야 제대로 된 학문을 할 수 있다는 이야기다. 퇴계는 이 말에 대해 구체적인 실천법을 이야기해주고 있다. 낮에 공부를 했다면 반드시 밤에 생각을 해서 내 것으로 삼아야 한다. 아무리 머릿속에 담았다고 해도 단순히 외워서 아는 것은 진정한 내 것이 될 수 없다. 생각을 통해 판단하고, 비판하고, 수정해서 다시 머릿속에 담아야 실생활에서도 유용하게 쓸 수 있는 진정한 지식이 된다.

'밤에 생각해 풀어본다'는 말에는 공부에 못지않게 자기 수양에도 중요한 의미가 있다. 바로 신독이다. '홀로 있을 때 몸가짐을 바르게 한다'는 뜻으로, 옛 선비들의 중요한 수양의 목표이다. 그리고 낮에 있었던 행동을 되짚어보는 성찰의 시간이기도 하다. 탁월함은 잘못을 아예 저지르지 않는 것이 아니라, 날마다 자신을 돌아봄으로써 이루어진다. 홀로 있는 시간을 소중히 여겨야 한다.

畫之所讀 夜必思繹
주지소독 야필사역

천재도 주변의 도움 없이는 이룰 수 없다

"종은 소리를 낼 수 있지만
두드리지 않으면 울리지 않는다."
_〈장자〉

예문은 두 가지 의미로 생각해볼 수 있다. 먼저 제아무리 훌륭한 종이라고 해도 두드려보지 않으면 그 탁월함을 알 수 없다. 겉모양만으로는 진정한 능력과 자질을 알 수 없기 때문이다. 또 하나는 아름다운 북의 소리를 듣기 위해서는 반드시 그것을 울려야 한다. 정교하고 아름다운 종이라 해도 누군가가 울리지 않으면 그 소리를 들을 수 없다. 사람에게도 같은 이치가 적용된다. 뛰어난 능력을 지닌 사람이 있어도 직접 일을 시켜보지 않으면 능력을 알 수 없다. 또한 능력을 제대로 발휘하려면 반드시 함께 일할 사람이 필요하다. 삼성의 고 이건희 회장은 "한 사람의 핵심 인재가 십만 명을 먹여 살린다."라고 말했다. 뛰어난 인재, 회사를 이끌고 나가는 핵심 인재의 필요성을 말한 것이다. 하지만 아무리 뛰어난 인재도 혼자서는 아무것도 이룰 수 없다. 핵심 인재가 먹여 살린다는 십만 명의 도움이 있어야 한다. 아름다운 소리를 들으려면 종을 치는 사람이 필요하고, 박수 소리를 내려면 두 손이 마주쳐야 한다. 사람은 누구에게나 주어진 능력과 자질이 있다. 탁월한 사람과 평범한 사람, 이들이 모두 어우러져야 좋은 결과를 만들 수 있다. 혼자서 울리는 종은 없다. 사람도 마찬가지다.

 金石有聲 不考不鳴
금석유성 불고불명

모든 고난은 반드시 끝이 있다

**"젊어서 노력하지 않으면
늙어서는 오직 상심과 슬픔뿐이다."**

_〈장가행〉長歌行

"젊어서 고생은 사서도 한다." 너무 많이 들어 식상할지도 모른다. 그럼에도 이 말을 언급할 수밖에 없는 것은 새겨야 할 인생의 진리가 들어 있기 때문이다. 분명한 것은 그 어떤 고난도 시한부라는 사실이다. 용기와 인내로 고난을 이겨내고, 잠잠히 힘을 기르면 반드시 극적인 반전의 기회가 다가온다. 위의 예문은 이러한 삶의 이치를 아름다운 자연에 빗대 노래한 시의 일부다.

"푸른 정원의 해바라기는 아침 햇살로 이슬을 말리네

따사로운 봄볕이 온 누리에 퍼지니 만물이 찬란하게 빛을 내누나

가을이 오는 것은 항상 두렵다 꽃은 지고 잎은 시듦이라

시냇물은 흘러 동쪽 바다로 가나니 언제나 다시 돌아올까

젊어서 노력하지 않으면 늙어서는 오직 상심과 슬픔뿐이다."

젊은 시절 포기하지 말아야 할 것은 스스로에 대한 믿음이다. 그리고 작은 고난에 굴복하지 않는 인내다. 새로운 미래를 위해 도전할 수 있는 용기다. 우리 모두에게는 그런 힘이 있다.

 少壯不努力 老大徒傷悲
소 장 불 노 력 노 대 도 상 비

진정 성공한 사람은
어려웠던 시절을 잊지 않는다

"박하게 베풀면서 후한 것을 바라는 사람에게는
보답이 없다. 귀해진 뒤 천했던 시절을 잊는 사람은
오래가지 못한다."
_《명심보감》

한나라의 황석공이 장량에게 전해준 병법서에 있는 말이다. 장량은 유방을
도와 한나라를 건국하는 데 큰 공을 세웠던 개국공신이다. 병법서에 있는
글이 깊은 울림을 주는 까닭은 보편적인 삶의 지혜와 통하기 때문이다. 박
하게 베풀면서 후한 것을 바라는 사람은 심지 않은 데서 얻기를 바라는 사
람이다. 얻기를 바란다면 무엇이든 심어야 하고, 그렇지 않으면서 바라는
사람은 당연히 아무것도 얻지 못한다. 전쟁에서도 삶에서도 마찬가지다.

귀해지고 나서 천한 시절을 잊는 사람은 교만한 사람이다. 그는 자신의
소중한 자산을 망각한 것과 같다. 어려웠던 시절을 이겨내 성공을 거두기
위해서는 많은 노력과 인내, 그리고 지혜가 필요했을 것이다. 만약 자신의
과거를 모두 잊어버린다면 이 모든 자산을 포기하는 것과 같다. 사람이 누
리는 성공은 결코 지속되지 않는다. 그리고 그 옛날 자신과 같은 처지에 있
는 사람들을 존중하고 응원한다. 단순히 불쌍해서가 아니라 그들의 미래와
잠재력을 인정하고 응원하기 때문이다.

薄施厚望者 不報 貴而忘賤者 不久
박 시 후 망 자 불 보 귀 이 망 천 자 불 구

357
일요일 休 쉼

급할수록 돌아가야 한다

"곤궁에는 운명이 있음을 알고,
형통에는 때가 있음을 알고, 큰 어려움에 처해도
두려워하지 않는 것이 성인의 용기다."
_〈장자〉

공자가 위나라에서 광匡 지역을 지날 때 위험에 빠졌다. 공자를 외모가 비슷한 도적 양호로 오인했기 때문이다. 집이 포위를 당한 위기 중에서도 공자가 태연히 거문고를 타는 것을 보고 제자인 자로가 "어떻게 이 위기에서 즐거울 수 있느냐?"고 물었다. 그러자 예문과 같이 공자가 대답했다. 공자는 위기도 형통도 때가 있으므로 묵묵히 때를 기다릴 수 있다면 어떤 고난도 이길 수 있다고 말하고 있다. 물론 고난과 형통이 모두 운명이니 별다른 노력을 할 필요가 없다고 말하는 것은 아니다. 어떤 어려움 속에서도 좌절하거나 두려워하지 않고 조용히 때를 기다리는 것이 진정한 용기며, 그럴 때 고난을 극복할 힘이 생긴다는 뜻이다. 실제로 광 지역 사람들은 '저렇게 아름다운 음악을 하는 사람이 흉악한 양호일 리가 없다'고 생각하고 포위를 풀고 오히려 도움을 주었다.

위기의 순간이라고 생각될 때 급히 무언가를 하면 오히려 더 큰 실수를 할 수도 있다. 마음을 잠잠히 가라앉히고 조용히 대책을 생각하면 길이 열린다.

 知窮之有命 知通之有時 臨大難而不懼者 聖人之勇也
지궁지유명 지통지유시 임대란이불구자 성인지용야

가치 있는 한마디 말은 재물보다 값지다

"군자는 말을 주고받고 소인은 재물을 주고받는다."
_《사기》

사람들은 소중한 사람에게 자신이 귀하게 여기는 것을 준다. 귀한 것을 서로 주고받는 것, 바로 선물이다. 그 옛날 군자들이 귀하게 여겼던 것은 아름다운 말과 지혜였다. 반면 소인들은 재물을 소중히 여겼다. 하지만 선물에 나쁜 의도가 있다면 그것은 뇌물이 된다. 격에 맞지 않는 턱없이 비싼 선물도 마찬가지다. 의도가 숨어 있기에 진짜 선물이라고 보기 어렵다.

　제나라의 명재상 안자와 공자의 제자 증자가 좋은 교제를 하다가 이별을 하게 되었다. 안자는 증자에게 물었다. "이별의 선물로 수레를 받기 원하십니까, 아니면 좋은 말 한마디를 해드릴까요?" 그 당시 수레는 오늘날의 자동차로 큰 가치를 가진 재물이었다. 특히 먼 길을 가는 사람에게는 반드시 필요한 물건이었다. 하지만 아무리 값비싼 것이라 해도 군자를 자처하는 사람이 재물을 원하지는 않았을 터다. 증자는 말 한마디를 받기 원했다. 안자가 해주었던 말은 습속이성習俗異性이다. '습관이 본성을 바꾼다'는 뜻으로 좋은 습관을 강조했던 말이다. 인생을 바꿀 수도 있는 소중한 말, 그 가치는 재물에 비할 바가 아니다.

　君子相送以言 小人相送以財
　군자 상송 이 언　소인 상송 이 재

아무리 가까워도 걷지 않으면 도달하지 못한다

"중간에 그만두지 않으면
쇠와 돌에도 무늬를 새길 수 있다."
_《순자》

맹자는 순자에게 이런 가르침을 준 적이 있다고 한다. "어떤 일이든 끝까지
한 우물을 파야 한다. 아무리 파도 샘물이 나오지 않는다고 포기하면 그때
까지의 노력이 물거품이 되고 만다." 중도에 포기하지 말고 끝까지 노력하
라는 가르침을 받은 순자는 포기하지 않고 계속하는 것에 큰 가치를 부여
하며 다음과 같이 말했다. "반걸음 반걸음 쉬지 않고 걸어가면 절름발이도
천 리를 갈 수 있고, 한 줌 흙이라도 끊임없이 쌓으면 언덕을 만들 수 있다."
이런 정신으로 노력했던 순자는 그 당시 최고의 교육기관이던 직하학궁의
좨주를 세 번이나 역임하는 등 전국시대 말기 최고의 학자가 될 수 있었다.

만약 중간에 그만두지 않으면 어떤 일이든지 이룰 수 있다. 실패란 그 일
을 포기하거나 끝내기 전에는 일어나지 않는다. 순자는 이런 말도 했다. "아
무리 가까운 거리도 걷지 않으면 도달할 수 없고 아무리 간단한 일도 실천
하지 않으면 이루지 못한다." 일할 때 가장 중요한 것은 일에 임하는 자세
다. 아무리 작은 일이라도 끝까지 하다 보면 위대한 일이 된다.

鍥而不舍 金石可鏤
계 이 불 사 금 석 가 루

배울수록 고개를 숙이는
겸손함이 필요하다

"행하고도 남은 힘이 있으면 그때 학문을 닦아라."
_《논어》

《논어》〈학이〉에 실려 있는 전문은 이렇다. "공부하는 사람은 집에 들어와서는 어버이를 섬기고, 집을 나가서는 어른을 공경하며, 말과 행동을 삼가고 신의를 지키며, 널리 사랑하고 인한 사람과 친하게 지내되, 이런 몸가짐을 하고도 남은 힘이 있으면 그때 학문을 닦아라."

이것은 우리가 알고 있는 학문의 방법과 전혀 다르다. 머리에 지식을 넣는 것이 아니라 평소 생활에서 사람됨의 근본을 실천하는 것이 진정한 공부라는 것이다. 그것을 행하고 남은 힘이 있을 때 공부하라는 것을 보면 지식을 쌓는 것은 공부의 맨 마지막 단계다. 하지만 오늘날 우리 세대는 머리에 지식을 쌓는 것을 최우선으로 한다. 어릴 적부터 공부를 강조하고 공부만 잘하면 다른 모든 것에는 너그럽다. 물론 치열하게 경쟁해야 하는 현실을 외면할 수 없다. 공부를 통해 얻는 성적과 시험에서 벗어나기는 어렵다. 하지만 반드시 염두에 두어야 할 것은 사람됨의 공부를 병행해야 한다는 것이다. 세상에 해를 끼치는 능력자가 아니라, 세상에 유익이 되는 더 큰 인물이 되려면 더욱 그렇다. "먼저 사람이 되어라." 오히려 높은 학식과 지위의 사람에게 필요한 말일지도 모른다.

行有餘力 則以學文
행 유 여 력 즉 이 학 문

칭찬은 말과 행동으로 함께 건넨다

"군자는 입으로만 칭찬하지 않는다."

_《예기》

신상필벌은 조직을 움직이는 가장 큰 힘이자 동력이다. 고전에서도 엄정한 신상필벌을 많이 강조한다. 《한비자》에 실려 있는 "현명한 군주는 상을 소홀히 하지 않고 벌을 용서하지 않는다."는 말이 이를 잘 드러낸다. 만약 상을 받을 만한 사람에게 주지 않고 엉뚱한 사람에게 준다면 그것은 두 사람 모두를 해치는 일이 될 수 있다. 상을 못 받은 사람은 사기와 의욕이 떨어지고 상을 받은 사람은 교만으로 무너진다. 공을 세웠는데 정당한 포상이 주어지지 않는 것도 마찬가지다. 잘했을 때 말로만 칭찬하고 승진이나 포상 등 명예가 뒤따르지 않으면 사람들은 실망하고 의욕을 잃는다. 오히려 원망이 생길 수도 있다.

뛰어난 지도자는 신상필벌을 잘 활용한다. 사기를 높이고 의욕을 북돋우는 소중한 도구로 삼는 것이다. 그 핵심은 공정함이다. 포상은 상을 받을 만한 자격이 있는 사람에게 주어져야 한다. 그리고 적절한 포상이 따라야 한다. 입으로 칭찬하는 것은 '말'이고 포상하는 것은 '행동'이다. 말을 했다면 행동이 뒤따라야 한다.

君子不以口譽人
군 자 불 이 구 예 인

향락에 탐닉하다 큰코다친다

"무릇 맛을 밝히는 사람은 덕에 소홀해지고,
향락에 탐닉하는 사람은 근심으로 끝난다."
_《여씨춘추》

"입이 좋은 맛을 구하고, 눈이 아름다운 미색을 구하고, 귀가 아름다운 소리를 구하고, 코가 향기를 구하고, 몸이 편안함을 구하고 좋아하는 것은 본성이다. 하지만 거기에는 명이 있기 때문에 군자는 본성이라고 하지 않는다." 이목구비와 사지는 하늘에서 부여받은 것이고 사람들은 누구나 욕구人欲가 있다. 하지만 바른 삶을 추구하는 사람에게는 명命, 즉 하늘에서 부여받은 바른 도덕성이 있기에 욕구가 이끄는 대로 추구해서는 안 된다.

관중管仲이 모시던 주군인 제나라 환공桓公에게 술자리를 마련했는데 날이 저물자 환공이 더 놀 셈으로 촛불을 찾았다. 그러자 관중이 예문의 말을 하면서 궁으로 돌아가기를 간언했다. 관중은 자신의 군주인 환공을 모실 때는 최선을 다했지만 환공이 잘못을 저질렀을 때는 바른길을 가도록 하는 데 주저하지 않았다.

사람들은 높은 자리에 오를수록 진귀한 음식과 향락을 누릴 기회가 많이 생긴다. 이때 조심하지 않으면 결국 근심할 일이 생긴다. 만약 스스로 자제하기 어렵다면 진심 어린 충고를 해줄 사람을 곁에 둘 일이다.

夫厚於味者薄於德 沈於樂者反於憂
부후어미자박어덕 침어락자반어우

순간의 즐거움, 평생 지속되는 즐거움

"군자는 그 도를 얻으면 즐거워하고,
소인은 그 욕망을 얻으면 즐거워한다."
_《예기》

도란 사람이 마땅히 추구해야 할 '도리'를 말한다. 이는 인간의 욕망과 대치되는 개념으로, 도와 욕망 중에 어떤 것을 추구하고 얻고자 하느냐에 따라 군자와 소인으로 나누고 있다. 군자는 훌륭한 인격과 학식을 겸비한 사대부다. 소인은 인격과 학문을 갖추지 못한, 신분상으로는 일반 백성을 말한다. 하지만 신분의 구분보다는 삶에서 무엇을 중시하고 추구하느냐에 따라 구분하는 것이 더 타당하다. 그 실천 방법도 제시해주는데 위의 구절 다음에 실린 글이다. "도로써 욕망을 제어하면 즐거우면서도 어지럽지 않고, 욕망에 빠져 도를 잊으면 미혹될 뿐 즐겁지 않다."

　사람이 도를 추구하는 것도 욕망을 따르는 것도 모두 즐거움 때문이다. 도가 주는 즐거움은 깊고 은은하고 오래가지만 욕망의 즐거움은 짧고 반드시 허무함이 남는다. 평범한 사람이 욕망을 완전히 벗어나기는 불가능하다. 따라서 욕망에 이끌리는 스스로를 인정하되, 그것이 바른길인지 아닌지를 생각하고 절제해야 한다. 그 기준이 바로 올바른 도리다.

君子樂得其道 小人樂得其欲
군 자 락 득 기 도　소 인 락 득 기 욕

어려움이 닥쳐도
변하지 않아야 진정한 충절이다

"날이 추워진 후에야 소나무와 잣나무의 잎이
더디 시듦을 안다."
_《논어》

소나무와 잣나무는 평상시에는 볼품이 없다. 무성한 잎을 자랑하는 여름
나무나 아름다운 단풍나무에 비해 초라해 보이기 때문이다. 하지만 겨울이
되면 달라진다. 잎이 떨어져 앙상해진 다른 나무들 사이에서 꿋꿋이 푸르
름을 뽐낸다. 공자는 뛰어난 학식과 탁월한 인품으로 세상 사람들의 존경
은 받았지만, 위정자에게 제대로 쓰임을 받지는 못했다. 56세의 늦은 나이
에 자신의 꿈을 펼칠 나라를 찾아 14년간의 천하 주유를 떠났지만, 그 시기
야말로 공자에게는 최악의 시기였다. 이때 공자가 스스로 붙잡았던 인생철
학이 바로 《논어》에 실려 있는 위의 명구절이라고 할 수 있다. 그 어떤 어
려움이 닥치더라도 자신의 소명과 가치를 잊지 말자는 다짐이다.

 이 구절은 추사의 세한도歲寒圖를 통해서 우리에게도 익숙하다. 세한도는
추사가 제주도에서 유배하던 시절 제자 이상적의 변치 않는 의리와 우의에
감사하며 직접 글을 쓰고 그림 그려서 선물로 주었다. 나무도 사람도 상황
에 따라 쉽게 바뀌지 않는 사람이 귀하다.

歲寒 然後知松柏之後凋也
세 한 연 후 지 송 백 지 후 조 야

포기하겠다는 말은 쉽게 내뱉지 않는다

"자신을 해치는 자와는 더불어 말할 수 없고,
자신을 버리는 자와는 더불어 일할 수 없다."
_《맹자》

《맹자》에 자포자기라는 말이 담겨 있다. 그 내용을 들여다보면 우리가 알고 있는 것보다 이 말에 더 깊은 뜻이 있음을 알 수 있다.

"말로 예의를 비난하는 것을 스스로 해친다고 하고 나는 인에 머무를 수 없고 의를 따를 수 없다고 하는 것을 스스로 포기한다고 한다. 인은 사람이 머물러야 할 편안한 집이고, 의는 사람이 걸어야 할 바른길이다. 편안한 집을 비워둔 채 기거하지 않고 바른길을 버려 그 길을 걷지 않으니 슬프도다!"

인과 의는 '사람으로서 지켜야 할 근본 도리'로 지금까지도 통하는 도덕률이다. 맹자는 도덕률 실천에 대한 판단 기준을 사람이 하는 '말'로 삼았다. 말이 예의에 어긋나거나 오히려 지켜야 할 근본 도리를 비난한다면 그 사람은 함께 대화를 나눌 사람이 아니라 했다. 심지어 함께 일을 도모하지도 말라고 했다. 말도, 일도 함께하지 않는다는 것은 그 사람을 버리는 것과 같다.

자포자기, 스스로 버리는 것뿐만 아니라 사람들에게도 버림받는다.

自暴者 不可與有言也 自棄者 不可與有爲也
자 포 자 불 가 여 유 언 야 자 기 자 불 가 여 유 위 야

一目古典